"커피 한 잔은 40년의 우정을 약속한다"

Turkish Coffee Culture

튀르키에 커피 문화

베쉬르 아이바조올루(Beşir Ayvazoğlu) 씀
조주섭 권인선 옮김

제임스컨설팅

저자: 베쉬르 아이바조올루(Beşir Ayvazoğlu)

(1953-) 작가, 시인. 그는 시바스의 자라에서 태어났다. 부르사 교육 연구소 문학과를 졸업하고(1975) 여러 고등학교에서 튀르키예어와 문학을 가르쳤다. TRT 전문가로 일했다. 고등학교 재직 시절 지역 신문에 실린 그는 군 복무 후 아마추어 시절 저널리즘으로 돌아와 1985 년부터 1991 년까지 Tercüman 신문의 "Culture-Art" 페이지를 감독했다. 튀르키예 신문의 문화 예술 감독 및 칼럼니스트를 거쳐 예니 우푹 신문의 총감독이 되었고, 이스탄불 시립극장 아이바졸루의 레퍼토리 위원회 위원으로 선출되어 그의 분석으로 주목을 받았다. Love Aesthetics 의 시, 에세이, 전기, 분석, 인터뷰 및 연극 분야에서 작품을 썼다. Kitapyurdu.com 에는 77 개의 작품이 등록되어 있다.
베스트 셀러 작품: 사랑의 미학, 성지 순례길의 개미, Mehmet Genç, 1924 사진의 긴 이야기

옮긴이: 조주섭(James Cho)

(1958-) 작가, 컨설턴트, 코치, 멘토. 경북대학교에서 기계공학을 전공하였으며, 같은 대학교 대학원에서 석사 학위를 취득했다. 현대자동차에서 경력을 시작하여 쌍용자동차와 제너럴 모터스 코리아에서 엔지니어링 및 기획 이사로 대정부 업무 등 다양한 경력을 쌓았다. 1999년부터 덴마크의 DecideAct(전략 실행 관리 및 ESG경영 컨설팅 전문) 및 미국 파트너와 협력하여 컨설팅 사업을 운영하면서 컨설턴트, 코치, 멘토, 퍼실리테이터, 대한민국 명강사이자 기조연설자로 활동해 왔다. 여러 출판물과 책의 저자이자 번역가 그리고 다양한 매체 기고자이기도 하다. 그는 또한 취미로 몇 곡의 노래를 작사·작곡하였으며 목소리를 많이 사용하는 사람들을 위한 보이스 클리닉 코칭도 해오고 있다.
저서 및 번역서: 술탄이 된 해적-지브롤터의 상인(바르바로사 형제의 사가): 번역, 성공적 삶의 베이스캠프 밥상머리: 공저, 굿 코칭(Good Coaching: Leader as Coach): 번역, 성공 라이프 스킬, 스피리츄얼 리더십: 번역, GieDership, 골프에서 배우는 가치기준리더십: 공저, 가치기준리더십(Dare to Kiss the Frog): 번역, 자동차 공학의 수학과 공식: 편저 등

옮긴이: 권인선(Kwon, Inseon)

(1962-) 중등 영어교사. 경북대학교 사범대학 외국어교육(독일어 전공/영어 부전공)과를 졸업하고, 인하대학교 교육대학원에서 영어교육 석사 학위를, 숙명여자대학교 원격대학원에서 교육공학 석사 학위를 받았다. 1983년부터 Mondial Orient Limited Korea Branch Office에 근무하였고, 1989년부터 2022년 현재까지 33년간 교직에 몸담아왔으며, 현재 인천의 백석고등학교에서 영어교사로 재직 중이다.

표지 디자인: 이현주

주)디자인 ON그룹 대표
사)공공브랜드진흥원 이사장 역임
K패턴연구소-브랜드 '민화양장점' 운영
한양대학교 시각정보학과 겸임교수 역임
KEIT심사위원, 여성벤처협회-자랑스런 여성벤처인 표창수상

튀르키예 커피 문화

"커피 한 잔은 40년의 우정을 약속한다"

베쉬르 아이바조올루(Beşir Ayvazoğlu) 씀
조주섭 권인선 옮김

도서출판 제임스컨설팅

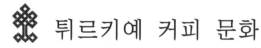

튀르키예 커피 문화

Turkish Coffee Culture

(튀르키예 커피의 역사 여행: Historical Journey of Turkish Coffee)

저자   : 베쉬르 아이바조올루(Beşir Ayvazoğlu)
영어 번역 : 멜리스 셰이훈(Melis Şeyhun)
옮 긴 이 : 조주섭(James Cho) 권인선(Kwon, Inseon)
출판사명 : 도서출판 제임스컨설팅
발행일자 : 2023년 8월 1일
정가   : 15,000원
면수   : 238
ISBN   : ISBN978-89-94017-39-6-03900
판형   : 148X210
분류   : 커피/예술/대중문화/문학/역사/종교/정치/문화/교육
검색주제어 : 커피/예술/대중문화/문학/역사/종교/정치/문화/교육

TEL: 02-403-1402
FAX: 02-403-1451
E-mail: kissfrog@gmail.com

ISBN 978-89-94017-39-6
03900>
9 788994 017396

목차

추천사

In Turkiye is there such a proverb.

이 철 우 작곡
David Chol-Woo Lee

In Turkiye is there such a proverb.

Andante ♩= ca. 78

ven. ... Now, ... two hund-red years la - ter. Their ju - nior com-po-ser be-came a co - ffee friend. And ma-ny mo-dern peo - ple start their days with a cup_____ of co-ffee. Coffee. Co - ffee.

8

E-ven as time pa - sses, the past con - ti - nues in-to the pre - sent and flows in-to e - ter - ni-ty. Co-ffee love will go be-yond time and go to e-ter - - - ni-ty! Co-ffee love will go be-yond time and go to e-ter - - - - - ni-ty!

In Turkiye is there such a proverb.

to the Eyes!___   Coffee is to the spi-rit!   Light   to the

eyes!   Bless the fu-ture of   ins-pi-ra-tion with

co - ffee.   Co - - - ffee._____

July 1. 2023 in GieDer's Oratorium

며 칠 전 『튀르키예 커피 문화』 번역본을 출간 준비 중인 권인선 선생님 으로부터 추천서 요청을 받았습니다. 평소 커피를 내용으로 시를 적어 '커피시인'이란 애칭이 붙은 저로서는 '튀르키예' 커피 문화를 만날 좋은 기회라 생각되어 수락했습니다.

사실 저는 보통 사람들처럼 일상에서 커피를 마시지만 커피에 대해 좀 더 알고 싶어 바리스타 자격증을 취득하기도 했습니다. 이런 과정에 커피와 시가 새롭게 만나 저로하여금 커피시를 이어 적게 만들었고, 커피를 내용으로 하는 시가 1,500 여편으로 늘어나면서 SNS상 커피 시를 좋아하는 독자들도 많아지게 되었습니다.

흔히 커피라 하면 마시는 커피만을 생각할 수 있습니다. 하지만 눈으로 마시는 커피도 있습니다. 이 두 가지 커피가 시인을 만나 느낌으로 마시는 커피가 탄생했습니다. 즉, 커피를 마시지 않더라도 커피를 내용으로 쓴 시를 읽고 나면 최고의 커피를 마신 것처럼 감동을 느낄 수 있게 됩니다. 느낌으로 마시는 커피를 통해 독자들은 커피시를 좋아하는 열성 독자가 되기도 했습니다. 또 더러는 커피를 끊었다가 다시 마시는 사람까지 생기게 되었습니다. 참고로 저의 첫 커피시를 소개해 드리겠습니다.

커피/윤보영

커피에
설탕을 넣고
크림을 넣었는데
맛이 싱겁네요
아!
그대 생각을 빠뜨렸군요.

이렇게 시를 통해 커피를 좋아하는 독자들과 소통하고 있지만 그 소통 속의 커피는 제가 커피를 마시기 시작한 2000년대 초부터였다고 여겨집니다. 물론 사람들이 커피를 직접 타서 마시거나 자동판매기를 통해 마시기도 했지만, 커피 맛을 즐기면서 마시는 경우는 드물었다고 봅니다.

우리나라 커피의 시작이 고종황제 때 처음 마신 '가배(咖啡)'라는 사실만 기억할 뿐 올바른 커피 역사에 대해서는 관심을 가지지 않고 있었습니다. 그렇지만 '튀르키예'는 이미 16세기 예멘으로부터 이스탄불에 커피가 들어오고, 역사 속에서 탄압까지 극복하면서 오늘날까지 이어 왔습니다. 이 책을 통해 저처럼 깊이 있는 역사적 의미를 경험해 보았으면 좋겠습니다.

필자가 자판기 커피를 주로 마셨던 1995년경 서울시 종로구 세종로 정부청사 뒤편에 커피 전문점 하나가 운영되었고 높은 가격 때문에 이 카페가 계속 유지될 수 있을까 의문이 들기도 했습니다. 하지만 우려는 우려일 뿐 커피전문점과 커피 마시는 인구는 급속도로 늘어나 이제 커피는 우리 일상이 되었습니다. 그 일상이 된 커피 문화에 '튀르키예' 커피 문화를 접목해 우리 커피 문화의 뿌리를 만들어 갈 수 있는 계기가 되었으면 좋겠습니다.

커피에 대한 역사를 알 수 있는 서적이 많지 않은 상황에서 그것도 특정 국가에 대한 커피 역사와 문화를 맛깔스럽게 번역해 커피를 좋아하는 사람들과 만날 수 있게 해주신 조주섭님과 권인선님, 번역본 발간을 허락해 주신 튀르키예 문화관광부와 원저자 '베쉬르 아이바조올루' 박사님께도 감사드립니다.

-커피시인 윤보영

연전에 TV를 보는데, 사형수로 복역 중에 무기징역형으로 감형된 사람이 감형되었다는 소식을 처음 접했을 당시의 심정에 대하여 이런 말을 하더군요. "아, 이제 내게도 언젠가는 출소하여 아침에 집에서 음악을 들으며 커피를 마실 수 있는 날이 오겠구나."라는 생각이 제일 먼저 떠올랐다고. 제가 별생각 없이 매일 습관적으로 즐겨 마시는 커피가 누군가에게는 자유를 얻은 상태에서만이 누릴 수 있는 최고의 행복이 될 수도 있다는 사실을 그때 깨닫게 되었습니다.

오페라의 내용을 전혀 모르는 상태에서 오페라를 감상하는 것은 야구의 규칙을 모르고 야구 경기를 구경하는 것과 같다는 말이 있습니다. 커피는 우리가 일상적으로 마시는 음료입니다만, 커피에 대하여 좀 더 많은 것을 알게 된다면 커피를 마시는 즐거움이 배가될 수 있을 것입니다. 이 책을 통하여 커피와 커피잔, 커피하우스를 비롯한 튀르키예의 커피 문화를 알게 됨으로써 향후 커피를 대하는 자세를 포함한 커피와의 관계가 좀 더 돈독해질 수 있을 것이며, 한 때 세계를 호령했던 대제국이었으나 그에 비하여 역사책에서는 그다지 비중 있게 다루어지지 않았던, 튀르키예의 문화에 대한 이해도도 더욱 깊어질 수 있으리라 기대합니다.

-서울고등검찰청 검사 박규은

수년 전 튀르키예 여행을 했을 때는 튀르키예라는 나라가 생소함과 이질감에 신비하기까지 하였습니다. 하지만 이 책에서 아침 식사의 어원이 '커피를 마시기 위해 먹는 간단한 음식'이라는 내용을 보고 급 친밀감을 느끼게 되었어요. 바로 제가 아침밥을 챙겨먹는 이유거든요. 커피를 통해 튀르키예의 문화를 들여다볼 수 있는 흥미로운 내용의 책입니다.

-진접중학교 교장 이혜경

뭔가 새로운 것을 알게 된다는 것은 여전히 흥미롭다.

수십 년 동안 아무런 생각 없이 즐겨왔던 커피에 대해 지금까지 내가 알고 있었던 것은 어디서 주워들은 몇 가지 정보(종류나 원산지 같은 것)가 전부라고 해도 틀린 말은 아니었다.

그러나, 이 한 권의 책을 접하게 됨으로써 앞으로의 커피는 지금까지와는 완전히 다른 느낌과 향기로 다가올 것임을 직감하게 된다.

언제가는 이 책을 들고서(오래 전 출장길의 기억을 더듬어) 이스탄불 어느 골목길 조용한 카페를 한 번 찾아보리라. 제즈베에서 은근하게 끓고 있는 튀르키예식 커피의 진한 향기가 느껴진다. 조용히 눈을 감는다.

-코오롱글로벌(주) 이기원 상무

"커피 한 잔은 40년의 우정을 약속한다"는 카피는 에스프레소 한 잔을 마신 것만큼 강력한 풍미로 가슴을 타고 내린다. 외교관으로서 튀르키예에 세 번 정도 출장을 간 적이 있는데, 그때 처음으로 마셔본 현지의 커피 맛이 아직도 강한 인상으로 남아있다. 조금은 걸쭉하고 거품이 나는 튀르키예 커피는 서구식 커피 맛에 길들여진 우리들에게는 다소 생경할 수도 있다. 커피를 마시고 나서 남아 있는 커피 찌꺼기로 그 커피를 마신 사람의 운세를 점치는 풍습도 재미있게 느껴졌다. 튀르키예에서 커피는 단순한 음료가 아닌 사회관계망을 만들어가는 묘약이다. 커피 한 잔을 하면서 이 책을 한 번 읽어볼 것을 독자 여러분에게 강추합니다.

-〈파리의 독립운동가 서영해〉의 저자 정상천

인구 1인당 커피 소비량 세계 2위.

인구 100만명 당 커피점 1위, 대한민국 국민들처럼 커피를 좋아하고 즐겨 마시는 나라가 또 어디 있으랴! 이는 앞으로도 더할 것으로 보인다.

이번에 발간하는 『튀르키예 커피 문화』라는 번역서를 통해 한국전쟁 참전 및 양국 수교 65주년을 맞는 튀르키예의 커피 역사와 문화를 이해하고 나아가 다른 언어와 신앙을 가졌어도 커피라는 촉매를 통해 서로를 더 이해하고 소통하는 계기가 될 것으로 확신합니다.

"지옥처럼 검고, 죽음처럼 강하며, 사랑처럼 달콤하다"는 커피에 대한 튀르키예 속담 속으로 우리 모두 빠져 들어가 봅시다~

-㈜ 키인터내셔널홀딩스(아르기니케어) 대표 황기만

무언가 새로운 것을 안다는 것만큼 즐겁고 설렘을 주는 것은 없는 것 같다.

『튀르키예 커피 문화』는 우리들에게 터키로 많이 알려진 튀르키예 사람들의 커피 문화를 통해 그 속에 녹아있는 삶의 모습을 살펴볼 수 있는 새로움을 선사한다.

-간재울중학교장 배 세 열

커피를 마시고 싶으나 잠 못 들까 두려운 사람에게 이 책을 권하고 싶다. 이 책을 읽고 나면 커피를 마시지 않을 수 없을 것이다. 잠 못 자는 것이 뭐가 대수랴? 이 책은 당신이 잠을 자기보다 커피 향에 더 취하고 싶게 만들어 줄 것이다. 잠 못 드는 밤, 한잔의 커피와 함께 이 책을 읽어보실 것을 권한다.

-인천광역시 서부교육지원청 중등교육과장 박말선

권인선 선생님께서 『튀르키예 커피 문화』란 책을 옮기셨다 해서 처음에 깜짝 놀랐다. 선생님은 (사)전통문화원과 연계한, 청소년 전통문화의 전승과 보급을 위한 「다(茶)사랑청소년봉사단」 지도교사로서 그리고 인천지역 운영 총괄을 담당하면서 학생들에게 차 생활교육과 우리 문화에 대한 교육에 꾸준히 열정을 보이신 분이다. 선생님이 우리 차 문화에 관심이 많으신데 그 바쁜 중에도 『튀르키예 커피 문화』를 번역하신 것을 보고 역시 권인선 선생님이야! 생각하였다. 우리 차 문화를 잘 아시는 선생님께서 커피 문화에 대한 이해를 접목하시면 동서양을 아우르는 TEA & COFFEE 아티스트로 자리매김하는 계기가 될 것으로 여기며 책 출간에 축하와 성원을 보냅니다.

-사단법인전통문화원 원장 문정희

인생을 살면서 나에게 커피가 주는 매력은 상상을 초월한다.

아침에 출근해서 커피와 함께 하루를 시작하고, 일과 중에도 몇 번씩 커피가 생각난다. 나는 하루를 마무리하는 시간에도 어김없이 커피를 찾게 된다.

나에게 있어 커피는, 삶을 살아가는 데 힐링이 되는 동료이자 친구, 그리움 같은 존재다. 이 책의 번역자 권인선 선생님은 나에게 있어 커피가 생각나게 하는 멋진 사람이다. 서로 젊을 때 만나서 지금의 학교에서 다시 만나 인연을 맺고, 나에게는 무척 귀한 분이다. 젊을 때의 열정적인 모습 그대로 이야기를 나누며 함께 마시는 커피는 참 좋다! 커피는 좋은 사람을 더 자주 만나게 한다!

-백석고등학교 교장 송경희

커피는 삶이고 행복이다
커피는 도전과 인내와 함께 했고
사랑과 우정과 함께 했다.
튀르키예 커피와 삶과 사랑을 노래한다.
튀르키예 커피로부터 활력이 샘솟는다.
튀르키예 커피 주인의 새 인생을 응원한다.

-신한대학교 교수 김순남

철학자 최진석(서강대 명예교수)선생은 "철학을 한다는 것은 철학적 높이에서 생각할 줄 안다는 것이다"라고 했습니다. 커피와 철학은 잘 어울리는 관계입니다. 이 책은 튀르키예 커피에 대한 깊은 지식은 물론 세계를 호령했던 제국의 단면 하나를 발견하는 기쁨을 가져다줄 것입니다. 독한 튀르키예식 커피 한잔은 「철학적 사유의 높이」를 더하게 될 것입니다.

-(주) 동원개발 고문 조평규

그리 멀지 않은 110년 전까지 오백년 간 유럽의 맹주였던 오스만튀르키예 제국에 스며든 커피 스토리는 그 시대 제국의 문화와 삶이 온전히 녹아있는 한잔의 커피를 마시는 즐거움을 선사합니다.

두 분의 번역가와 한 분의 디자이너가 인연과 소통으로 책을 완성한 과정이 커피향처럼 삶을 여유롭게 합니다.

-형도관세사 조기철

커피는 시작이다. 나는 매일 아침 물 한잔과 커피 한잔으로 하루를 시작한다. 이 같은 루틴은 10년 이상 지키고 있으며, 인생 나이를 고려해 볼 때 앞으로도 20년 이상 지켜질 것이다. 이처럼 커피는 인생의 동반자가 되어 삶을 풍요롭게 하고 있다. 나는 시간 날 때마다 풍경이 아름다운 우리 아파트 구름카페에 간다. 메뉴는 사계절 뜨거운 아메리카노 한가지로 정해져 있다. 단골이다 보니 카페 매니저는 말하지 않아도 늘 뜨거운 아메리카노를 커피머신에서 내린다. 이제 살짝 궁금증이 생긴다. 오랜 커피 역사를 가지고 있는 튀르키예 사람들이 마시는 커피는 과연 어떤 맛일까? 아마도 내가 즐겨 마시는 뜨거운 아메리카노와는 많이 다를 것이다. 그러나 커피는 시작이요, 삶의 동반자란 사실만은 같을 것이다.

-서울금융포럼 대표 이길영

최근, 책을 조주섭 선배님과 권인선 선배님이 의기투합해 번역한 베쉬르 아이바조울루의『튀르키예 커피 문화 "커피 한 잔은 40년의 우정을 약속한다."』의 추천사를 부탁받았다. 오랜 기간 동안 정성스레 준비한 책의 추천사를 쓴다는 것은 몹시 부담스러운 일인데, 워낙 커피를 좋아해 수락했다. 하지만 커피는 핑계이고, 사실 두 선배님의 후배를 향한 믿음에 감복 받아 결정했다. 그 믿음에 보답해야 한다는 마음은 큰 부담으로 작용해 글을 앞에 놓고 몇 잔의 커피를 마셨는지 셀 수 없다. 두 선배님과의 만남 사이에도 커피가 있었고, 글쓰기 하는 과정에도 커피가 있었다. 이제 커피는 언제 어디서나 존재하는 우리 생활의 일부가 되었다.

고향을 떠나 먼 타국 땅에 머물게 되면, 제일 먼저 생각나는 음식은 중독성이 강한 고향의 발효음식이다. 인이 박힌 음식에 대한 결핍은 동서양인을 불문하고 심한 향수와 금단 증상을 낳는다. 세계 어느 곳에 있든 금단 증상을 걱정하지 않아도 되는 중독성이 강한 음식이 있는데, 이것은 세계에서 가장 인기 있는, 언제 어디에나 존재하는 유비쿼터스(Ubiquitous)한 커피다. 커피는 오히려 외국 여행할 때 새로운 커피 문화를 체험할 수 있는 경험의 기회를 제공한다.

에티오피아가 원산지인 커피는 15세기 중반에는 예멘 사원의 성직자가 마시기 시작했다. 사회적 허브이며 예술과 지적 문화적 중심지 역할을 한 커피하우스 문화는 16세기 튀르키예로 거슬러 올라간다. 18세기에 런던의 커피하우스는 정치 및 상업 활동의 중심지였고, 예술가, 작가, 사교계 명사들의 인기 있는 만남의 장소였다. 이 당시 영국 커피하우스는 한 푼만 있으면 들어가서 철학과 예술을 논하며 배울 수 있는 곳, 페니 대학(penny universities)으로 불렸다. 종교인이, 지식인이, 예술가가 마시던 커피는 이제는 일상화되어 누구나 마시는 음료가 되었다.

일상화된 커피는 그것을 소비하는 사람들에게도 많은 기억을 남긴다. 내 기억 속에는 어린 시절 미제 분말커피와 농축 우유로 의식을 치르듯 커피를 만들던 외할아버지의 근엄한 모습, 삼촌과 함께 갔던 담배 냄새 나는 커피하우스에서 맛보았던 한 모금의 커피 맛이 각인되어 있다. 고등학생 시절 등교하면서, 분말커피 한 숟가락 입에 털어 넣고 집에서 나올 때 입안에 도는 커피 향, 유학 시절 남유럽에 머물면서 즐겼던 에스프레소 커피 맛도 생생히 기억난다. 많은 커피숍의 커피 맛을 잡아 주기도 했고, 커피를 함께 나누었던 사람과 의미 있는 순간의 축적된 기억은 내게는 소중한 보물이다. 커피에는 내 기억뿐만 아니라 역사, 사회적 기억이 녹아 있다. 현재 한국 커피에는 자본주의가 낳은 취향이 녹아 있고, 피로 사회, 경쟁 사회, 허영 사회 등 다양한 사회적 현상을 표상하고 있다.

우리나라에는 19세기 한국을 방문한 선교사나 외교관을 통해서 처음 커피가 유입되었고, 고종 황제 역시 커피 애호가였다. 일제강점기에는 원두커피가 대세로 자리 잡고 있었으나, 해방 이후 전쟁을 치르면서 군수물자로 들여온 인스턴트 커피가 유행하게 되면서 원두커피의 자리를 대신하게 되었다. 1976년 동서식품은 세계 최초 커피 믹스를 개발했고, 자판기가 널리 보급되면서 커피 믹스가 한국 커피를 대표하게 되었다. 현재 한국의 발명품인 커피 믹스의 매력에 빠지는 세계인들이 점점 늘고 있다. 그 후 88 올림픽 개최를 전후하여 커피 원두 수입 규제가 완화되고, 1999년 7월 스타벅스가 문을 열면서 프랜차이즈 커피 시대를 엶과 동시에 원두커피 시장이 활성화되었다. 원두커피의 본격적 소비는 20여 년밖에 되지 않지만, 한국의 커피 문화와 소비자의 취향은 세계 어느 나라와 비교해도 뒤처지지 않는 세련미와 독창성을 가지게 됐다. 한국의 커피는 현재 K-coffee로 진화하는 과정 중에 있다. 산업화 과정에서 '빨리빨리'라는 우리 정서와 문화를 담은 커피믹스는 이제 간편함과 맛으로 세계인을 유혹하고 있다. 아시아권에서 최초로 병 제품을 수출하는 스타벅스 비지니스는 K-coffee 산업의 진화 과정과 위상을 확인시켜 준다. 한국은 커피에서도 수 세기에 달하는 여러 나라의 커피문화와 비교하면 단기간에 비약적인 발전을 이루었다.

『튀르키예 커피 문화』는 튀르키예와 관련한 커피의 역사, 사회적 기억, 개인의 기억 등을 종합하여 커피 문화를 다양한 시각으로 제시한다. 한국에서 비약적으로 커피 문화가 발전하면서, 커피와 관련된 전문가들이 많이 생겨났지만, 이런 빠른 성장에는 결핍된 부분도 있다. 오랜 전통을 가진 타국의 커피 문화에 대한 이해의 부분이 그렇다. 『튀르키예 커피 문화』는 한국에서는 잘 알려지지 않은 세계 커피 문화사에 있어 매우 소중한 지점을 하나하나 세밀하게 다루고 있다. 이 점에서 매우 유익하고, 독자의 사랑을 충분히 받을 만한 책이다. 바람이 있다면 가까운 미래에 한국의 커피 역사와 문화를 기행할 수 있는 책을 집필해 주신다면, 그 책에 추천사를 다시 쓸 수 있는 기회와 영광이 곧 오기를 기원하면서, 책을 준비한 두 선배님의 노고에 감사드립니다.

-갤러리 북과바디 대표 이돈수(미술사가)
〈노트: 추천사는 원고 도착순으로 배열하였습니다.〉

서문

튀르키예 공화국 문화관광부로부터 핸드북 시리즈의 일환으로 '튀르키예 커피 문화'에 관한 책을 쓰자는 제안을 받았을 때, 집필을 시작하기 전에 문헌을 검토해보고 싶었다. 내 도서관에 있는 책들의 참고 문헌들을 단지 훑어보는 것만으로도 나 자신을 위협하기에 충분했다. 커피와 커피하우스의 역사에 대해서는 거의 모든 것이 이미 쓰여있는 것처럼 보였다. 나는 연구를 심화하면서, 이 주제에 관한 대부분의 책들이 이미 존재하는 것에 새로운 정보를 많이 추가하지 않고, 같은 사실을 반복하고 있다는 것을 깨달았다. 내가 쓰기로 한 책이 어쩌면 나머지 책들과 비슷할 것이다. 이미 쓰여있는 것을 다시 쓰는 것은 헛되고 부질없는 노력이라고 생각했기 때문에, 나는 그 부처의 제안을 거절했다. 하지만, 그 일을 피할 수는 없었다.

내가 할 수 있는 일이 하나 있었다. 내 작업을 주로 문학적인 텍스트에 기반이 되게 하는 것이다. 이것은 실로 어려운 작업이었다: 그렇게 짧은 시간에 문헌을 검토하는 것은 불가능했기 때문에, 나는 내가 접근할 수 있는 것에 만족하고 그것의 선례와는 다른 텍스트를 만들기

19

위해 노력해야 했다. 나를 유일하게 안심시킬 수 있었던 것은 커피의 역사와 문화에 대해 깊이 관심을 가진 덕택에 내가 젊었을 때부터 '중독'에 빠졌던 이 맛있는 음료에 관해 언젠가 몇 줄이라도 써보고 싶다는 희망으로 몇 년 동안 모아둔 폴더였다.

서점에서 볼 수 있는 커피책과 내 서재에 있는 커피책들을 모두 책상 위에 쌓아 놓았다. 준비가 되었다고 느낀 날, 잠시 책장을 훑어본 후, 나는 설탕을 조금 넣은 독한 튀르키예식 커피 한 잔을 직접 만들어 '비스밀라(Bismillah, 신의 이름으로)'를 읊고 컴퓨터 앞에 자리를 잡았다. 내가 그 일을 하는 동안, 나는 잘 만들어진 커피가 말로 할 수 없이 맛있고 마음에 명료함을 가져다준다고 말해야 한다. 여러분은 이미 첫 한 모금에 더 나은 시를 쓸 수 있고, 작가의 한계를 극복하거나, 가능한 최선의 방법으로 실험을 끝낼 수 있으리라 느낀다. 작은 컵으로 튀르키예식 커피를 마시는 것이 깊은 지혜를 가져다주지만, 상당한 정신적 노력을 들여야 한다면 손잡이가 없는 큰 컵을 소유하는 것이 가장 좋다. 나는 여러분에게 달게 마시라고 충고하지 않을 것이다; 결국, 기성세대는 달게 커피를 마시는 사람들을 심각하게 받아들이지 않았다. 그래도 설탕을 조금 넣는 것은 달지 않은 커피 한 잔을 마시는 것만큼 괜찮은 일이라고 생각한다.

커피를 한 모금 마신 후, 나는 글을 쓰기 시작했다. 이 글쓰기는 아비시니아에서 시작하여 예멘, 헤자즈, 이집트를 거쳐 이스탄불(İstanbul)에 도착하고, 다양한 길을 통해 전 세계로 뻗어나가는 긴 길을 가로지르는 즐거운 여행이었다. 솔직히, 나는 예멘과 이스탄불 사이에서는 거의 시간을 보내지 않았다. 또한 나는 이스탄불에서 출발하는 길을 헤매지도 않았다. 내 진짜 관심사는 이스탄불에서의 커피의 모험이었다. 실제로 이 책은 셰이크울 이슬람 에부수우드 에펜디가 발표한 포고령으로 이스탄불에 커피를 싣고 온 첫 배가 토파네 항에서 침몰한 사건에서 시작되며, 이스탄불에 도착할 때까지 짧은 플래시백과 커피의 모험에 관한 요약이 이어지며 마침내 이 역사적인 도시에 닻을 내린다.

비록 커피는 이스탄불에 도착하자마자 상당한 반대에 부딪혔지만, 결국 그 도시에서 군림하였고, 반대자 대다수의 마음을 가까스로 돌려 놓을 수 있었다. 취하게 하는 냄새, 감미로운 맛, 그리고 흥분 및 탈진 방지 같은 보완적인 특성이 이 성공의 유일한 요인은 아니다. 커피는 사람들을 하나로 모으는 놀라운 기술을 가지고 있다. 당시 오스만 정부 당국을 곤혹스럽게 했던 것은 커피하우스와 같은, 커피가 소비될 수 있는 장소에서 일어난 논의였다. 커피를 폐지하라는 법령을 내린 사람들도 어쩌면 큰 컵에 쓴 커피를 마시고 있었을 것이다. 그러나 금지 사항을 준수하고 커피를 전면 금지하는 데 성공하기란 불가능했다. 커피는 이미 궁전에 들어왔고, 말하자면 내부에서 안전한 은신처를 정복하면서 의전에서 그 자리를 차지했다. 술탄 무라드 4세의 통치 기간동안 마지막 심각한 금지령이 내려졌다. 그 후 몇 년 동안, 주 정부는 커피하우스를 폐쇄하기보다는 스파이의 도움을 받아 그들을 면밀히 감시하는 것을 선호했다. 커피를 음료로 금지하는 것은 상상도 할 수 없는 일이었는데, 그때쯤에는 피 대신 커피가 사람들의 혈관 속을 돌고 있었다. 외국 여행자들은 놀랍게도 어떻게 커피가 튀르키예 생활에서 없어서는 안 될 부분이 되었는지 관찰했다. 보통 튀르키예인들은 아침 식사를 뜻하는 튀르키예어 'Kahvaltı(카흐발트)'로 하루를 시작했는데, 즉 '커피를 마시기 전(Kahve-altı, before coffee)'이란 말에서 유래한 것이다. 즉, 튀르키예인들은 아침 식사를 한다기 보다는 단지 커피를 마시기 위해 아침에 간단히 음식을 먹었다.

튀르키예에서 하루는 여전히 '카흐발트(Kahvaltı)'로 시작하지만, 지금은 차가 커피를 대신하고 있다. 제1차 세계 대전 동안 시작되고 그 후 몇 년간 간헐적으로 지속된 커피 부족과 더 나쁘게는 병아리콩과 보리와 같은 다른 종류의 마른 콩과 곡물을 커피에 첨가한 것이 대중들로 하여금 커피를 피하고 대신 차로 눈을 돌리게 만들었다. 오늘날은, 차가 커피숍에서 더 흔하게 선택된다. 커피는 손님을 접대하고, 결혼, 약혼, 약혼식에 소녀에게 구혼하는 것과 같은 전통적인 의식에서 다소 자리를 지키고 있지만, 더 이상 '40년의 우정을 맹세한다'고 말할 수 없다. 우리의 혈류에는 카페인보다 더 많은 테인(theine, 카페인, 특히 차에서 발생하는 경우)이 있다. 그럼에도 불구하고, 튀르키예 커피의 맛을 다른 것과 절대 바꾸지 않을 진지한 애호가들이 여전히 존재한다. 그들이 주로 우려하는 것은 전통을 지키며 모국에서 튀르키예 커피를 만드는 기준을 유지하는 것을 못하게 되는 것과 가장 순수한 형태의 튀르키예 커피를 손님들에게 대접하는 데 특별히 관심을 기울이는 업소가 없어지는 것, 특정 호텔, 카페 등의 메뉴에서 튀르키예 커피가 사라지는 것이다.

이 책은 한때 튀르키예의 생활 방식의 상징이었던 커피를 중심으로 발전해 온 풍부한 문화와 문학에 다시 한번 관심을 끌기 위해 쓰였다. 이 책은 커피에서 차로의 전환에 대한 짧은 챕터로 마무리된다. 그동안 글쓰기 과정에는 수백 잔의 튀르키예식 커피를 마셔야 했다.

나는 커피의 '어두운' 세상에서 시작한 내 연구가 끝나기까지 긴 여정 동안 계속해서 커피를 준비하고 돌아오기를 기다려 준 아내에게 감사하고 있다. 나는 또한 그들의 지식으로 나의 길을 밝혀준 많은 친구로부터 도움을 받았다. 나는 인지 엔기뉜(Inci Enginün) 박사, 진정한 커피 애호가이자 수집가인 무스타파 체틴 튀케크(Mustafa Çhetin Tükek), 유수프 차라르(Yusuf Çağlar), 그리고 베야즈트(Beyazıt) 주립 도서관, ISAM 도서관, 그리고 아타튀르크(Atatürk) 도서관의 직원들에게도 감사의 인사를 전하고 싶다.

위스퀴다르, 2011년 5월 30일
베쉬르 아이바조올루[1]

---

1) 베쉬르 아이바조올루 (Beşir Ayvazoğlu, 11. 1953년 2월 11일, 자라, 시바스)는 문필가, 시인, 작가, 저널리스트이다.

Gün yetmedi taştıkça taşan neşvemize

imrendi o gün kahvede kim varsa bize

'Dostlarla' dedim, 'sohbetimiz bal gibidir

ey kahveci gel katma şeker kahvemize!'

우리의 넘치는 기쁨에는 하루가 부족해

그날 커피하우스에 있던 우리를 부러워해

"친구들과 대화는 꿀 같아

오 커피메이커여, 이리 와서 우리 커피에 설탕을 넣어라"!

베쉬르 아이바조올루(Beşir Ayvazoğlu)

("블랙커피", 잃어버린 도시, p. 33)

I. 예멘에서 이스탄불까지

어느 날, 몇 척의 배가 토파네(Tophane) 항구에 입항했다. 그 해는 1543년이었다. 우리는 여러 척이라고 말하는데, 왜냐하면 미자뉠하크(Mîzânü'l-Hak)에서 캬티프 잘렙 (Kâtip Caleb)이 한 척의 배가 아니라 여러 척이라 말하기 때문이다. 캬티프 첼레비(Kâtip Çelebi)에 따르면, 이 배들은 예멘에서 커피 자루를 가득 싣고 와서, 셰이크 울 이슬람 (Sheik-ul Islam)[2] 에부수우드 에펜디(Ebussuud Efendi)[3] 의 파트와(fatwa, 공인된 권위에 의해 주어진 이슬람 법에 대한 판결, 칙령)에 따라, 하나씩 구멍이 뚫려 화물과 함께 침몰되었다. 그가 그렇게 쉽게 파트와를 발행할 수 있었기 때문에, 사람들은 셰이크 울 이슬람이 커피에 익숙했거나 심지어 그것을 맛봤을 수도 있다고 추측할 수 있다. 커피 애호가들을 초토화시켰을 수도 있는 이 파트와의 한 근거는 커피를 새까맣게 탈 때까지 볶았다는 점이다; 또 다른 근거는 전통적으로 선술집에서 그랬던 것처럼 커피하우스에 모인 군중들 사이에서 커피컵이

2) Shaykh al-Islām (아랍어: شيخ الإسلام, 로마자: Šayḫ al - Islām; 페르시아어: شيخ الاسلام Sheykh-ol - Eslām; -ülslylama; 오스만 터키어: شيخ ized الاسلا م)는 고전 시대에 이슬람 과학의 뛰어난 학자를 경칭하는 칭호로 사용되었다.

3) Katip Çelebi, Mîzânü'l-Hakk fî İhtiyâri'l-Ahakk (ed. Orhan Şaik Gökyay), MEB Publications 1000 Basic Works, Istanbul 1980, p. 39.

한 손에서 다른 손으로 넘어가기 때문에 결국 방탕으로 이어질 것이라는 것이었다.

에부수우드 에펜디가 커피에 익숙하다는 것, 그리고 더 중요한 것은 예멘에서 바다를 통해 커피를 수입했다는 사실은 이 음료가 이스탄불(İstanbul)의 일상생활에 잘 스며들었음을 말해준다. 몇 달에 걸친 메카 순례기간 동안 순례자들(hajis)이 커피를 접하게 되었고 돌아올 때 커피를 가지고 왔을지도 모른다는 것은 의심의 여지가 없었다. 1517년 이집트와 예멘이 오스만 제국의 지배를 받게 되자, 커피는 자동으로 오스만 제국 국경 내에서 생산되고 소비되는 음료가 되었다. 따라서 이스탄불에 도착하는 것은 불가피했다.

커피 선박이 침몰한 지 8년 후 타흐타칼레(Tahtakale)ⁱ)에 문을 연 최초 커피하우스의 예상치 못한 인기와 그것이 문학을 하는 대중을 위한 만남의 장소로 발전한 것은 커피 금지가 그다지 효과적이지 않았으며, 커피가 다양한 방식으로 이스탄불로 유입되었으며, 커피 애호가 수가 늘어났음을 시사한다. 하프즈 휘세이인 아이반사라이(Hafız Hüseyin Ayvansarayî)의 저서 『메즈무아-이 테바리흐(Mecmua-i Tevârih)ⁱⁱ)』에서 언급된 '커피하우스 엔터테인먼트(Kahvehane mahall-i eğlence)'(959) 구절은 1551-1552⁴)년을 이스탄불에 최초의 커피하우스가 문을 연 날짜로 지정하는 것에 반해, 에스마뤼트-테바리흐(Esmarü't-Tevarih)에 인용된 '주후르-으 카흐베 베 디야르-으 룸(Zuhûr-ı kahve be diyâr-ı Rûm)'(962)이라는 구절은 1554년을 가리킨다.

---

4) Hafız Hüseyin Ayvansarayî, Mecmuâ-i Tevârih (ed. Fahri Ç. Derin-Vahid Çabuk), İ.Ü. 편지 출판 학부, 이스탄불 1985, p. 429. 같은 저작의 도입부에서 Ayvansarayî는 이스탄불에 커피가 도착한 날짜를 H. 1000(1591-1592)으로 지정합니다. 참조, ibid., p. 18.

커피콩이 언제 처음으로 음료수를 만드는 데 사용되었는지는 알려져 있지 않지만, 모든 기록은 16세기 동안 이슬람 세계에서 커피를 마시는 것이 널리 퍼졌음을 보여준다. 압뒬카디르 알-제지르(Abdülkadir al-Cezirı)의 책자 움데튈-사프베 피릴-카흐베(Umdetül-safve fili'l-kahve)에 따르면, 예멘에서 커피가 음료로서 큰 인기를 끌었다는 첫 소식이 16세기 초에 카이로에 전해졌다.[5]

잘 알려지지 않은 전설에 따르면 솔로몬이 음료를 만들기 위해 커피콩을 볶은 최초의 사람이었다고 한다. 알-제지르 (al-Cezirı)에 따르면, 본의 아니게 아프리카 해안에 잠시 살았던 알-자브하니(al-Zabhanî)라는 사람이 아비시니아(Abyssinia)에서 아덴(Aden)으로 커피를 가져와 신비주의자들 사이에서 인기를 끌었다고 한다. 또 다른 전설은 셰이크 알리 b. 외메르 에쉬-샤질리(Sheikh Ali b. Ömer eş- Şazilî)가 예멘에 커피

5) Ralph S. Hattox, 커피와 커피하우스: 근동에서 사교 음료의 기원(Kahve ve Kahvehaneler: Bir Toplumsal İçeceğin Yakındoğu'daki Kökenleri)(trans. Nurettin Elhüseyni), Tarih Vakfı Yayınları, İstanbul 1996, p. 23.

를 가져왔다는 것을 암시한다. 이 영예는 여러 다른 이름에 부여되었다. 그러나 셰이크 샤질리(Sheikh Şâzilî)가 오스만 세계에서 커피의 족장으로 받아들여졌다. 사실, 다음 구절이 새겨진 명문 접시가 수세기 동안 커피하우스에 걸려 있었다:

매일 아침 비스밀라를 읊으며 가게 문을 엽니다.
(Her seherde besmeleyle açılır dükkânımız)
하즈레트-이 셰이크 샤질리는 우리의 스승입니다.
(Hazret-i Şeyh Şâzilî'dir pîrimiz üstâdımız6))

---

6) "우리는 가게를 열 때마다 바스말라(가장 은혜롭고 가장 자비로우신 알라의 이름으로)를 암송합니다. Hazrat Sheikh Shazili는 우리의 현자이자 주인입니다." (T.N.)

에브리야 첼레비(Evliya Çelebi)는 전설에 '베이셀 카라니(Veysel Karanî)'라는 디테일을 추가한다. 그의 여행기(Seyahatname)에서 '커피 상인 길드(Esnâf-ı tüccâr-ı kahveciyân, 에스나프-으 튀즈자르-으 카흐베지얀)'에 관해 언급하면서 그는 베이셀 카라니(Veysel Karanî)를 통해 그의 칙령으로 커피의 족장으로서의 셰이크 샤질리(Sheikh Şâzilî)의 역할을 연관시킨다.[7]

셰이크 알리 b. 외메르 에쉬-샤질리는 샤드히리 수피(Shadhili Sufi) 교단의 창시자 셰이크 샤드히리와 종종 혼동되는 데, 그에 관한 전설은 처음부터 강한 반대에 부딪힌 커피를 합법화하려고 노력한 것으로 간주되어야 한다.[8] 전설의 요지는 다양한 출처에서 자주 언급되며 사실상 커피와 관련된 일에 종사하는 모든 연구자들에 의해 다음과 같이 언급된다. 셰이크 샤질리(Sheikh Şâzilî)는 순례를 위해 마그레브에서 출발하는데, 그의 배가 폭풍우 동안 예멘으로 표류하고, 결국 셰이크는 무하(Muha)로 가게 된다. 초가 로지(lodge)를 지은 셰이크는 무하(Muha)에 정착하게 된다. 그는 전염병으로 고통받던 지역 주민들이 기도로 치유되기 시작하면서 큰 명성을 얻는다. 어느 날, 숨이 멎을 정도로 아름다운 무하의 아미르(Amir, 아랍 통치자)의 딸도 같은 이유로 셰이크에게 불려온다. 그러나 셰이크가 치유를 위해 어린 소녀를 며칠 동안 로지(lodge)에 가두자, 그는 비방당하고 부당하게 아스와브 산으로 추방된다. 셰이크와 그의 제자들은 그 지역에서 커

---

7) *Evliya Çelebi Seyahatnamesi I* (eds. Robert Dankoff, Seyit Ali Kahraman, Yücel Dağlı), YKY, İstanbul 2006, p. 276.
8) For further information on and interpretation of these legends and rumors, see Ralph S. Hattox, *ibid*, pp. 10-22.

피나무 외에는 아무 것도 발견하지 못한다. 그들은 영양분 섭취를 위해 커피 체리를 먹고, 씨를 삶고, 생존을 위해 주스를 마신다. 머지 않아 무하에서 전염병이 발생한다; 일부 지역 주민들이 셰이크를 중상 모략하여 그 불행을 그의 탓으로 돌렸을 때 몇몇 사람들은 아스와브 산으로 가서 셰이크에게 사과하며 질병을 끝내기 위해 그에게 기도해줄 것을 요청한다. 셰이크는 커피 물에 기도하고 커피를 병자에게 제공한다. 일단 병이 치유되자 무하 지역 주민들이 좋은 소식을 마을에 전한다. 결국 무하의 아미르는 셰이크에게 사과하고 셰이크에게 마을 사람들을 치료해달라고 간청한다. 현지인들을 위해 끓인 커피가 끓어 넘치고 쏟아질 때 놀란 셰이크는 커피를 마시는 것이 널리 퍼질 것이라는 징조로 해석한다.

이 이야기는 캬팁 첼레비(Kâtip Çelebi)의 지한뉘마(Cihannüma)에 있는 설명을 몇 가지 사항을 변경, 추가하고 요약하여 사브리 코즈(Sabri Koz)가 새로운 알파벳으로 필사하고 출판한 원고(H. 1250/1834-35)의 주석에 자세히 설명하고 있다.[9]

9) Sabri Koz, "Kahvenin Tarihine Derkenar", Tanede Saklı Keyif, YKY, İstanbul 2001, p. 156.

이 전설과 다른 유사한 전설 뒤에 감춰진 현실은 커피가 아비시니아 (현재의 에티오피아)에서 유래한 식물로서, 커피를 음료로 마시는 것이 신비주의자들 사이에서 대중화되었지만, 커피는 예멘에서 이슬람 세계로 퍼졌다는 것이다. 일부 애호가(시인들)에게 '예멘의 어두운 아름다움'으로 간주되는 커피는 우아한 수수께끼에서 '예멘의 신사'로 등장한다:

Ben ne idim ne idim / 난 뭐였지, 난 뭐였지?

Yemenli bir beğ idim / 예멘의 신사

Felek beni şaşırttı / 운명이 날 혼란스럽게 했고

Fağfuriye düşürttü / 도자기에 나를 빠뜨렸다

16세기 초, 커피는 처음 메카에, 이후 카이로에 도착하였고, 광범위한 지역으로 퍼지면서 이에 반대하는 사람들이 생겨났다. 논쟁의 여지가 있는 지방에서는 특정 이슬람 율법 전문가(Faqihs)에 의해 토론이 제기되어 끝없이 이어졌다. 1511년 메카에 있는 맘루크(Mamluk) 주의 무흐타시브(Mahtasib, 시장 및 무역 감독관)인 하이으르 베이(Hayır Bey)가 어느 날 밤 이슬람 사원의 모퉁이에서 촛불을 켜고 커피를 마시는 메카인들을 보고 캠페인을 시작한다: 두 명의 의사의 견해를 바탕으로 말리키(Maliki), 샤피이(Shafi'i) 및 하나피(Hanafi) 학자를 이끄는 위원회에서 파트와(Fatwa)를 발행했다; 공공 광장에서 커피 재고 소각; 그리고 다른 사람들을 억제하기 위해 커피 마시는 사람들을 구타한 것은 커피 역사상 첫 번째 중요한 사건이 된다.10) 카이로의 알 아즈하르(Al-Azhar) 주변의 커피 소비도 같은 지역의

상당한 반대에 부딪혔다.

1543년에 토파네 항구에서 커피 자루 실은 배에 구멍을 뚫어 침몰시킨 에부수드에펜디(Ebussuud Efendi)의 파트와(fatwa) 뒤에는 아마도 이스탄불로 가는 길을 찾은 이러한 논쟁과 싸움의 파장이 숨어 있을 수 있을 것이다.

---

10) Ralph S. Hattox, *ibid*, pp. 27-31.

II. 커피와
신비주의

세이크 울 이슬람 에부수우드 에펜디(Sheikh-ul Islam Ebussuud Efendi)가 커피를 하람(haraam, 종교에 의해 금지된)이라고 선언하는 칙령을 내렸지만, 그는 그 시행에 대해서는 그다지 엄격하지 않았다. 사실, 함메르(Hammer)에 따르면, 그는 그 후 몇 년 동안 커피하우스 문을 닫게 하기 위한 칙령 발행을 자제했다. 수피 교단의 광범위한 커피 소비가 위대한 종교 학자들의 견해를 바꾸는 데 중요한 역할을 했는지는 확실하지 않다. 에부수우드 에펜디가 계속 반대했더라면 술탄 쉴레이만 1세(Sultan Süleyman I)의 통치 기간 동안 수많은 커피하우스의 개점은 불가능했을 것이다. 베드레딘 카이수니(Bedreddin Kaysunî)[11] 박사도 커피를 지지하는 보고서를 술탄에게 제출하지 않았을 것이다. 술탄 쉴레이만이 통치 말년에 함르 토후국(Emirate of Hamr)을 폐지하고 모든 선술집을 폐쇄했지만, 이 조치는 부분적으로 커피하우스의 확산에 의해 촉진되었다. 에피쿠로스적 정신(에피쿠로스에게서 철

---

11) C. van Arendonk, "Kahve", İA, v. 6, p. 98.

학 목적은 행복하고 평온한 삶을 얻는데 있었다)을 지닌 시인 사니(Sânî)는 그의 유명한 싯구절에서 다음과 같이 그 상황에 대해 불평했다:

Hûmlar şikeste cam tehî yok vücûd-ı mey
Kıldın esîr-ı kahve bizi hey zamâne hey
(와인 병은 깨졌고, 잔은 비었고, 와인의 흔적은 없다;
오! 세상아 지금 우리를 커피의 노예로 만들었구나!)

커피라는 단어가 포도주[12]를 의미하기도 하고, 그것이 마치 포도주처럼 같은 컵으로 돌려 마신다는 사실은 에부수우드 에펜디와 다른 종교 학자들을 곤혹스럽게 했다. 시인 네일리(Neylî)의 하산 첼레비 테츠키레시

(Hasan Çelebi Tezkiresi)의 커플렛(couplet, 2행 연구로 쓰인 시)은 에피쿠로스 학파가 이런 식으로 커피를 마시는 사람들을 조롱했음을 보여준다. 이 커플렛에서 네일리(Neylî)는 커피 자체를 장미빛 와인(rose-colored wine)에 비유할 수 있기 전에 사교 모임에서 손으로 컵을 몇 번 건네야 하는지 질문한다.[13]

디반-으 케비르(Divan-ı Kebir)[iii]에 있는 그의 가젤(gazel, ode, 아랍시에서 유래한 일종의 환희 시 또는 송가)[iv] 중 일부에서, 루미(Rumi)는 분명히 와인을 나타내기 위해 커피를 사용한다. 이들 가젤을 근거로 일부 연구자들

---

12) Hafız Huseyin Ayvansarayi notes that coffee is also one of the names given to coffee and speaks of a hadith that declares coffee as forbidden by religion ("El-kıhvetu'n haramun"). See *ibid,* p. 18.

13) Namık Açıkgöz, Kahvenâme, Akçağ Yayınları, Ankara 1999, pp. 36-43.

은 루미가 커피를 마셨다고 잘못 주장하고 있다.14) 예를 들어, 커피가 아몬드 할바(halva, 참깨 가루와 꿀로 만드는 튀르키예의 과자)와 함께 언급되는 커플렛은 주목할 만하다:

Devletimiz geçim devleti, kahvemiz arştan gelmede;
Meclise badem helvası dökülüp saçılmış15)

(우리나라는 풍요롭다; 우리의 커피는 하늘에서 내려왔다;
아몬드 할바가 모임 곳곳에 뿌려진다.)

또 다른 가젤에는 다음과 같은 구절이 포함되어 있다:

A hanımım, fincanımı kahveyle doldur, birbiri ardına sun bana.
Seni ayık olarak ziyaret edenin vay hâline; o da sakınsın
bundan, sen de sakın.16)

(사랑하는 아내여, 내 잔에 커피를 채우고 하나씩 가져다 주시오.
술에 취해 당신을 방문하는 사람은 불행하도다. 그도 당신처럼
그것을 피할 것입니다.)

커피는 실제로 메블레비(Mevlevi, 메블레비 교단 또는 Mawlawiyya (튀르키예어: Mevlevilik 또는 Mevleviyye, 페르시아어: طريقت مولويه)는 Konya (지금은 튀르키예의 도시, 이전에는 Anatolian Seljuk Sultanate의 수도)에서 시작되었으며 Muhammadaluddin의 추종자들에 의해 설립된 수피 교단) 데르비쉬(dervish, 극도의 금욕 생활을 서약하는 이슬람교 집단의 일원) 로지(lodge)에 들어가 이 종파를 중심으로 형성된 문화의 필수적인 부분이 될 것이다.

---

14) Nevin Halıcı, *Mevlevi Mutfağı*, Metro Kultur Yayınları, İstanbul 2007, p. 196.
15) Mevlânâ, *Divân-ı Kebîr I* (trans. Abdülbaki Gölpınarlı), Remzi Kitabevi, İstanbul 1957, Gazel (Ode) 146, verse 1338.
16) Mevlana, *ibid,* Gazel 69, verse 631.

하지만, 신중한 연구에 따르면, 루미(Rumi)는 카흐베(kahve)라는 단어를 커피의 이름이 아니라 와인을 나타내기 위해 사용했다고 한다. 사실 루미(Rumi) 시대에는 커피가 아직 음료로 알려지지는 않았다. 이 맛있는 음료는 15세기 초반부터 데르비쉬(dervish, 예배의 일부로 활기찬 춤을 추는 이슬람 종교 단체의 구성원)들이 예배와 디크르(dhikr; invocation, 도움이나 권위를 얻기 위해 무언가 또는 누군가를 부르는 행위. 기도. 경배) 동안 정신을 차리고 깨어있기 위해 자극적인 효과 때문에 사용했다는 견해가 지배적이다. 커피를 언제, 어디서, 어떻게 처음 마시게 되었는지와 관련된 전설이 이 사실을 말해준다.

다양한 종파를 통해 이슬람 세계 전체에 퍼진 커피는 주로 신비주의에서 그 정당성을 파생시켰다. 아렌동크(Arendonk)가 이슬람 백과사전에 쓴 '커피'라는 제목의 글에 따르면, 아이다루시야(Aidarussiya) 종파는 커피를 마시며 행하는 라티브(râtib)라고 부르는 디크르(dhikr)를 유지하고 있었다. 파티하(Fâtiha) 또는 네 번의 야신(Yâsin) 기도가 라티브(râtib) 전에 낭송되었고, 예언자 무함마드를 위한 100번의 살라와트(Salawat, 그에게 평화가 있기를) 선언이 뒤따랐으며, 116번의 야카비(Yâ Kavî) 기도 중에 커피가 소비되었다. 알파벳 글자에 의한 열거에 따르면, 116은 알라(Al Asma-ul Husna)의 아름다운 이름들 중 하나인 'Kavî'의 숫자 값이다. 단어 Kahve에서 문자의 숫자 값을 더하면 동일한 숫자가 나온다.:17)

k v y
100 + 6 + 10 = 116
k h v h
100 + 5 + 6 + 5 = 116

17) Ayvansarayî, *ibid,* p. 18. Also see, Arendonk, *ibid,*, p. 97.

이 의식은 신비주의 사회에서 신성한 성격이 커피에 귀속되었다는 것을 보여준다. 같은 글에서, 아렌동크는 고전 문헌에서 알리 b. 외메르 에쉬-샤질리(Ali b. Ömer eş-Şâzilî)에게 "잠잠(Zamzam)처럼, 그것은 소비되는 목적에 부합한다."라는 흥미로운 경구를 전한다. 16세기 수피의 말은 더욱 놀랍다: "혈류에  커피가 남아서 죽는 사람은 지옥에 가지 않을 것이다."18) 랄프 S. 하톡스(Ralph S. Hattox)ⁿ는 알-아즈하르(Al-Azhar)ⁿ에서 열린 예멘 수피들의 커피가 포함된 디크르 행사에 이븐 압둘 가푸르(Ibn Abdul Gaffur)라고 불리는 사람의 글을 전한다. 이 사람에 따르면 예멘 수피들은 매주 월요일과 금요일 밤에 모인다. 셰이크는 붉은 점토 포트에 넣은 커피를 국자로 데르비쉬(dervish)에 나누어 준다. 국자를 시계 방향으로 돌리는 동안, 데르비쉬(dervish)는 커피를 마실 때 일제히 *"라 알라헤 일라일라휠-하쿨-뮈빈 (Lâ ilâhe illâllahü'l-hakku'l-mübîn)"* (하나님의 이름으로, 가장 분명한 이름으로)을 외친다.19)

커피의 신성함에 대한 확신은 커피콩과 함께 오스만 제국에도 전해진 것으로 보인다. 신비주의는 오스만 제국에서도 커피의 원천이 되었고, 셰이크 샤질리(Şâzilî)는 처음부터 커피의 현자로 받아들여졌다. 시인 아이니(Aynî)는 커피를 다음과 같이 말한다:

Nefes almış cenâb-ı Şâzilî'den

---

18) C. V. Arendonk, *ibid*, p. 97.
19) Ralph S. Hattox, *ibid*, p. 66.

Siyeh hırka giyinmiş ol velîden

(스승 셰이크 샤질리의 숨결.
검은 데르비쉬 코트를 입은 성자입니다.)

커피 스토브는 성직자(dervish, 극도의 금욕 생활을 서약하는 이슬람교 집단 일원) 로지(lodge)에서 대단히 큰 의미를 지녔다; 로지의 고위 성직자들 중에서 선발되어 커피 서비스에 임명된 종파의 구성원은 카흐베 나키비(kahve nakibi)[20]라고 불렸고 거의 모든 종파에 카흐베 나키비가 있었다. 이 슬람 세계에서 가장 널리 퍼져 있는 종파 중 하나로서 칼와티 교단 (Khalwati order)은 칼와(khalwa, 신비적 목적을 위해 세상과 격리된) 동안 커피의 자극적인 효과를 사용했고, 벡타시(Bektashi) 로지(lodge)에서는 중앙 홀에 퍼진 12개의 가죽 중 첫 번째 가죽이 '셰이 샤질 술탄 카흐베지 포스투(Şeyh Şâzilî Sultan Kahveci Postu)'로 명명되었다.[21]

압뒬바키 괼프날르(Abdülbaki Gölpınarlı)에 따르면, 이름을 부르는 것을 채택한 벡타시 가문과 수피 교단의 로지(lodge)에는 정원으로 열리는 정문 다음에 오는 문이 로지(lodge)의 문이었다. 이 문 뒤의 입구 부분에 위치한 방은 카흐베 오자으(Kahve Ocağı, 커피 스토브/테이블)로 알려졌고 실제 커피 스토브는 문 바로 맞은편에 놓여 있었다. 그 방에는 킬림(kilim, 튀르키예 융단의 일종), 양탄자 또는 카펫으로 덮인 긴 나무 의자가 있었다. 커피 스토브 바로 옆에 있던 가죽은 카흐베 나키비(*kahve*

20) Mehmet Zeki Pakalın, Tarih Deyimleri ve Tarimleri Sözlüğü II, MEB Yayınları, İstanbul 1971, p. 139.
21) A. Yılmaz Soyyer, *19. Yüzyılda Bektaşîlik*, Akademi Kitabevi, İzmir 2005, pp. 221, 245, 246.

nakibi)의 것이었다. 로지를 방문한 손님(mihman)은 먼저 카흐베 오자으 (Kahve Ocağı, 커피 스토브/테이블)로 모셔가 커피를 대접했다. 손님이 셰이크를 방문하기 위해 도착하면, 셰이크에게 알리고 손님을 알현실로 데려가는 것도 카흐베 나키비의 의무였다.[22]

수피 사회에서 커피의 인기는 수피 시인 메흐메드 에펜디(Mehmed Efendi)의 싯구, "나는 예멘에서 신의 냄새를 느낀다"[23]에서 알 수 있는데, 그는 하디스(Hadith, 예언자 무함마드의 말을 담고 있는 전통 모음집으로, 그의 일상적인 수행(순나)에 대한 설명과 함께 코란과 별개로 무슬림을 위한 주요 지침을 구성한다)를 언급하면서 예멘 커피에서 신의 냄새(bûy-i Rahman, 신의 큰 은혜)를 느낄 수 있다고 썼다:

Nefsinden senin ey kahve meşâm-ı câna

Bûy-ı Rahman erişir belki Yemen'den geldin[24]

(오! 커피여, 당신은 예멘에서 왔기에 아마도 자비로운(Rahman) 향기가 당신의 정수에서 마음과 영혼에 닿을 것입니다.)

22) Abdülbaki Gölpınarlı, *Tasavvuftan Dilimize Geçen Deyimler ve Atasözleri*, İnkılap ve Aka Kitabevleri, İstanbul 1977, pp. 182-183.
23) "İnnî ecidu nefese'r-Rahmânî min kıbeli'l-Yemen."
24) Ahmet Talat Onay, *Eski Türk Edebiyatında Mazmunlar* (ed. Cemal Kurnaz), Türkiye Diyanet Vakfı Yayınları, Ankara 1992, p. 235.

III. 커피는 핑계일뿐

역사가 페체비 이브라힘 에펜디(Peçevî İbrahim Efendi)는 아이반 사라이(Ayvansarayî)가 인용한 익명의 구절에서 제시된 날짜보다 3년 늦은 1554년을 이스탄불(İstanbul)에 첫 커피하우스가 문을 연 해로 지목한다.[25] 1554년, 알레포(Aleppo)의 하켐(Hakem)과 다마스쿠스(Damascus)의 쉠스(Şems)라는 두 명의 아랍 커피 메이커가 이스탄불에 도착하여 타흐타칼레(Tahtakale)에 커피하우스를 열었다. 일부 자료에서는 쉠스가 더 일찍 도착했고 두 남자가 별도의 커피하우스를 열었다고 밝히고 있다.[26] 이 새로운 장소들은 곧 쾌락주의 지식인들에게 인기 있는 모임 장소가 되었다. 어떤 이들은 책 때문에 바빴고, 다른 이들은 백개먼(backgammon, 서양 주사위 놀이의 일종)이나 체스 게임을 했고, 시인들은 그들이 새로 쓴 시를 서로 암송했다; 간단히 말해서, 그들

---

25) *Tarih-i Peçevî*, İstanbul 1281, v. I, pp. 363-364.
26) İsmail Hami Danişmend, İzahlı Osmanlı Tarihi Krnolojisi II, Türkiye Yayınevi, İstanbul 1971, p. 299.

은 두 개의 은화(iki akçe)와 교환하여 커피를 마시며 즐거운 시간을 보냈다. 퇴역한 카디스(qadis, 판사)와 교수, 실업 상태인 정치가가 자주 찾는 커피하우스는 곧 장교와 고위 인사를 수용하기 시작했고, 따라서 앉을 자리가 부족했다.

최초의 커피하우스가 문을 열었을 당시 13-14세의 소년이었던, 갈리폴리에서 온 무스타파 알리(1541-1600)vii)는 59년의 생애 동안 커피와 커피하우스에 관한 논고를 면밀히 따랐던 것임에 틀림없다. 그의 저서 『메바이된-네파이스 피 카바이딜-메자리스(Mevâidü'n-nefâis fî kavâidi'l-mecalis)』viii)에서 '커피하우스에 관하여'라는 제목의 장은 이 점에서 특히 중요하다. 최초의 커피하우스에 H.960년(1552년)이라는 날짜를 제시하면서, 알리(Âli)는 커피나 커피하우스에 반대하지 않은 것 같다. 예멘 출신의 흑인 시인인 그는 '선한 사람들이 마시는 다양한 음료 중 묘약'이라고 묘사한 커피를 좋아했던 것 같다. 그리고는 '예멘 커피는 신이 사랑한 사람인 셰이크 하센 에스-샤질리(Sheikh Hasen eş-Şâzilî)의 시선에 행운이 깃든 덕분에 곧 모든 사람의 사랑을 받게 되었다'고 처음으로 언급했다. 알리(Âli)에 따르면, 커피하우스는 데르비쉬와 현인들이 모여 대화를 나누고 가난한 사람들이 피난처를 찾는 장소였기 때문에 유용했다. 그러나 예니체리(yeniçeri, 오스만 제국의 유명한 보병 군단의 이름이다. 황제의 직속 경호대이자 친위대 역할을 하는 정예 상비군단으로 전투에 임하면 용맹성으로 유명했다. 14세기에 처음 조직되어 1826년에 마무드 2세가 해산할 때까지 존재하였다. 예니체리는 튀르크어 '예니센'에서 유래한 말로 '새로운 병사'라는 뜻이다)와 기병들이 커피하우스에 자리를 잡고 하루 종일 험담을 하는 것, "나는 옛날에 아가였거나 그와 같은 시종이었고, 또한 체스나 도박 돈벌이에만 신경을 쓰는 부적절한 인물이었다" 같은 말과 함께 뽐내려는 사람들 때문에 커피하우스는 골칫거리가 되었다.27)

---

27) Gelibolulu Mustafa Âli, *Görgü ve Toplum Kuralları Üzerine Ziyafet Sofraları*

또한 캬티프 첼레비(Kâtip Çelebi)는 커피에 대한 금지와 파트와가 어떤 결과도 낳지 못하고, 커피하우스가 잇달아 문을 열었으며, 사람들이 커피를 마시기 위해 이 장소에 열렬히 모여들었고, "커피 한 잔 때문에 목숨을 잃을 위험에도 불구하고 그들은 매우 즐겁고 활력이 넘친다는 것을 발견했다"고 회상한다.[28]

그럼에도 불구하고 커피하우스와 커피 애호가들의 걷잡을 수 없는 증가는 종교계와 정치권에 불편을 초래했다. 페체비(Peçevî)에 따르면, 종교 광신자들은 곧 "대중들이 커피하우스를 좋아하게 된 이후, 더 이상 모스크(mosque, 회교 사원)나 마스지드(masjid, 회교 성원)를 방문하는 사람은 없다!"라는 말을 퍼뜨리기 시작했고, 설교자들은 모스크에서 커피와 커피하우스에 반대하는 설교를 했다고 한다. 그들은 커피가 종교에 의해 금지되는 무프티(mufti, 회교 법전 전문가)의 파트와를 간청했고,

(Mevâidü'n-nefâis fî kavâidi'l-mecâlis), ed. Orhan Şaik Gökyay, Tercüman 1001 Temel Eser, İstanbul 1978, pp. 180-181.
28) Kâtip Çelebi, ibid., p. 40.

심지어 일부는 "주점에 자주 가는 것이 커피하우스에 가는 것보다 낫다!"라고 선언하기도 했다. 에부수우드 에펜디(Ebussuud Efendi)의 파트와에서 주장한 바와 같이, 종교 학자들은 석탄에 구운 물질을 먹거나 마시는 것이 이슬람에 의해 금지되어 있으며 커피하우스는 음모의 거처라는 견해를 주장했다. 오르한 파묵(Orhan Pamuk)의 소설 내 이름은 빨강(*My Name is Red*)에서 개는 성직자들의 불편함을 다음과 같이 이야기한다:

이야기를 듣고 그 교훈을 되새기러 온 친애하는 친구들, 제 문제로 여러분들에게 부담을 주고 싶지는 않습니다. 솔직히 말씀드리면, 존경받는 성직자가 우리 커피숍을 공격한 것 때문에 화가 치밀지만 (…), 저는 남자답게 앉아서 당신과 커피 한 잔 할 수 없다는 것이 정말 유감입니다. 우린 커피나 커피하우스 때문에 죽겠어요. 이게 뭡니까? 보세요, 내 주인님이 작은 커피포트에서 나를 위해 커피를 따라주고 있어요. 사진은 커피를 못마시잖아요? 제발! 직접 보세요, 이 개는 행복하게 할짝할짝 핥고 있어요. 아, 네. 바로 그거야; 그것은 나를 따뜻하게 하고, 내 시력을 날카롭게 하고, 내 생각을 빠르게 했습니다. 이제 내가 당신에게 말해야 할 것을 들어보십시오: (…)29)

과장을 제쳐두더라도 "우린 커피나 커피하우스 때문에 죽겠다"라는 사실은 진실을 반영한다. 사회생활의 단조로움과 지루함에 좌절한 대중은 커피나 커피하우스를 포기할 생각이 없었다. 비록 무라드 3세(Murad III)의 통치 기간 동안 증가하는 압력으로 인해 큰 커피하우스들이 문을 닫았지만, 분리된 출입구가 있는 지하 커피하우스들은 외딴 지역과 상점들 뒤쪽에 문을 열었다; 이들은 경찰관들과 경찰서장에게 보상을 주는 한 편안하게 운영되었다. 언제 누가 썼는지는 알 수 없지만, 사실상 모든 오래된 커피하우스에 걸려 있는 패널에 있는 유명한 커플렛을 포

---

29) Orhan Pamuk, *My Name is Red*, translated by Erdağ Göknar, Vintage 2002, pp. 13-14.

함하는 스탠자(stanza, 4행 이상의 각운이 있는 시구)는 이러한 장소들이 사회 생활에 무엇을 의미했는지를 분명히 보여준다.

Mademki gelmişiz köhne cihâne

Derdimizi çeksin şu vîranhâne

Gönül ne kahve ister ne kahvehane

Gönül ahbâb ister kahve bahane

(이 낡은 세상에 태어났으니

이 허름한 집은 우리의 슬픔을 덜어내리라.

마음은 커피도 커피하우스도 원하지 않아.

마음은 오직 친구를 원하고, 커피는 그저 핑계일 뿐)

반대자들이 열심히 커피에 맞서 싸우는 것처럼, 커피 애호가들 또한 바쁘게 움직였다. 1582년 길드 퍼레이드에 커피하우스 주인들이 참여했다는 것은 무라드 3세의 통치 말기에 커피에 대한 금지가 없어졌다는 것을 의미했다. 갈리폴리의 무스타파 알리(Gelibolulu Mustafa Âlî)ix)의 시(Sûrnâme, 詩), 『왕세자의 할례』(Câmiü'l-buhûr der mecâlis-i sûr)에 있는 커피하우스 주인들의 행렬에 대한 부분은 이 점에서 꽤 흥미롭다. 무라드 3세의 아들 메흐메트 왕자의 탄생을 기념하여 준비되고 이 웅장한 잔치를 미니어처로 문서화한 이 시(Sûrnâme)는 커피하우스 주인들이 커피 애호가들과 함께 공공 광장에 도착하여 즉시 작은 커피하우스를 짓는 공연을 묘사하기도 한다. 커피는 이 미니어처 커피하우스에서 볶고 분쇄한다; 잘생긴 젊은 남자가 서로에게 시를 읊조리는 애호가들에게 커피를 제공한다. 바퀴로 움직일 수 있는 이 커피하우스는 술탄 앞을 지나갈 때 몇몇 금지주의자들의 공격을 받는다. 커피하우스 주인들은 도망치고 술꾼들은 망연자실한다. 컵이 깨지고, 커피하우스가 철거되고, 커피하우스에 있던 단골손님들의 손이 묶인다. 이에, 커피 애호가들은 술탄에게 다음과 같이 외친다:

"오, 정의로운 술탄이여, 이것이 우리가 밤낮으로 마주하는 일입니다. 우리는 커피를 즐기다가 공격을 받습니다. 커피를 흘리는 것은 불에 물을 붓는 것과 같습니다. 우리는 우리의 은인과 주권자에게 영원히 감사하고 있습니다. 그런데도, 왜 우리는 이 끝없는 고문에 노출되어 있습니까?"

커피 애호가들의 비참한 상태를 애정 어리게 바라보던 술탄은 아들의 탄생을 기려 가능한 커피 금지령을 해제하라는 칙령을 내린다. 커피 애호가들의 기쁨을 짐작하는 것은 어렵지 않다. 무스타파 알리(Mustafa Âli)는 그의 *수르나메(Surnâme)*의 이 장(chapter)을 다음과 같이 마무리한다:

Bir zaman âsûde-ahvâl oldılar

Havf ü haşyetten biraz kurtuldular[30]

(한동안 평온한 상태가 되었고

그들은 이 무시무시한 억압에서 다소 벗어났다.)

이 커플렛은 축제 기간 동안 커피에 부여된 자유가 얼마 지나지 않아 취소되었다는 것을 암시하는 것으로 보인다. 실제로 그후 몇 년 동안 커피 금지에 질식한 스티프의 에미르라는 설교자는 1591년 말 또는 1592년 초에 셰이크-울 이슬람 보스탄자데 메흐메드 에펜디(Sheikh-ul Islam Bostanzade Mehmed Efendi)에게 커피 반대자들의 정당성을 나열하고 타당성을 묻는 12커플렛(연)의 시적인 탄원서를 전달했다. 탄원서는 다음과 같이 요약할 수 있다: "커피는 종교에 반하고 인간의 건강에 해

---

30) Mehmet Arslan, *Osmanlı Saray Düğünleri ve Şenlikleri 1, Manzûm Sûrnûmeler*, Sarayburnu Kitaplığı, İstanbul 2009, pp. 485-486.

로운가?" 어쩌면 그는 젊은 시절에 타흐타칼레에 있는 하켐과 젬스의 커피숍에서 후원자였거나, 아니면 카이로에서 카디(qadi, 이슬람법에 기초해 판결을 내리는 재판관)로 재직했던 몇 년 동안 커피를 알게 되었을 것이다. 보스탄자데는 52 연으로 길게 에미르 에펜디에게 답했다.[31] 이 시적인 파트와의 두 번째 연은 커피의 이점을 설명하는 33 연 중 사실상 그의 전체 답변을 요약한 것이다:

Kahve hakkında zikrolunan şübehât

Vehmdür cümlesi medâr-ı riyâ

(커피에 대한 의심은 근거 없는 허위이며 속임수에 지나지 않는다)

보스탄자데의 상세한 파트와는 커피 애호가들을 안심시켰고 무라드 4세 통치 기간까지 커피하우스의 수를 증가시켰다. 페체비 이브라힘 에펜디(Peçevî İbrahim Efendi)는 파트와가 공표된 후 설교자들과 무프티(mufti, 회교 법전 전문가)들이 "탄 상태가 아니다. 커피를 마시는 것은 허용된다!"라고 말하기 시작했고, "모든 '종교지도자들과 셰이크(족장)들, 고관(vizier, 과거 일부 회교국의 고관)들과 귀족들'이 커피를 마시고 있었다"고 언급한다. 그러나 1633년 9월 2일, 지발리(Cibali)에서 배의 코킹을 하다가 발생한 화재는 문화재와 예술품과 함께 이스탄불(İstanbul, 튀르키예의 옛 수도, 옛이름은 Constantinople)의 5분의 1을 잿더미로 만들었다. 이 큰 화재를 구실로 커피하우스는 모두 철거되고, 커피와 담배는 다시 한번 금지되었다. 그 후 커피하우스가 정치적 가십이나 '국가에 대한 논의'를 촉진한다는 이유로 '혼란 가능성을 없애기 위해' 이 급진적인 결정이 내려졌다는 소문이 돌았다.[32] 반면 페체비 이브라힘 에펜디

---

31) For the complete texts of İştipli Emir Efendi's petition and Bostanzade's reply, see Namık Açıkgöz, *ibid.*, pp. 36-43.

32) *Târih-i Na'imâ* (ed. Mehmet İpşirli), Türk Tarih Kurumu Yayınları, Ankara 2007, v. II, pp. 755-757.

는 커피하우스가 이스탄불에서 여러 차례 큰 화재를 일으켰다고 주장했다. 따라서, 커피는 항상 감시를 받았다. 몬타구 여사는 자신의 편지 중 하나에서 "국무장관은 무릎을 꿇고 말하지 않았다.x) 커피하우스에서 그의 행동에 대한 비난이 떨어지면(그들은 도처에 스파이가 있기 때문에), 그 집은 완전히 파괴되고 아마도 회사 전체가 고문당할 것이다"라고 썼다. [원문 그대로임]33)

1784년 이스탄불을 방문했던, 사라고사에서 발견된 원고의 저자 포토즈키(Potocki)는 고관들과 대제독, 심지어 술탄까지도 이들에 대한 이야기를 듣기 위해 변장을 하고 가끔씩 커피숍을 드나들었다고 알려준다.34) 포토즈키(Potocki)의 관찰은 정확하다. 당시 왕좌에 있던 술탄 압뒬하미드 1세(Sultan Abdülhamid I)는 자신의 신분을 숨기고 수행원과 함께 커피하우스를 방문해 자신에 대한 생각을 듣고, 그를 불안하게 하는 '국가에 관한 대화'를 목격할 때마다 커피하우스를 철거하고 범법자들을 처벌한 것으로 알려져 있다.35)

문헌에 따르면 셀림 3세(Selim III)의 통치 기간 동안 니잠-으 제디드(Nizam-ı Cedid, 새로운 질서)에 대한 반대가 커피하우스에서 주로 조직되었고, 이로 인해 커피하우스 소유자와 고객 중 일부가 처벌받았다고 한다.36)

---

33) Lady Mary Wortley Montagu, *The Turkish Embassy Letters*, Little, Brown Book Group, 1994 edition, p.66.
34) "Fantastik Edebiyatın Öncüsü Bir Leh Soylusu Potocki'nin Türk Mektupları 1984", İstanbul İçin Şehrengiz, YKY, İstanbul 1991, p. 188.
35) Fikret Sarıcaoğlu, *Kendi Kaleminden Bir Padişahın Portresi: Sultan I. Abdülhamid*, Tarih ve Tabiat Vakfı Yayınları, İstanbul 2001, p. 249.
36) Mehmet Mert Sunar, "Ocâk-ı Âmire'den Ocâk-ı Mülgâ'ya Doğru: Nizâm-ı Cedîd Reformları Karşısında Yeniçeriler", *Nizâm-ı Kadîm'den Nizâm-ı Cedîd'e III. Selim ve Dönemi* (ed. Seyfi Kenan), İSAM Yayınları, İstanbul 2001, p. 526.

무라드 4세(Murad IV)의 통치
기간 동안 시행된 금지는 시간이
지남에 따라 완화되었고, 술탄
이브라힘(Sultan İbrahim)의 통치
초기에 커피하우스는 사회 생활
에서 자리를 되찾았다. 그러나,
커피하우스들 중 일부, 특히 18세
기 중반 당시 예니체리 불량배들이
문을 연 일부 커피하우스들이 화근이었다는
것을 상기해야 한다. 레샤트 에크렘 코추(Reşat Ekrem Koçu)의 다양한
작품에서 자세히 묘사된 이 커피하우스들은, 규율이 없고 사회적으로
불안해하는 예니체리나 불량배들이 짚 매트나 벤치 위에 뒹굴면서 낮
에는 아편을 피우고, 서사시와 발라드를 듣고, 밤에는 막사로 사용하는
장소였다.37) 동네 부자들이 보조금을 지급해야 했던 화려한 '인시그니
아(insignia, 계급·소속 등을 나타내는 휘장/배지)' 퍼레이드로 문을 연 예니
체리 커피하우스마다 벡타시(Betashi, 집합적으로 벡타시 이슬람교 신자를 벡
타시 무슬림 또는 간단히 벡타시라고 부른다) '바바(baba, 영적 지도자)'xi)가 있
었다. 각 커피숍에는 불량배 주인이 소속된 예니체리 군단의 휘장이 걸
려 있었다. 일반적으로, 이러한 커피하우스들은 바다를 내려다보는 도
시 성벽과 같이 이스탄불에서 전망이 가장 좋은 지역에 위치해 있었다.
만약 그런 장소가 없다면, 그것들은 해저에 박힌 말뚝 위에 세워졌고,
세심하게 장식되었다. 레샤트 에크렘 코추는 다음과 같이 계속한다:

---

37) Reşat Ekrem Koçu, *Yeniçeriler*, İstanbul 1964. pp. 296-299; Koçu, *Tarihimizde Garip Vak'alar*, İstanbul 1952. pp. 41-45.

커피하우스는 손님들의 사회·경제적 수준에 따라 나무 또는 돌 벤치, 짚 매트, '바바'를 위한 벤치 등을 갖추고 있으며, 그 세부 사항은 나무, 조각, 페인트, 금박, 자수, 꽃무늬로 만들어졌다. 중앙 바닥은 대리석으로 만들어졌고, 중앙에는 항상 대리석 제트 수영장이 있었고, 특히 화분들과 바실리카(basilica, 끝 부분이 둥그렇고, 내부에 기둥이 두 줄로 서 있는 큰 교회나 회관)로 장식되어 있었다. 벤치는 킬림(kilim, 튀르키예 융단의 일종), 기도용 깔개, 양, 어린 양, 곰 생가죽 및 매트리스와 쿠션으로 장식되어 있었고, 벽에는 백타시 판넬이 걸려 있었다. 커피 스토브(*kahve ocağı*, 커피 스토브)xii는 신부방처럼 꾸며져 있었다; 다양한 크기의 튀르키예식 커피 포트(일부는 뚜껑이 있고 다른 것은 그렇지 않음), 컵으로 가득 찬 찬장, 금과 은으로 된 컵받침, 금과 은으로 된 뚜껑이 있는 수정 물담배, 자스민 추부크(çubuk, 긴 담배 파이프), 그리고 가장 귀중한 파이프 그릇이 엄청난 부를 구성했다.

술탄 마흐무드 2세(Sultan Mahmud II)가 예니체리 군단을 유혈로 해체시키는 동안 커피하우스들은 큰 혼란을 겪었다. 이 시기의 대표적인 예니체리 커피하우스는 '아부르자부르의 커피하우스'로 알려져 있다. 에미뇌뉘(Eminönü)에서 갈라타(Galata)까지 골든 혼(Golden Horn)을 가로질러 승객들을 실어 나르는, 발르크파자르 이스켈레시(Balıkpazarı İskelesi, 어시장 부두)에 세워져, 발르크파자르, 아스마알트, 주변 지역에 정착한 사회의 쓰레기들이 자주 드나들던, 이 커피하우스는 그 이름만 기억하던 예니체리 악당에 의해 문을 열었다. 처음에는 '해충 둥지'라는 이유로 1829년 공동체의 질서와 안전을 유지하기 위한 예방책의 일환으로 폐쇄되었으나, '아부르자부룬 카흐베하네시(Avurzavur'un Kahvehanesi)'는 이후 완전히 철거되었다. 에뷔지야 테브피크 베이(Ebüzziya Tevfik Bey)는 같은 장소에서 같은 이름으로 훨씬 늦게 다시 문을 연 이 커피하우스가 1900년대 초까지 계속 운영되었으며 부두에서 노 젓는 사람들, 바지선 노동자, 짐꾼들이 자주 드나들었다고 언급한다.38)

아부르자부룬 카흐베하네시(Avurzavur'un Kahvehanesi)가 역사의 무대에서 완전히 제거된 후에도 그 이름은 꽤 오랫동안 집단 기억 속에 남아 있었다. 커피하우스라는 이름은 시간이 지나면서 잊혀지긴 했지만, 최근까지 소동이 많고 방문객이 줄을 잇는 곳을 정의하는 표현으로 쓰였다. 튀르키예의 대표적인 단편소설 작가 중 한 명인 파흐리 젤랄 괵툴가(Fahri Celál Göktulga)는 이 이야기의 이름을 딴 책뿐만 아니라 『아부르 자부르 카흐베시(Avur Zavur Kahvesi)』라는 제목의 단편 소설을 가지고 있다.39)

---

38) Ebüzziya Tevfik, "Kahvehaneler", *Mecmua-i Ebüzziya*, no. 129, pp. 15-21; no. 130, pp. 44-49; no. 131, pp. 65-70; İstanbul 1914.
39) F. Celâlettin (Fahri Celâl), *Avur Zavur Kahvesi*, Ahmet Sait Kitabevi, İstanbul 1948.

IV. 타흐미샤네

정부는 금지령이 무의미하다는 것을 깨달은 듯했다; 그들은 커피하우스와 대중의 커피사랑을 종식시키지 못했다. 게다가, 다양한 방법으로 나라에 반입되는 커피에 대해 세금이 없었기 때문에, 그 금지령은 국가에 심각한 손실을 입혔다. 마지막 수단으로 커피 소비를 억제하기 위해 높은 세금을 부과하려는 시도로, 국가는 이 세금에서 파생되는 상당한 수입을 인식하여 새로운 세금을 부과했다. 따라서, 커피 판매는 독점되었고 '타흐미샤네' 즉, 커피를 볶고 분쇄하는 것이 규제되었다. 법률과 규정의 범위 내에서 커피 무역을 운영하기 위해 '타흐미샤네 에민리이(Tahmishane Eminliği, 커피 로스팅 및 분쇄 감독)'가 설립되었다.[40]

에브리야 첼레비(Evliya Çelebi)는 이스탄불에 있는 두 개의 타흐미샤네에 대해 이야기한다; 한 곳은 타흐타칼레에 있고, 다른 하나는 예니자미 근처에 있다. 3개의 로(furnace, 爐)와 100개의 절구(mortar)로 구성

---

40) Mehmet Zeki Pakalın, *Tarih Deyimleri ve Terimleri Sözlüğü*, p. 375.

된 타흐타칼레의 타흐미샤네에는 300명의 노동자가 고용되었다. 혹시 모를 싸움을 방지하기 위해 예니체리 군단의 요리사가 감독하는 이 타흐미샤네는 이스탄불 전역에 유통되는 커피를 볶고 갈았다. 에브리야 첼레비는 100개의 절구에서 동시에 커피를 분쇄하는 소리를 천둥소리에 비유했다. 다른 타흐미샤네는 50개의 절구(mortar)와 하나의 로(furnace, 爐)를 가지고 있었다.[41]

17세기 초에 커피가 유럽에 소개되었고 모든 중요한 도시에 커피하우스가 문을 열었다. 이것은 예멘에서 생산되는 커피에 대한 수요가 증가하고 있음을 나타냈다. 기독교 상인들은 이집트에서 구입한 커피를 바다를 통해 유럽 시장으로 운송했다. 커피 수출로 인해 커피공급 부족과 가격 상승이 발생하자, 이집트에서는 유럽 상인들에게 커피 판매가 금지되었다. 그 결과 유럽 상인들은 예멘 커피 생산자들과 직접 접촉해 비싼 가격에 커피를 구입하기 시작했다. 이러한 노력은 이집트에서 수입하는 커피의 양을 감소시키고 가격을 더욱 상승시켰다. 유일한 해결책은 유럽 상인들이 예멘에서 커피를 사지 못하게 하는 것… 1719년, 메카로 쉬르레 알라이으(Sürre Alayı)[42]를 데려가는 일을 맡았던 카프즈 바슈 이브라힘 아아(Kapıcıbaşı İbrahim Ağa[xiii])도 예멘의 이맘을 만나는 임무를 받았다. 메카에서 예멘으로 여행하는 동안, 이브라힘 아아는 어떤 경우에도 유럽 상인들에게 커피를 판매하는 것을 금지하는 내용의 술탄 아흐메드 3세(Sultan Ahmed III)의 황실 서한을 전달했다. 메카의 샤리프(Sharif, 이슬람 교도의 지도자)뿐만 아니라 이집트와 제다의 총독들에게도 같은 명령이 내려졌다.[43]

---

41) *Evliya Çelebi Seyahatnamesi I*, p. 29
42) Procession of gifts sent annually to Mecca by the Sultan (T.N.)
43) Talat Mümtaz Yaman, "Türkiye'de Kahve ve Kahvehaneler", *Ehlikeyfin Kitabı* (ed. Fatih Tığlı), Kitabevi Yayınları, İstanbul 2004, p. 25.

(Kuru kahveci cevat efendi ve mahdumlan_기록보관소)

커피 수입 감소는 타흐미샤네 노동자들과 분쇄 커피 판매자들에게 그 상황을 악용하도록 만들었다. 커피 애호가들이 볶은 병아리콩, 보리, 그리고 재를 혼합한 커피 맛의 변화를 눈치채지 못할 것이라고는 상상도 할 수 없는 일이다. 셀림 3세의 통치 기간 동안 불만이 쌓이면서, 새로운 규제의 필요성이 절실해졌다. 오스만 재무부 책임자인 레쉬트 무스타파 에펜디(Reşit Mustafa Efendi)의 조사 결과, 커피 분쇄업자들 및 약초상들이 커피 부족과 높은 세금으로 인해 커피에 이물질을 첨가했으며, 커피 수입이 급증하는 상황에서도 계속해서 그랬다는 것이 밝혀졌다. 새로운 규정과 예방조치로 한동안 그들은 소기의 목적을 달성했지만, 악용을 완전히 방지하는 것은 불가능했다. 이에 따라 타흐미샤네에서 분쇄한 커피에 대한 수요가 줄어들었고, 순수한 커피에 익숙해진 대중은 대신 원두커피로 눈을 돌렸다. 그 무렵 대부분의 이스탄불 시민들은 절구나 핸드밀에서 커피를 갈고 있었다. 『뤼트피 타리히(Lütfi Tarihi, Lütfi Tarihi는 16세기 오스만 제국의 역사가인 Lütfi Paşa가 쓴 책)』에서 언급했듯이, 일단 타흐미샤네로부터 국가의 수입이 급감하자, 1828 년에 대중들은 타흐미샤네에서 생산된 커피 이외의 커피를 사용하지 말라는 경고를 받았다.[44]

이집트와 예멘에서 커피를 사지 못하게 된 유럽 상인들이 커피를 조달할 방법을 찾았고, 자국 땅에서 이 식물을 재배할 수 있는 방법을 모색한 것은 의심의 여지가 없다. 전설에 따르면 아라비아 반도 밖으로 커피 씨앗이나 커피 묘목을 가져간 최초의 사람은 부단(Budan)이라고 불리는 인도인 하지(hajji, 메카 순례를 마친 남자 이슬람교도)였다고 한다. 1661년 암스테르담으로 가져온 커피 식물은 곧 네덜란드 식민지로 옮겨졌고, 1658년과 1699년에 각각 스리랑카와 자바에서 커피 재배가 시작되었다. 그 다음으로는 수마트라, 발리, 티모르, 술라웨시, 그리고 1718년 현재 남미의 네덜란드령 기아나(수리남)이다. 프랑스는 1714년에야 커피 묘목을 얻을 수 있었고, 몇 년 안에 그들은 마다가스카르 동쪽에 있는 부르봉 섬에서 커피를 재배하기 시작했다. 마침내, 포르투갈이 네덜란드로부터 사들인 브라질의 기후와 토양이 커피 농업에 이상적이라는 것이 밝혀졌다. 브라질은 18세기 후반에 커피를 재배하기 시작했고, 19세기에는 브라질 커피가 타의 추종을 불허했다.[45]

오스만 제국의 세계와 관련하여, 카디(qadi) 등기소의 기록에 따르면, 오스만 제국이 커피 부족을 극복하기 위해 18세기 말에 '유럽 커피'를 수입하기 시작했고, 이 커피를 판매하기 위해 특별한 상점이 문을 열었다고 한다. 오스만 제국령 이집트의 총독(Wali)인 카발라르 메흐메드 알리 파샤(Kavalalı Mehmed Ali Paşa)가 이집트에서 오스만 제국을 상대로 그의 권력을 강화하기 위해 예멘에서 이스탄불로 커피 수출을 방해한 것이 남아메리카로부터의 커피 수입을 촉발시켰고, 그런 이유로

---

44) Talat Mümtaz Yaman, *ibid.*, p. 28.
45) For further information, see Ulla Heise, *Kahve ve Kahvehane*, Dost Yayınları, İstanbul 2001, pp. 43-49.

그는 이스탄불 현지인들을 유럽식 커피라 비난하였다.[46] 커피 애호가들
은 예멘 커피 외에는 거의 관심을 기울이지 않았지만, 그들이 할 수 있
는 일은 거의 없었다.

46) François Georgeon, "Osmanlı İmparatorluğunun Son Döneminde İstanbul Kahvehaneleri",
   Doğu'da Kahve ve Kahvehaneler (eds. Hélène Desmet-Grégorie, François Georgeon),
   YKY, İstanbul 1998, p. 56.

우리 할아버지도 이 커피를 마셨다

커피 매스터 메흐메트 에펜디의 아들들

V. 생명의 물

커피가 이스탄불에 도착하자마자 시작된 논쟁은 필연적으로 튀르키예의 시(poetry)에 반영되었다. 옛 디반 시(divan poem, 오스만 제국의 시)를 꼼꼼히 읽어보면, 커피와 커피하우스를 반대하는 시인들과 커피를 즐겨 마시며 커피하우스를 지식인들의 만남의 장으로 여겼던 시인들 사이에 벌어지고 있는 싸움을 즉시 알 수 있다. 커피가 이스탄불에 소개되었을 때, 벨리이(Beliĝî, 16세기 오스만 제국의 이스탄불 출신 디반 시인)xiv)가 쓴 가젤에서 모든 커플렛(couplet, 2행 연구로 쓰인 시)의 끝에 '커피'라는 단어를 반복하면서 커피에 대한 정당성을 외쳤다. 그러나 그는 이집트, 알레포, 다마스쿠스를 거쳐 아나톨리아에 도착하기 전에 이 장난스러운 열혈 미인이 와인잔을 차지한 것에 화가 났다; 그는 커피를 그녀(커피)의 고객들을 자극하는 데 능숙한 매춘부에 비유했다.47)xv)

---

47) About this *ghazel* by Beliĝî, see Âşık Çelebi, *Meşâiru'ş-Şuarâ* (ed. Prof. Filiz Kılıç), İstanbul Araştırmaları Enstitüsü Yayınları, İstanbul 2010, v. I, p. 427.

시인 사이(Sai)는 커피하우스를 세련되고 글줄이나 읽는 사람들의 모임 장소로 여기는 사람들을 얕잡아보고, 진정한 교양있는 사람들은 결코 이러한 장소에 발을 들여놓을 필요가 없다고 믿는, 커피에 대한 강력한 반대자 중 한 명이었다; 그에 따르면 커피하우스는 악행의 거주지였고 단골손님들의 품위를 떨어뜨리는 곳이었다.

마나스틀르 케쉬피(Manastırlı Keşfî)를 비롯한 극단주의자들은 할랄(halaal, 종교에 의해 허용된)xvi) 커피보다는 하람(haram, 종교에 의해 금지된) 와인을 마시겠다고 말했다. 아게히(Agehî)는 와인잔(wine glass)을 커피컵(coffee cup)으로 대체하는 것에 분개하며 "오 운명이여, 이것이 당신과 내가 맹세한 방식입니까?"라고 썼다.48) 셰이크 무스타파에 따르면, 검은 까마귀가 붉은 앵무새의 둥지에 앉아 있었다; 즉, 진한 커피가 부르고뉴 와인의 왕좌를 빼앗았다고 한다.49) 아타이(Atayi)는 『사키나메(Sakiname)』라는 제목의 그의 작품에서 커피를 독약에 비유하고, 부랑자들이 들끓는 커피하우스를 쾌락을 추구하는 사람들을 위해 설치된 함정으로 간주했다. 커피는 졸음을 유발하는 반면, 와인은 기쁨과 활력을 불러일으키기 때문에 술관원(cupbearer, 궁정 연회에서 술 따르는 사람)은 커피가 아닌 와인을 제공해야 한다고 했다.

무명의 한 시인은 커피를 모든 악의 근원으로 여겼다. 그는 진정한 쾌락을 추구하는 사람은 그 검은 액체를 마시지 않을 것이라고 주장하면서 시인은 자신의 생각으로는 이 신랄한 음료가 변비를 일으키고, 체내의 질병을 유발하고, 독과 같이 치명적이며, 더러운 물처럼 보인다고

---

48) Namık Açıkgöz, *ibid.*, p. 7.
49) Ahmet Talat Onay, *ibid.*, p. 235.

확신했다. 이 죄인들이 모이는 장소에 자주 와서 커피를 마시는 사람들은 선량한 모습이 아니었고, 커피하우스에 발을 들여놓은 사람들은 끝없는 험담을 들어야 했다.

이 혹평은 상호 보답을 받았다. 분명히 엄청난 커피 애호가인 아마시얄르 쉴루키(Amasyalı Sülûkî)는 앞서 언급한 시인이 커피를 신랄한 것으로 표현함으로써 사실상 자신의 병을 커피 탓으로 돌리고 있다고 주장했다. 이 '방탕한', 이 '무시무시한' 사람은 무지로 인해 생명의 물(âb-ı hayat)처럼 숨겨진 커피의 즐거운 맛을 알아차리지 못하고, 커피를 마시는 전통이 위대한 사랑의 신자인 셰이 샤질리(Şeyh Şâzilî)에 의해 시작되었다는 것을 깨닫지 못하고, 커피 애호가들을 비난함으로써 무지를 드러낸 것 외에는 아무것도 보여주지 못했다.

다른 시인들 역시 커피를 생명의 물(âb-ı hayat)에 비유했다; 이 비유를 의심하는 사람들에 대한 증거로서, 그런 시인 중 한 사람은 커피의 어둠(검은 색깔)을 지적했다.[50] 커피를 사랑하는 시인 레비브(Lebib)는 커피의 고향 예멘을 위해 다음과 같은 구절을 썼다:

Hâkiin biten kahveye fincan oluversem[51]
(내가 하킨에서 재배한 커피 한 잔이라면)

그가 새 커피하우스를 위해 쓴 역사 시에서, 마주니자데(Macunizade)라는 시인은 마음이 있는 사람들이 모이는 이 비길 데 없는 커피하우스를 천국에 비유한다. 천국에 대한 직유가 사용된 구절은 '천국에서 차 한두 잔 다(Cennet-âsâ bu cây-ı bî-hemtâ)' (H. 991/1583년)라는 알파벳 문자를 열거하여 커피하우스의 개점 날짜를 제시한다.[52]

---

50) A. Suheyl Unver, A. Suheyl Unver, "Turkiye'de Kahve ve Kahvehaneler", *Turk Etnografya Dergisi*, no. 5, 1962, Turk Tarih Kurumu Basımevi, Ankara 1963, p. 70.
51) A. Süheyl Ünver, *ibid.*, p. 72.
52) A. Süheyl Ünver, *ibid.*, p. 53.

17세기 초 시인 나지(Nağzî)가 포도주와 커피 토론을 한 시 작품에 따르면, 커피하우스는 학자로부터 무식한 사람, 마을 사람, 도시 거주들, 젊은이부터 노인, 신비주의자부터 내세를 믿지 않는 무신론자들, 신사부터 노예, 그리고 다마스커스인에서 알레포인에 이르기까지 모든 사회 경제적 계층의 후원자를 가지고 있었다. 분명히, 커피와 커피하우스 둘 다 일상생활에서 없어서는 안 될 부분이 되었다. 시인 네비(Nev'i, D. 1599)는 커피와 커피하우스가 폐지된 시기에 대해 그가 썼을 가능성이 있는 한 절에서 이 사실을 지적하고 있다. 심지어 교수들도 커피를 두 잔 마시지 않고는 밤에 책을 읽거나 아침에 강의를 할 수 없었다. 그렇다면, 무흐테시브(muhtesib, 감독관)는 왜 무슬림이 커피를 마시면 이단자가 되는 것처럼 커피 판매자들을 적대적으로 대했을까?

Muhtesib kahve-fürûşa ne ta'addî eyler

Yoksa kâfir mi olur içse Müselman kahve

İrte derse çıkamaz gice kitâba bakamaz

Eğer içmezse müderris iki fincan kahve[53]

(왜 감독관은 커피 판매자들을 억압하는가?

무슬림이 커피를 마시면 이단자가 되는가?

교수는 낮에 수업을 하거나 밤에 책을 볼 수 없다.

그가 커피 두 잔을 마시지 않는 한)

최악의 적들조차 17세기에 궁궐에 들어온 커피에 익숙해졌고, 취객들이 정신을 차리기 위해 커피를 마시기 시작했다는 사실을 인식해야 한다. 사실 커피에 대한 적대감은 그리 오래 지속되지 않았다; 이 생명의 물은 오스만 제국의 생활 방식과 환대의 상징이 되었다. 실제로 당시 튀르키예를 방문한 모든 유럽 여행자들은 커피와 담배 제공에 대한 이야

---

53) M. Nejat Sefercioğlu, *Nev'î Divanı'nın Tahlili,* Kültür Bakanlığı Yayınları, Ankara 1990, p. 88.

기를 한다. 커피를 욕하는 시인들이 더 이상 없었기 때문에, 그것을 찬미(비꼬는 뜻으로)할 필요가 있다고 느끼는 다른 시인은 거의 없었다. 그러나 몇몇 시인들은 커피 부족이나 높은 가격에 대해 불평했다. 예를 들어 시인 아이니(Aynî)는 병아리콩과 보리를 섞은 커피를 커피로 내놓는 커피하우스 주인에게 커피가 아니라 '검은 물'이라고 야유를 보냈다.54) 사둘라흐 이즈제트(Sadullah İzzet)라는 이름의 또 다른 시인은 커피의 고정 가격을 인상하는 사람들에게 "커피처럼 고통받으라"고 말하며 저주했다. 이 고통에는 불에 태우고, 볶고, 갈고, 물에 빠져 죽는 것(커피를 제조하는 과정)이 포함된다: "헴 야느프 헴 루-시예흐 헴 후르드 올라 헴 가르크-으 아브(Hem yanıp hem rû-siyeh hem hurd ola hem gark-ı âb)"55)

커피값 상승에 불만을 품고 보리물을 대신 팔았던 사기꾼은 시인들의 풍자적인 화살을 피해갈 수 없었다.

---

54) Ahmet Talat Onay, *ibid.*, p. 234.
55) Ahmet Talat Onay, *ibid.*, p. 235.

VI. 절구에서 컵까지

예멘에서 도착하는 녹색 커피콩을 볶고, 식히고, 갈고, 보존하고, 요리해서 제공하기 위해서는 다양한 도구와 기구가 필요했다. 하켐과 쉠스는 타흐타칼레에 있는 그들의 커피하우스에서 사용한 도구 중 일부를 가지고 왔을지도 모른다. 처음에는 다른 목적으로 생산된 팬, 절구, 그릇이 커피 제조에 사용되었다. 시간이 지남에 따라 독특한 맛과 제조방법으로 인해 세계적으로 튀르키예식 커피로 알려지게 된 것을 만들고 제공하기 위해 보다 실용적이고 심미적인 도구들이 개발되었다. 모든 수준의 취향에 맞고 가정용으로 적합한 새로운 형태의 이러한 도구도 디자인되었다. 따라서 커피 제공이 점점 의식으로 발전함에 따라, 이 의식에 사용된 도구들이 다양해지고 고유한 미학을 만들어 낸 것은 당연하다.

커피는 신선할수록 맛있기 때문에 가정용 커피용품은 많아야 4~5개 잔 정도의 분량을 감당할 수 있는 정도이다. 즉, 필요에 따라 커피를 신선하게 볶고 갈기 위해 커피 도구는 튀르키예 주방에서 없어서는 안 될 필수품이라는 것을 의미한다. 첫 번째 과정은 카흐베 타바스(kahve tavası, 커피를 볶는 손잡이가 긴 프라이팬)에서 실시된다. 프라이팬의 크기는 집, 소비량이 많은 커피하우스, 별관, 가설 건물, 궁궐 등 사용 영역에 따라 다르다. 모양이 국자와 비슷한 이 금속제 프라이팬은 긴 손잡이가 있으며, 어떤 것은 필요할 때 접을 수 있다. 유연성을 제공하기 위해 손잡이에 작은 휠이 달린 프라이팬은 박물관이나 개인 소장품에서도 만날 수 있다. 우아한 형태와 화려한 손잡이의 측면에서, 어떤 프라이팬들은 독특한 예술 작품이 된다.

AEM_8529 sapı kırmalı kahve tavası
(AEM_8529, 커피를 볶는 손잡이가 긴 프라이팬)

튀르키예식 커피의 매력이 넘치는 맛의 비결은 볶는 방식과 볶는 정도에 숨겨져 있다. 충분히 볶지 않거나 숯처럼 너무 볶으면 커피의 맛과 향이 많이 사라진다. 모든 원두를 균일하게 볶고 황금색이 될 때까지 기다리는 것이 중요하다; 이렇게 하기 위해서는, 프라이팬을 불 위에서 끊임없이 회전시키거나 원두를 주걱으로 저어주고 공중으로 던지는 것처럼 휘저어야 한다. 이것은 위가 트인 프라이팬으로는 하기 어렵기 때문에, 시간이 지남에 따라 뚜껑이 있는 프라이팬과 슬라이딩 뚜껑이 있는 원통형 상자도 개발되었다. 원두는 구부러진 손잡이를 잡고 불 위에서 끊임없이 조정되는 회전식 프라이팬에서 완벽하게 볶아진다.

볶은 후에, 커피는 공기 순환과 냉각과정을 거쳐야 한다. 이 과정을 위해 특별히 제작된 나무 그릇이 있다. 카흐베 소우투주수(kahve soğutucusu, 커피 쿨러)로 알려진 이 그릇은 다양한 종류의 나무로 다양한 방식으로 제작된다. 평범한 형태 외에도, 일부는 진주, 상아, 그리고 다양한 보석으로 조각되고 장식되어 있다. 냉각된 원두를 절구나 분쇄기로 쉽게 옮기기 위해, 쿨러에는 좁아지는 주둥이를 특징으로 하며, 그 중 일부는 뚜껑이 있다.

다음은 분쇄 공정이다. 분쇄기가 개발되기 전에 원두는 나무 절구(dibek, 디베크)에서 분쇄한 것으로 알려져 있는데, 커피 분쇄기(coffee mill)가

AEM_8522 kahve soğutucusu
(AEM_8522 커피 쿨러)

AEM_8523 kahve soğutucusu
(AEM_8523 커피 쿨러)

등장한 이후에도 많은 커피 애호가들은 여전히 절구를 선택했으며, 특별한 손님들은 가장 맛있는 것으로 간주되었던 디베크 카흐베시(dibek kahvesi, 절구에서 분쇄한 커피)를 제공받았다. 아마도 처음에는 커피를 갈기 위해 다목적 절구가 사용되었을 것이다.

시간이 지남에 따라, 커피 전용의 특수 목재 절구와 금속 절굿공이(끝이 둥근 무거운 도구로, 일반적으로 절구에서 향신료나 약물과 같은 물질을 부수고 갈 때 사용)가 제조되었다. 커피 쿨러와 마찬가지로 일부 절구에는 뼈, 상아, 은으로 장식하고 철제 주둥이도 박혀 있었다.

우리는 언제 최초의 나무 커피 분쇄기가 생산되었는지 모른다. 금속 휠이 절굿공이를 대체하는 목제 분쇄기는 호두나무, 회양목, 흑단

나무 등 단단한 나무로 만든 입방형 또는 원통형 몸체와 커피 분쇄기를 무릎에 대고 누를 수 있도록 비교적 긴 나무 트레이(tabla)로 구성되어 있다. 몸체 내부에는 금속 휠 기구가 설치돼 있는데, 넓은 테두리의 철제 또는 구리 그릇에 커피 원두를 넣는 중간에 구멍이 있는 것이 특징이다. 금속 크랭크 손잡이로 회전시키는 굴대가 통 위에 배치된다.56) 손잡이를 돌리면 콩은 구멍을 지나 가루로 변해 휠 아래의 나무 용기에 떨어진다. 이 용기는 분쇄기 트레이 측면 위에 있는 작은 미닫이 서랍이다.

목제 커피 분쇄기는 부피가 크기 때문에 집에서 쉽게 사용할 수 있는 트레이가 없는 더 작고 실용적인 핸드 밀(el deirirmeni, 수동 분쇄기)이 개발되었다. 지금은 친숙한 원통형 금속 분쇄기로의 전환을 가능하게 한 유사한 형태의 목제 분쇄기도 제조되었다.

---

56) Celale Ergene, "Ahşap Govdeli Kahve Değirmenleri", *Antika*, no. 12, March 1986, p. 11.

AEM_8539 kahve degirmeni
(AEM_8539 커피 그라인더)

금속제 분쇄기의 접이식 철제 크랭크 손잡이는 덮개를
분리하여 분쇄기 내부에 넣을 수 있다. 필요할 때
덮개를 열고 크랭크 손잡이를 꺼내 볶은 원두를
같은 장소에 넣는다. 덮개를 닫은
후, 손잡이를 휠의 굴대에 연결
하고 회전시킨다. 몸체는 손으로 잡을
수 있을 정도로 작다. 분쇄된 커피는

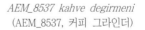

몸체 하단 부분에서 꺼낼 수 있는 서랍에 쌓인다.
핸드밀은 여행 중에도 쉽게 휴대할 수 있는
컴팩트한 크기로 생산된다. 일부 핸드밀은
단순한 선과 장식이 특징인 반면, 다른
분쇄기는 화려한 손 조각, 다채로운 돌,
꾸란 구절 및 격언으로 화려하게 장식되어
있다. 이스탄불, 카이세리, 무두르누, 부르사
등에서 제작된 우아하고 값비싼 핸드밀은 더 이상 사용되지 않지만, 많
은 가정에서 기념품과 장식품으로 보존되고 있다.

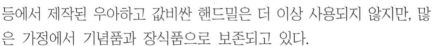

커피 용기(kahve kutusu, 카흐베 쿠투수)
로 알려진 특별한 상자도 분쇄된
커피를 저장하도록 설계되었다.
목제 커피 분쇄기는 같은 나무로 만들
어진 용기를 가지고 있고 같은 방식으로
장식되었다. 더 정확히 말하면, 분쇄기와
커피 용기가 한 세트를 구성한다.

커피와 설탕을 넣을 수 있는 두 개의 분리된 칸으로
구성된 용기 중 일부는 미닫이 뚜껑 또는 포트 뚜껑과 유사한 덮개가
특징이다. 커피 애호가들은 습기로부터 커피를 보호하기 위해 나무로

된 커피 용기를 선호했다.[57] 재료적 가치와 세공 면에서, 다양한 예산과 취향을 충족시키기 위해 커피 용기는 구리, 황동, 은, 도자기, 또는 황동으로 만들어졌다.

이 시점에서, 우리는 독자들에게 카부클루 함디(Kavuklu Hamdi)의 장난기 가득한 민담 중 하나에 나오는 커피 용기 테케르레메(tekerleme)를 상기시키고 싶다. 전통적인 오스만 코믹 극장 형태인 오르타오유누에서 카부클루 함디는 관객이 연극 감상 준비를 할 수 있도록 순진하게 듣고 있는 피쉐카르(Pişekar)에게 터무니없는 이야기를 들려준다. 결국, 모든 이야기들은 꿈으로 밝혀진다; 이러한 이야기들에 붙여진 이름이 테케르레메(tekerleme)이다. 이 특별한 테케르레메에서 카부클루 함디는 아흐메트 아아(Ahmet Ağa)가 운영하는 커피하우스에서 견습생으로 일하기 시작한다. 그는 허리춤에 행주치마를 두르고 커피를 내린다. 어느 날 아침, 그가 일찍 일어나 커피하우스를 준비하고 다른 할 일을 찾다가, 다이아몬드 커터 물담배가 자신에게 손을 흔드는 것을 발견한다. 대화는 다음과 같이 계속된다:

피쉐카르(PİŞEKÂR) - 그래도 함디, 물담뱃대가 어떻게 사람에게 손을 흔들 수 있지?

카부클루(KAVUKLU) - 그러니까, 그것이 나에게 손을 흔들더라고!

---

57) Celâle Ergene, *ibid.*

피쉐카르(PİŞEKÂR) - 그건 좀 그렇군.

카부클루(KAVUKLU) - 그러자, 다른 물담뱃대가 "이런! 넌 내가 아니라 그를 선택하지"라고 불평하기 시작하자, 나는 그 물담뱃대의 다이아몬드 커터 부분과 오랫동안 간청하고 애원해 온 파이프의 호박 조각을 주머니에 넣었어!

피쉐카르(PİŞEKÂR) - 함디, 너는 사실상 도둑질을 하는거야.

카부클루(KAVUKLU) - 이봐, 내가 훔치다니 무슨 뜻이야? 그들이 내게 간청해서, 나는 그들을 산책시켜준 것뿐이야.

피쉐카르(PİŞEKÂR) - 만약 그것들이 네 주머니에 들어 있을 때 네 상관이 걸어 들어왔다면 어쩌지?

카부클루(KAVUKLU) - 바로 그것이 내가 걱정했던 거야! 어쨌든, 나는 문을 열고 막 나가려던 참에 갑자기 상관과 마주쳐서 곧장 안으로 들어갔어!

피쉐카르(PİŞEKÂR) - 자, 이것이 흥미로운 부분이네.

카부클루(KAVUKLU) - 모닝 커피의 즐거움을 주신 신께 감사드립니다. 내 상관은 물담뱃대를 눈치채지 못한 채 소리쳤어. "함디, 커피 한 잔 만들어 줘!" 그래서 조심스럽게 커피통의 뚜껑을 열고, 커피 포트를 내려놓으려고 사다리를 밟은 순간, 두려움에 다리가 떨렸고, 미끄러져 바로 커피통에 떨어졌어!

피쉐카르(PİŞEKÂR) - 자, 함디, 사람이 커피통에 들어갈 수 있니?

카부클루(KAVUKLU) - 오, 우리 커피통
은 꽤 크다; 사실, 커피 한 오크(oke, 튀르키예
등의 중량 단위, 약 2.5 파운드)는 담을 수 있어.

피쉐카르(PİŞEKÂR) - 그럼, 그들은 너를
커피통에서 꺼내지 않았니?

카부클루(KAVUKLU) - 어떻게
그럴 수 있겠어? 내 상관이 커피 통
앞에 나타나자마자 우리는 구석
으로 숨었어. 그가 숟가락을 휘두를
때마다 우리는 황급히 반대편으로
도망쳤어. 하지만 이것은 역시 숟가락이니까, 그가 마침내 우리를 건져
올렸을 때, 우리는 커피 포트로 떨어졌어!

피쉐카르(PİŞEKÂR) - 난 커피 포트로 떨어진 남자에 대한 이야기
는 처음 들어본다. 그게 어디로 이어지는지 보자구.

카부클루(KAVUKLU) - 바로 그 순간, 내 상관이 우리에게 뜨거운
물을 끼얹었어; 나는 화상을 입었지만, 상관이 알아차리지 못하게 소리
내지 않았어.

피쉐카르(PİŞEKÂR) - 그 말은, 너는
사실상 비참했다는 뜻이야.

카부클루(KAVUKLU) - 물론이지! 그리고 거기에서,
우리는 뚝 소리와 함께 큰 컵으로 떨어졌고, 내 상관은
그것을 손님에게 건넸어!

피쉐카르(PİŞEKÂR) - 오, 화가 나네!

카부클루(KAVUKLU) - 한 모금, 두 모금, 그리고 세 모금에서 우리는 남자의 입으로 들어갔고, 그의 목구멍을 따라 좁은 길을 지나 마침내 그들이 위장이라고 부르는 곳으로 가버렸어.[58]

볶고 갈아 끓인 커피를 내놓기 위해서는 카부클루의 이야기에서 언급된 제즈베(cezve, 포트)와 핀잔(fincan, 커피컵)이나 시틸 타크므(sitil takımı, 화로를 포함한 커피 테이블 세트)로 알려진 기구들이 필요하다.

아랍어로 '잉걸불' 또는 '반쯤 타버린 나무'를 뜻하는 단어인 제즈베(cezve)는 튀르키예어에서 완전히 새로운 의미를 갖게 되었고 긴 손잡이가 달린 커피 포트를 의미하게 되었다.

'제즈베이 쉬르메크(cezveyi sürmek)'라는 표현은 커피를 끓이기 위해 포트를 불위에 올리는 것을 의미한다. '쉬르뒴 쿠스투 에크팀 퀴스튀(Sürdüm kustu ektim küstü, 내가 불을 붙이면 지글지글 끓다 내가 뒤로 빼내면 쉬익하는 소리를 냈다)'라는 수수께끼에 교묘하게 묘사된 제즈베는 길고 약간 직립한 손잡이를 잡고 화로나 오븐에 올려놓는다. 바닥은 화력을 최대한 활용하기 위해 림보다 크며, 입구는 따르는 것을 쉽게 하기 위해 손잡이 왼쪽에 주둥이가 있다. 구리, 은, 그리고 황동과 같은 금속과 합금으로 만들어진 제즈베의 다양한 크기는 한 컵에서 다섯 컵까지 제공할 수 있을 정도로 다양하다. 정교한 손 조각으로 장식된 우아한 제즈베를 얻을 수 있다. 이 제즈베들 중 일부는 독특한 예술 작품들이다. 일부 큰 형태는 손잡이에 작

---

58) Cevdet Kudret, *Ortaoyunu II*, Kültür Bakanlığı Yayınları, Ankara 1975, pp. 192-193.

은 휠이 달려 있어 불에 쉽게 올려놓을 수 있다. 일부는 뚜껑이 있는 반면, 다른 일부는 여행 중에 쉽게 휴대할 수 있도록 접을 수 있는 손잡이를 가지고 있다.

TSM 2-1916 Sitil tepsisi
(TSM 2-1916 시틸 트레이)

커피를 끓인 후 식지 않게 나를
수 있도록 하기 위해 특별히 제작된
그릇들이 설계되었다. 커피를 가득
채우면, 12잔용이 되는 특별한 이브
리크(ibrik, 더 큰 것들은 카흐베 귀위뮈

(kahve güğümü 또는 커피피 저그(jug) 라고 불림)는 석탄을 태우기 위해 특
별히 중앙 구획칸이 있는 발 달린 화로인 시틸(sitil) 위에 놓는다. 튀르
키예식 커피 포트는 뚜껑이 있고, 뚜껑부터 손잡이, 주둥이까지 매우 우
아한 선을 가지고 있다.

시틸은 꼭대기 세 꼭지점에 고정된
체인에 의해 운반된다. 전체 시틸
세트를 소유하고 있다고 주장하려
면 커다란 원형 트레이와 함께 은
으로 만든 손잡이가 있는 작은 트

레이 두 개도 구입해야 한다. 작은 트레이는 타원형이어야 한다. 세트를
완성하려면 컵홀더 20개도 갖추어야 한다. 다른 커피 용품들과 마찬가
지로, 구리, 은, 그리고 황동으로 만들어진 시틸 세트에는 손으로 조각
한 무늬로 장식된 정교한 예술적인 전형이 특징이다.59) 커피가 대량으

59) Nureddin Rş?? Bungul, *Eski Eserler Ansiklopedisi*, İstanbul 1939, p. 208.

로 소비되는 궁궐이나 대저택에서 흔히
사용되는 시틸 세트는 고유의 전통과
세밀함을 지닌 커피 제공 의식을
탄생시켰다.

VII. 커피 컵

사 실상 튀르키예의 커피 문화를 반영하는 모든 단어들은 화려하게 아름답다: 카흐베(kahve), 디베크(dibek), 제즈베(cezve), 텔베(Telvé, 커피 찌꺼기), 핀잔(fincan),... 아랍어에서 가져와 변형되지 않고 사용되는 핀잔(fincan, 컵)이라는 단어는 튀르키예어에서 외국어로 들리지 않는다. 오히려 그 소리와 함축적 의미를 통해서 섬세한 감성과 풍부한 문화를 반영한다. 이 단어의 두 번째 음절인 '잔(can, 정신, 영혼을 의미)'은 커피의 화학적 성질에 있는 묘약을 가리키는 것 같다. 그 묘약은 커피를 마시는 사람들에게 기쁨과 건강을 선사한다. '핀잔(fincan)'이라는 단어를 발음할 때마다, 여러분이 가장 먼저 떠올리는 것은 손잡이가 있건 없건 간에 김이 나고 거품이 많은 튀르키예식 커피로 가득 찬 컵이다.

튀르키예에서 우아한 핀잔 세트가 하나 이상 없는 집은 상상할 수 없다. 옛날에는, 가정에서 일상적으로 사용하는 잔 외에도, 손님들을

위해 예비로 둔 귀중한 자기 컵과,
집안의 남자만이 사용하는 특별한 컵이
있었다. 일부 애호가들은 라마단 한 달을
위해 별도의 컵을 구입했다; 그들은 금식
후 이 컵으로 커피를 마시는 것을 즐겼다.
유목민 유루크(Yuruk) 사람들의 가장 귀중한
소유물은 아마도 그들이 금도금과 산호 톰박
컵홀더와 함께 가방 안에 꼼꼼하게 보관하고
손님들에게만 사용했던 핀잔이었을 것이다.[60]
그 당시 핀잔 세트는 꽤 비싸고 구하기 어려

웠으며, 그것을 소유한 사람들은 이 컵을 집에서 가장 가치 있는 물건
중 하나로 보존했다는 것을 기억해야 한다. 1640년으로 거슬러
올라가는 가격 등록은 일부 가족이 균열이 있는 컵을 더 낮은 가격에
구입하는 것을 선호했다는 것을 보여준다. 균열이 두 갈래로
갈라졌는지 세 갈래로 갈라졌는지에 따라 가격은 원래 가격의 3분의
1이나 4분의 1로 낮아진다.[61] 튀르키예인들은 손님들에게 이 '어두운
얼굴'이지만 '얼굴이 환해지는'[62] '신사를 위한 대접'을 하고 싶어한다.
금이 가긴 했지만 아름다운 컵에 매력적인 수수께끼로 가득 찬 커피 한
잔을 다음과 같이 묘사한다:

Bir küçücük fil taşı	*작은 대리석*
İçinde beyler aşı	*그 안에는 신사를 위한 대접*
Çanağı beyaz	*그 컵은 희고*
Çorbası kara	*수프는 검다*

---

60) Nureddin Rüştü Büngül, *ibid.*, p. 95.

61) Mübahat S. Kütükoğlu, *Osmanlılarda Narh Müessesesi ve 1640 Tarihli Narh Defteri*, Enderun Kitabevi, İstanbul 1983, pp. 203, 204, 304, 305, 311.

62) "*Kahvenin yüzü kara amma yüz ağartır*" (Proverb: "The face of coffee is black, but it brightens the face".)

값비싼 컵은 옥, 마노, 적철석, 사금석, 흑단, 그리고 심지어 코뿔소 뿔로 만들어졌다. 토파네 양식의 파이프 점토로 만든 아름다운 오래된 컵도 박물관이나 개인 소장품에서 만날 수 있다. 그러나 가장 일반적인 유형은 도기나 도자기로 만들어졌다. 이스탄불, 이즈니크, 퀴타히아, 로도스 등 여러 도시에서 시작하여 다양한 취향을 담은 타일 컵, 심지어 진지한 애호가를 위한 칼라비(kallâvi, 큰) 컵이 여러 도시에서 제조되었다.

18세기 말 건축에서 타일 사용이 감소함에 따라 타일 산업의 쇠퇴와 그에 따른 수요의 감소는 핀잔 세트를 포함한 모든 도자기 제품의 급증으로 이어졌다. 유럽 제조업체들은 이 기회를 눈치채고 튀르키예인의 취향과 요구에 맞는 도자기 핀잔 (fincan) 세트를 생산하고 수출하기 시작한다. 삭스와 세브르 시에서 생산된 우아한 장식과 문양이 그려진 컵은 특히 인기가 높았다. 압뒬아지즈 베이는 튀르키예인에게 가장 바람직한 컵은 독일 작센에서 생산한 에스키마덴(오래된 금속)으로 알려진 종류 라고 언급한다; 이 컵은 평범한 흰색이거나 흰색 바탕에 꽃무늬로 장식되었으며 갈색과 낙타색으로 장식되었다; 코뿔소 뿔로 만든 것은

독을 물리친다고 생각했기 때문에 선호되었다.63)

유럽에서 수입한 상품들이 현지에서 생산한 상품들보다 상대적으로 저렴했기 때문에, 안타깝게도 국내 산업은 완전히 사라지기 시작했다. 유럽에서 개발된 기술을 활용하고 아나톨리아에서 거의 멸종된 도자기 예술을 되살리기 위해, 일디즈 도자기 공장이 설립되어 1892년에 운영되기 시작했다.64) 품질 면에서, 이곳에서 제조된 도자기 제품은 유럽에서 수입한 도자기 제품과 견줄 만했다.

애호가들이 커피의 향과 맛을 향상시키는 재료, 예컨대 카르다몸(cardamom, 서남 아시아산 생강과 식물 씨앗을 말린 향신료), 고수, 사향, 용연향, 바이올렛, 재스민 등을 찾았기 때문에 유럽과 이을드즈(Yıldız) 도자기 공장에서 생산한 컵의 바닥에는 작은 새장 모양의 상자들이 나사로 고정되었다. 일반적으로 은으로 만든 이 상자들은 구멍이 뚫려 있었고, 향신료를 안에 넣은 후에 여닫을 수 있었다. 박물관과 몇몇 개인 소장품에는 이런 종류의 컵의 아름다운 예가 보존되어 있다.

튀르키예의 커피 전통에서, 핀잔은 손잡이가 없다. 일부 미니어처는 손잡이가 없는 칼라비 컵이 받침대가 있는 경우와 없는 경우 모두 사용되었음을 보여준다.65) 뜨거운 커피가 가득 담긴 컵에 손을 데지 않도록 고안된 컵홀더(zarf, 글자 그대로 '봉투')가 알려지지 않은 시기에 우리의

---

63) Abdülaziz Bey, *Osmanlı Adet, Merasim ve Tabirleri I* (eds. Kâzım Arısan-Duygu Arısan Güney), Tarih Vakfı Yayınları, İstanbul 1995, p. 211.

64) For further information, see Önder Küçükerman, *Dünya Saraylarının Prestij Teknolojisi: Porselen Sanatı ve Yıldız Çini Fabrikası*, Sümerbank Yayınları, İstanbul 1987.

65) Nurhan Atasoy-Julian Raby, *İznik*, TEB Yayınları, London 1989, pp. 34, 36, 45.

삶 속으로 들어왔다. 그러나 17세기 중반을 기점으로 그들의 사용이 널리 보급되었다고 할 수 있다.

금, 은, 황동, 구리와 같은 금속, 흑단, 코코넛, 알로에와 같은 향기로운 나무, 거북 껍질, 상아, 그리고 코뿔소 뿔을 포함한 물질들로 만들어진 컵홀더 중 일부는 숨이 막힐 정도로 아름답다. 상감, 손조각, 금줄 세공은 금속 홀더의 생산에 사용된 세 가지 주요 기술이었다. 이 외에도, 컵홀더들은 또한 니엘로, 산호, 보석으로 제작되었다. 나무의 부패성 때문에 이런 종류의 예는 현재까지 거의 남아 있지 않다. 압둘아지즈 베이에 따르면, 아름답고 가치 있는 컵홀더를 소유하는 것은 한때 신사들 간의 경쟁이었다; 어떤 사람들은 심지어 다른 사람의 소유에서 보았던 것과 비슷한 컵홀더를 소유하는 것을 명예로 여기기도 했다. "이런 종류의 물건은 세련미와 부의 증거였다."66)

거북등, 상아, 뿔로 만든 컵홀더 제작에 적용된 기술도 흥미롭다. 오늘날에도 여전히 이 기술을 적용하고 있는 장인들의 설명에 따르면, 먼저 컵홀더의 암수 주형은 금속이나 단단한 나무로 제작된다. 뿔이나 껍질로 만든 시트를 뜨거운 물로 부드럽게 한 후, 주형 사이에 눌러 냉각시킨다. 이러한 재료는, 원하는 경우, 금 또는 은으로 상감할 수 있다. 상아 컵홀더는 나무 홀더에 사용되는 것과 동일한 기술로 제조되지만, 상아는 귀중한 재료이기 때문에 양각 장식을 적용할 때에는 각별히 주의를 기울여야 한다.67)

---

66) Abdülaziz Bey, *ibid.*, p. 210.

레샤트 에크렘 코추(Reşat Ekrem Koçu)는 그의 책 중 한 권에서 세라스케르 휘스레프 파샤(Serasker Hüsrev Paşa)가 엔데룬 타리히(Enderun Tarihi)의 저자 타이야르자데 아타 베이(Tayyarzade Atâ Bey)에게 할례 선물로 준 홀더가 든 컵을 출처는 밝히지 않고 언급한다. 경제적으로 어려운 시기에 아타 베이는 이 컵과 컵홀더를 팔아, 집 저당금을 상환했을 뿐만 아니라 모든 빚을 갚았다.68)

컵받침이 달린 핀잔 세트는 한 세대에서 다음 세대로 전해지는 매우 귀중한 소유물이었기 때문에 세심하게 보존되어 전통 가정에서 사용되었다고 추측하는 것은 어렵지 않다. 그럼에도 불구하고, 다양한 이유로 해체된 가족이 지녔던 이러한 귀중한 기념품이 다른 사람들의 소유로 넘어갔다는 것을 기억해야 한다. 이러한 사례 중 하나는 다음과 같다. 칸르자(Kanlıca)의 오두막집 커피하우스에서 요구르트 그릇처럼 손잡이가 없는 칼라비 핀잔으로 설탕을 넣지 않은 커피를 홀짝홀짝 마시던 시인인 파루크 나피즈 참르벨은 지저분한 커피하우스와 핀잔과 받침접시의 정교한 세공 사이의 대조를 알아차린다. 컵의 테두리와 받침접시는 금으로 테두리를 두르고, 아랫쪽 부분은 우아한 꽃으로 장식하였다. 꽃 사이에 금박을 입힌 문장이 있다. 커피집 주인이 빈 컵을 가지러 왔을 때, 파루크 나피즈는 물을 시험한다: "이것은 귀중한 컵임에 틀림없군요!" 커피하우스 주인은 겸손함을 보이지 않고, 시인에게 그 컵이 정말 값진 것이라고 말하고, 그는 인접한 해변 저택에서 열린 경

---

67) M. Zeki Kuşoğlu, "Fincan Zarfları", İlgi, No. 35, January 1983, pp. 25-28.
68) Reşat Ekrem Koçu, Osman Gazi'den Atatürk'e 600 Yılın Tarih Panoraması (supplement of Cumhuriyet newspaper) İstanbul, n.d., p. 92.

매에서 그것을 샀다고 말한다. 그가 많은 것을 요구하는 까다로운 고객들에게 팔기를 거부하는 컵의 문장은 술탄의 것이다.

커피하우스 주인은 저택의 셀람릭(selamlik, 남자 전용실) 구역은 오래전에 철거되었고, 하렘(harem, 전통적인 이슬람 가옥에서 여자들이 생활하는 영역) 구역은 아스팔트 도로 확장 공사를 위해 수용됐다고 말한다. 그는 저택이 케디베(Khedive, 이집트 총독) 가문의 이집트인 파샤의 소유였고, 나머지 조각들은 "팔리거나 도난당했다"고 언급하면서, 가족이 해체된 후에 경매에 부쳐진 재산 중에서 이 컵만 구입할 수 있었다고 덧붙였다. 한때 술탄이 이집트 파샤에게 선물했던 커피세트에 속했던 이 컵으로 평판이 좋은 고객들에게 커피를 제공하면서, 커피하우스 주인은 같은 컵으로 또 다른 영향력 있는 고객에게 커피를 가져갈 준비를 한다.

파루크 나피즈는 커피하우스 주인이 술탄의 문장과 함께 손잡이가 없는 칼라비 컵을 씻고 신선하게 만든 커피를 가득 채워 퇴역한 해병에게 가져다주는 모습을 보며 다음과 같이 소감을 전한다:

이 컵은 이집트 파샤의 해변 저택에서 지속적인 통치 기간을 경험했음에 틀림없다. 아마도 이 잔으로 커피를 마시면서 당시의 고관들이 이집트 문제, 크림 전쟁, 베를린 회의에 대해 논의했을 것이다. 그러나 내 생각으로는 이 컵이 심각한 논의보다는 유머러스한 일화를 불러일으켰다. 케체지자데(Keçecizade)는 이 컵에 대한 그의 가장 설득력 있는 경구를 발견했고, 국왕은 이 컵 너머에서 그의 가장 큰 웃음을 터뜨렸다; 이 컵이 유머가 넘치는 칸르자의 재치있는 말을 들을 때, 그것은 죽은 이집트인이 내밀었던 금 주머니가 한 장관의 손에서 다른 대사의 입술로 전달되는 것을 목격했다. 그것은 라마단 손님과 이드(Eid, 이슬람

교의 두 가지 주요 축제인 Eid ul-Fitr 나 Eid ul-Adha를 가리킴) 방문객의 즐거움을 충족시켰다; 이런 생각을 하다가, 이 단 하나의 컵이 한 세기의 즐거움의 역사로 내 앞에 나타났다.69)

손상된 컵을 계속 사용하는 것은 핀잔 세트의 소중함을 보여준다. 파루크 나피즈 가 이집트 파샤의 컵으로 커피를 마시면서 설득력 있는 경구를 읊조리던 것이라고 상 상했던 케체시자데 푸아드 파샤(Kececizade Fuad Paşa)의 아버지 케체시자데 이제트 몰라(Kececizade İzzet Molla)는 19세기 초에 시바스(Sivas)로 추방되었다. 토카트(Tokat)를 지나던 그는 손잡이가 부러진 컵으로 커피를 제공받았다. 영리한 시인이 이 컵으로 커피를 한 모금 마시며 한 재치 있는 말은 꽤 유명하다: "이 컵을 이스 탄불로 보내세요; 거기서는 그들은 모든 것에 손잡이를 단답니다!"70)

19세기에 손잡이가 달린 컵과 우아한 받침이 등장하여 급속하게 널 리 보급되었다. 하지만, 진정한 커피 애호가는 항상 손잡이가 없는 컵으 로 절구에서 분쇄한 예멘 커피를 마시는 것을 선호했다. 김이 모락모락 나는 거품이 이는 한 잔의 커피를 바라보며 옛날 커피 애호가이자 시인 들이 무슨 꿈을 꿨는지 상상해 보세요. 엔데룬루 파즐(Enderunlu Fâzıl) 은 컵을 하늘에, 안에 든 커피를 밤에 비유했다.

69) Hilmi Yücebaş, *Faruk Nafiz Çamlıbel: Bütün Cepheleriyle*, İstanbul 1974, pp. 369-372.

70) In Turkish, the idiom "*kulp takmak*" (to put a handle on) means to find fault with something. T.N.) 비유적으로 말하면, 쿨프(kulp)는 변명을 의미한다. 케체시자데 이제트 몰라(Keçecizade İzzet Molla)는 싯구절에서 "불마드크 쿨푸누 콜라이으느 비즈/헤르케세 쿨푸 콜라이 타크트 펠레크(Bulmadık kulpunu kolayını biz/Herkese kulpu kolay taktı felek; 우리는 핑계나 쉬운 탈출구를 찾을 수 없었습니다/운명은 쉽게 모든 사람을 다스립니다)"라고 쓰고 있다.

VIII. 궁전의 커피 세리머니

페 체비 이브라힘 에펜디(Peçevi İbrahim Efendi)는 보스탄자데 (Bostanzade)의 칙령(fatwa)에 따라 이스탄불의 모든 엘리트들이 커피를 마시기 시작했고, 심지어 가장 강력한 고관들조차 수입을 창출하기 위해 커피하우스를 열었다고 말한다. 그럼에도 불구하고, 커피 반대자들은 싸움을 포기하지 않고, 기회가 있을 때마다 커피하우스를 폐쇄하도록 정치 권력에 촉구했다. 그러나 커피를 음료로 금지하는 것은 불가능해졌는데, 이 결정을 내릴 것으로 예상되는 사람들은 이미 커피 애호가가 되어 하루를 커피로 시작했고, 커피 한 잔을 마시기 위해 아침에 먹는 음식을 '카흐베 알트(kahve altı, under coffee, 커피 아래)'라고 불렀기 때문이다. 시간이 지남에 따라 단어를 줄여서 튀르키예어에서 가장 사랑스러운 단어 중 하나가 된 카흐발트(kahvaltı, breakfast, dejeuner)[xvii]라는 단어는 커피가 어떻게 우리 삶에 없어서는 안되는 부분이 되었는지를 명확하게 보여준다.

타흐타칼레(Tahtakale)에 최초의 커피 하우스가 문을 연 지 거의 100년 후, 술탄 무라드 4세(Sultan Murad Ⅳ)가 모든 커피하우스를 철거한지 20년 만에(1655) 이스탄불을 방문해서 9개월을 살았던 장 테베노(Jean Thévenot)는 그의 여행일기에서 커피를 하루 종일 마시는 독특한 튀르키예 음료라고 말한다. 이 호기심 많은 여행자의 이야기에 따르면 모든 압력과 금지에도 불구하고, 커피는 100년 이상에 걸쳐 일상생활에서 떼려야 뗄 수 없는 부분이 되었음을 보여준다.

테베노는 커피콩을 어떻게 팬(pan)이나 비슷한 기구에서 로스팅하여, 고운 가루가 될 때까지 갈아서, 제즈베(cezve)라고 알려진 긴 손잡이가 달린 그릇에서 끓여서 마시는지를 묘사하는 것으로 그의 이야기를 시작한다. 그는 또한 커피를 10~12번 이상 끓인 후, 나무 트레이에 늘어놓은 컵에 부어 식기 전에 제공한다고 덧붙인다. 특히 커피는 뜨겁게 마셔야 하지만 서두르지 않고 여유롭게 즐겨야 한다는 점에 주목한 테베노의 관찰은 매우 흥미롭다:

이 음료는 쓴맛이 나고 검은 색이며 살짝 탄 냄새가 난다. 커피숍에 들어서는 순간 입안이 데일까봐 작게 한 모금씩 후루룩 소리를 내며 마시는 소리가 마치 아름다운 음악이 울려퍼지는 것처럼 귓가에 울려퍼진다. 이 음료는 위장의 독성이 머리로 올라가는 것을 막는 데 좋고, 불쾌감을 치료하고, 이로 인해 수면 부족의 원인이 된다. 우리 프랑스 상인들이 쓸 편지가 수두룩하고 밤을 새워 일하고 싶을 때, 커피 한두 잔을 마신다. 커피는 위를 편안하게 해주고 소화제 역할을 한다. 반면에 튀르키예인들은 커피가 알려진 모든 질병을 치료한다고 주장한다. 사실, 커피는 차만큼 많은 훌륭한 특성을 가지고 있다. 맛으로 말하자면, 기껏해야 두 번 정도 시음하면 커피에 익숙해지고 더 이상 특별한 맛이 나지 않는다. 어떤 사람들은 정향과 몇 개의 카르다몸 씨앗을 첨가하는 반면, 다른 사람들은 설탕을 첨가하지만, 더 좋은 맛을 위해 혼합하는 이 과정은 커피의 이점을 감소시킬 뿐만 아니라, 실제로는 덜 건강한 음료로 만든다. 튀르키예인들이 사는 나라에서는 많은 커피를 소비한다. 그러나 부자든 가난한 사람이든, 하루에 커피를 두세 잔 이하로 마시는 사람은 거의 없으며, 남편이 아내를 위해 제공해야 하는 가장 기본적인 필요 사항 중 하나이다.[71]

테베노는 이 구절에 이어 "커피가 큰 가마솥에서 우려진다"며 커피하우스에 대해 이야기한다. 언어, 종교, 또는 사회 계급에 대한 어떠한 차별도 없이, 이 커피하우스들은 모든 사람들에게 열려있으며 대부분의 사람들은 즐거운 시간을 보내기 위해 커피하우스를 선호한다. 일부 커피하우스 외부에는 짚 매트가 깔린 벤치가 있다. 야외에 앉아서 지나가는 사람들을 보고 싶어하는 고객들은 이 벤치에 자리를 잡는다. 음악가들은 수많은 커피숍에서 연주하고 노래한다. 예의바른 손님들 중 일부는 커피숍에 도착하면 지인들에게 커피를 권한다.[72] 파티흐의 무덤 관리인이자 샤바니야(Shabaniyya) 교단의 멜라미(Melami)[xviii]인 쉬헤일 윈베르(A. Süheyl Ünver)의 말은 테베노의 관찰을 뒷받침한다: "만약 당신이 커피숍에 앉아 있고 누군가가 당신 옆에 앉아 있다면, 당신은 그에게 커피를 주문해 줘야 한다; 이것이 오스만주의의 본질이다!"[73]

71) Jean Thévenot, *Thévenot Seyahatnamesi* (ed. Ali Berktay), Kitap Yayınevi, İstanbul 2009, p. 69.

72) Jean Thevenot, *ibid.*, p. 70.

73) A. Süheyl Ünver, *ibid.*, p. 70.

종교에 의해 금지된 것인지 아닌지에 대한 끝없는 논의가 끝나고 커피가 일상생활에서 없어서는 안 될 필수품이 되자, 궁전에도 들어갔을 것이다. 궁중 주방의 회계 기록에 있는 최초의 커피 등록 기록은 17세기로 거슬러 올라간다. 그러나 이러한 등록은 독특하게도 술탄, 술타나, 디바인 멤버, 아아(Agha , 또한 Aga(튀르키예어: ağa ; 오스만 튀르키예어: آغا , 페르시아어: آغا , 로마자: āghā; '추장, 주인, 영주')는 민간인이나 장교 또는 종종 일부에 대한 경칭이다. 오스만 시대에 일부 궁정 관리들과 시장이나 예니체리 부대와 같은 조직의 지도자들은 그런 타이틀의 아가를 받을 자격이 있었다), 그리고 다른 궁정 구성원들이 소비하는 커피에 대해 정해진 설탕 할당량에 관한 것이다.[74] 술탄의 커피 준비 책임자인 카흐베지바슈(kahvecibaşı)가 서비스를 시작한 날짜를 확인할 수 있다면, 커피가 포함된(또는 들어간) 대략적인 날짜를 결정할 수 있다. 특정 날짜 이후에 커피 제공은 궁전에서 열리는 모든 의식에서 독특한 역할을 한 것으로 알려져 있다. 리카브-으 휘마윤(Rikab-ı Hümayun)[75] 기간 동안 사실 술탄을 위해 만든 커피를 알현객에게 제공하는 것이 전통[76]이었다. 이드 알피트르(Eid al-Fitr, 이드 알피트르는 종교적 금식 기간인 라마단이 끝났음을 축하하는 무슬림의 휴일이다. 이드 알피트르를 줄여서 이드라고 부르기도 한다. 이드는 아랍어로 '축제'를 의미하며, 피트르는 '축제가 끝났음'을 의미한다)와 에이드 알 아다(Eid al-Adha) 마지막 날에 궁전을 방문한 고위 관리들은 제국주의 타피(taffy, 설탕을 녹여 만든 무른 사탕)와 커피를 제공받은 후 술탄을 알현하는 습관이 생겼다. 라비울 아왈(Rabi-ul Awal, 세 번째 달)의 12일째 되는 날 술탄이 합류하여 술탄아흐메트 모스크에서 열리는 마울리드(Mawlid) 의

---

74) Arif Bilgin, *Osmanlı Saray Mutfağı*, Kitabevi Yayınları, İstanbul 2004, pp. 210-211.
75) 국가 행사 때 말을 타고 있는 술탄의 존재(T.N.)
76) Tayyarzâde Atâ, *Osmanlı Saray Tarihi Târîh-i Enderûn I* (ed. Mehmet Arslan), Kitabevi Yayınları, İstanbul 2001, p. 342.

식 동안 모스크 서쪽의 열린 광장에는 커피 메이커(kahvecibaşı, 카흐베지바슈)가 대형 커피 텐트를 치고 술탄이 모스크를 떠날 때까지 군중들에게 커피를 대접했다.[77]

Harem'de kahve töreni (하렘의 커피 세리머니)

튀페크치바슈(tüfekçibaşı, 오스만 궁전의 소총, 권총 등. 무기의 유지를 담당했던 궁전 소총수들의 우두머리였던 사람: 보병전투팀은 tuffenk의 우두머리라고 불렀고, 기병은 madman이라고 불렀고, 우두머리는 delibaşı (Sâmiha Ayverdi)라고 불렀다)나 사르크츠바슈(sarıkçıbaşı, 오스만 제국의 Sarıkçıbaşı는 술탄의 터번을 책임지는 장교의 직함이었다. 그 기능에는 터번의 보관, 세척 및 드레싱이 포함되었다. 1826년 이후 Mahmud II는 의복 개혁을 발표했고 머리 장식 터번은 Fez로 대체되었다)와 같은 궁정의 높은 직책인 카흐베지바슈(kahvecibaşı, 오스만 제국의 카흐베지바슈 (오스만 튀르키예어قهوه جى باشى)는 술탄의 커피 메이커이자 하인에게 주어진 칭호였다. Kahvecibaşı는 술탄과 가까웠기 때문에 중

---

77) Tayyarzâde Atâ, *ibid.*, p. 333.

요한 인물로 여겨졌다)는 왕실 후견인들의 유능한 하인들에게 할당되었다. 때로는 체임벌린(chamberlain, 과거 궁궐이나 고관들 집의 시종)의 직책으로, 때로는 계급으로만 배정되었다. 카흐베지바슈(kahvecibaşı)는 술탄의 커피를 담당했는데, 그는 오전 중식이나, 저녁 식사 후, 또는 술탄이 적합하다고 판단되는 특별한 경우에 커피를 준비했고, 그는 자신의 지휘 아래에 있는 커피 서버들과 함께 술탄에게 특별한 의식을 베풀었다. 귀-윔(güğüm, 목이 짧고 주둥이는 작으며 손잡이가 달린 항아리/단지), 시틸(sitil), 핀잔(fincan), 보석으로 장식된 컵홀더, 식탁보 등 값을 매길 수 없는 조각들로 구성된 시틸 세트는 그가 제국 재무부에 준 영수증과 교환하여 카흐베 지바슈에게 맡겨졌다. 이 세트 중 하나가 분실되거나 부서진 경우, 카흐베지바슈는 자신의 주머니에서 보상해야 했다.

커피룸 조직에서 카흐베지바슈의 명령을 받은 커피 서버는 깔끔하고 민첩한 청년들이었다. 비단 끈으로 수를 놓은 그들의 짧은 상의 소매는 뒤로 당겨서 집어넣었고, 그들은 허리에는 비단 앞치마를 두르고, 어깨에는 수건을 두르고 있었다. 커피가 요청되면, 그들은 그들의 시틸 세트를 들고 서빙을 시작했다. 카흐베지바슈는 손에 양단으로 만든 수건을 들고 앞장섰고, 그의 뒤를 이어 위로 향한 빈 컵과 컵홀더가 놓인 큰 트레이를 들고 있는 커피 서버가 뒤따랐다. 세 번째 커피 서버는 뜨거운 커피가 가득 담긴 항아리가 있는 시틸 트레이를 들고, 그의 오른손은 트레이 아래에 있고, 왼손은 세 개의 체인을 잡는다. 네 번째 커피 서버는 큰 빈 트레이를 들고 그들을 뒤따른다. 카흐베지바슈는 문을 열고 들어가 한

번의 움직임으로 능숙하게 모든 잔을 채우고는 컵을 나누어 주기 시작했다. 네 번째 커피 서버는 시틸 트레이를 책임지는 커피 서버가 방을 나간 후 빈 컵을 수거해야 했다.

하렘에서는 커피를 대접하는 후궁들이 같은 역할을 맡았다. 커피를 만드는 방법과 제공 방법은 후궁들의 교육에서 중요한 부분이었다. 정치가와 결혼하거나 이런저런 이유로 궁을 떠나는 후궁들은 다른 궁정에서의 행동, 수행, 처리뿐만 아니라 커피 전통을 전파하는 데 도움이 되었다.

하렘에서 커피를 제공하는 의식을 목격한 레일라 사즈(Leyla Saz)와 사피예 위뉘바르(Safiye Ünüvar)에 따르면, 커피는 덮개가 있는 금색 커피포트에 담겨 나온 다음, 뜨거운 재가 담겨 있는 황금색 발이 달린 화로 위에 놓였다. 후궁 중 한 명이 가장자리에서 연장되어 상단에 연결된 세 개의 긴 쇠사슬로 이 시틸을 잡는다. 두 명의 후궁이 보석으로 장식된 홀더에 컵이 늘어선 금 트레이를 나르곤 했다. 이 젊은 여자들은 트레이를 들고 다닐 때, 금실, 진주, 보석으로 화려하게 수놓은 면 안감이 있는 벨벳(비로드)이나 새틴(광택이 곱고 보드라운 견직물) 천을 손바닥에 들고 있었다. 시틸 직물은 중앙에 다이아몬드가 박힌 문양이 장식되어 있었고, 이 정교한 예술 작품들의 모서리에는 황금색 술이 매달려 있었다. 살짝 접혀서 한쪽 끝이 땅에 닿도록 금트레이를 감싸면, 천이 트레이와 함께 고정된다. 커피 마스터는 트레이에서 컵홀더를 꺼내 조심스럽게 컵을 올려놓은 후, 항상 트레이 위에 있는 안감 천 조각으로 커피 포트를 잡고 컵에 커피를 따라 최고의 은혜로 술탄에게 바치곤 했다. 커피 마스터가 커피를 권할 때 엄지손가락으로 받친 컵홀더를 집게손가락 끝에 대고 컵을 들고 가야 했기 때문에 이런 식의 커피 제공은 기술이 필요했다. 사피예 위뉘바르(Safiye Wünüvar)는 "고상하고 예의 바른 체르케스 소녀들이 두 손가락으로 커피를 권하는 방식은 구경꾼들을 경외하게 만들었다"고 썼다. 술탄의 아내들도 주문하면 똑같이 우아하게 커피를 대접받았다. 술탄이 소유했던 것과 비슷하게, 그들의 컵홀더도 정교하게 귀중한 보석으로 장식되었었다.[78]

78) Leyla Saz, *Anılar: 19. Yuzyılda Saray Haremi*, Cumhuriyet Kitapları, İstanbul 2000, p. 41; Safiye Unuvar, *Saray Hatıralarım*, Cağaloğlu Yayınevi, İstanbul 1964, p. 82.

레일라 사즈는 19세기에 궁전에서 열린 커피 의식을 묘사한다. 사피예 위뉘바르가 이 의식을 거의 같은 방식으로 묘사한다는 점을 고려할 때, 이 번거로운 의식은 궁전에서 마지막까지 계속되었을 것이라고 추측할 수 있다.

그러나 사미하 아이베르디(Samiha Ayverdi)는 압뒬하미드 2세의 통치 기간 동안 시틸 세트를 사용한 커피 의식은 종교적인 휴일이나 결혼식의 경우에만 열렸으며, 제즈베와 핀잔이 커피포트를 대체했다고 언급한다.[79] 아이셰 술탄(Ayşe Sultan)의 아버지에 대한 기억은 이러한 관찰을 뒷받침한다. 술탄 압뒬하미드는 예멘 커피만 마시며 식후에 마시는 커피 말고도 예닐곱 번 커피를 청하곤 했다. 황태자 시절부터 그를 섬겼던 카흐베지바슈는 그가 깊이 신뢰했던 할릴 에펜디라는 사람이었다. 할릴 에펜디는 호위실 옆에 있는 커피 스토브에 계속 앉아 있다가, 호출을 받으면 하얀 장갑을 끼고 은제 제즈베로 커피를 만들어 술탄의 문장이 새겨진 두 개의 컵과 함께 작은 금트레이에 올려놓고 직접 하렘 문으로 가져가 벨을 눌러 재무 담당자에게 전달하곤 했다. 아이셰 술탄은 술탄에게 커피를 가져온 금트레이가 어머니 티리뮈즈간 카드네펜디(Tirimüjgân Kadınefendi)가 그에게 준 가보라고 언급했다. 압뒬하미드는 담배와 함께 두 잔의 커피를 연속으로 마셨고, 공식 부인(Kadınefendi, 카드네펜디) 중 한 명과 커피를 즐기는 경우, 같은 컵들로 두 번째 세트가 트레이에 차려졌다.[80] 아이셰 술탄의 회고록은 또한 그의 자녀들이 술탄 압뒬하미드 2세의 알현에서는 커피를 마시지

---

79) Samiha Ayverdi, İbrahim Efendi Konağı, İstanbul Fetih Cemiyeti İstanbul Enstitüsü Neşriyatı, İstanbul 1964, p. 18.

80) Ayşe Osmanoğlu, *Babam Abdülhamid*, Güven Yayınevi, İstanbul 1960, pp. 28-29.

않았고, 담배를 피우고 커피를 마신 젊은이들은 궁전에서 책망받았다고 밝히고 있다.

아이셰 술탄(Ayşe Sultan)은 하릴 에펜디(Halil Efendi)가 죽은 후, 그의 사위 알리 에펜디가 카흐베지바슈로 임명되었다고 말한다. 라그프 아키아바쉬(Ragıp Akyavaş)는 알리 에펜디로부터 술탄 압뒬하미드가 커피를 마시는 방법과
양에 대한 이야기를 들었다:

군주에게는 독특한 커피 마시는 방식이 있었다. 그의 카흐베지바슈인 알리 에펜디로부터 들은 바에 의하면 그는 하루에 30~40잔의 커피를 마셨다. 두 개의 평범한 흰색 컵이 그에게 제공된다; 첫 번째 컵으로 제즈베에 담긴 절반의 커피를 마신 후, 나머지는 두 번째 컵으로 마신다. 그의 개인 커피는 예멘에서 각각 5킬로그램짜리 작은 자루에 담겨져 왔다.[81]

그의 형 압뒬하미드 2세(Abdülhamid II)와 비슷하게, 마지막 오스만의 술탄 메흐메드 바흐데딘 6세(Mehmed Vahdeddin VI)는 커피와 담배에 중독되었다. 바흐데딘의 공식 부인 나지케다 카드네펜디(Nazikeda Kadınefendi)의 시녀인 루메이사 하늠(Rumeysa Hanım)은 자신의 회고록에서 술탄에게 커피 두 잔을 가져다주었고, 술탄은 담배와 함께 커피를 연속적으로 마셨으며, 하루에 서너 번 커피를 제공받았다고 기록했다.[82]

---

81) A. Ragıp Akyavaş, Üstad-ı Hayat II, Türkiye Diyanet Vakfı Yayınları, Ankara 2005, p. 280.
82) Rumeysa Aredba, *Sultan Vahdeddin'in San Remo Günleri* (ed. Edadil Açba), Timaş Yayınları, İstanbul 2009, p. 75.

IX. 오스만 저택의 커피 서비스

미트하트 제말 쿤타이(Mithat Cemal Kuntay (1885년, 이스탄불 - 1956년 3월 30일, 이스탄불), 튀르키예의 작가, 시인, 변호사. 그의 애국적인 시는 그를 튀르키예 문학의 가장 잘 알려진 영웅 시인 중 한 사람으로 만들었다. 그는 오스만 제국의 붕괴를 다룬 첫 번째이자 유일한 소설 Üç Istanbul (1938)로 유명해졌다. 그는 또한 그의 전기 쓰기로도 유명하다)의 유명한 소설 『위츠 이스탄불(Üç Istanbul)』에 등장하는 중요한 인물인 히다예트(Hidayet)의 자알로올루(Cağaloğlu)에 있는 저택(konak)은 오래되고 매우 귀중한 물건들로 가득 차 있었다. 특히 동양식 방은 정교하게 장식되어 있었고, 히다예트는 옛날 저택에서 그랬던 것처럼 이 방에서는 시틸을 사용하여 친구들에게 커피를 제공했다. 전통적인 의식을 재현하기 위해, 그는 세 명의 시녀들을 후궁으로 분장시켰다.[83] 이 의식을 자세히 묘사한 소설 '연회'라는 장(chapter)의 구절에서 볼 수 있듯이, 시틸(sitil)을 사용한 커피 서비스는 지난 세기가 바뀔 무렵 대부분 잊혔다; 히다예트처럼, 관심이 있는 사람들은 유서 깊은 가문의 노인들을 찾아가 정보

---

83) Midhat Cemal Kuntay, Üç İstanbul, Sander Yayınları, İstanbul 1976, pp. 411-412.

를 수집했다. 쉬헤일 윈베르(A. Süheyl Ünver)는 커피 문화에 특별한 관심을 가지고 있던 화가 호자 알리 르자 베이(Hoca Ali Rıza Bey)와 함께 방문한 레샤드 푸아드 베이(Reşad Fuad Bey)[84]로부터 이 의식의 세부사항을 배웠다.[85] 따라서 19세기 중반부터 시틸(sitil)을 사용한 커피 서비스는 대부분 중단되었고 제즈베(cezve)가 널리 보급되었다고 말할 수 있다.

옛 이스탄불 생활에 관한 가장 아름다운 책을 쓴 압뒬아지즈 베이(Abdülaziz Bey)에 따르면, 오스만 제국 저택의 지하홀에는 카흐베 오자으(Kahve Ocağı, 커피 테이블/스토브)로 알려진 방이 있었는데, 이 방은 석조 바닥, 타일로 덮인 측면과 4개의 버너가 갖추어졌다. 항상 뜨거운 물이 필요했기 때문에, 스토브의 버너 중 하나는 수도꼭지가 달린 큰 구리 항아리에 할당되었고, 다른 버너는 제즈베를 놓는 데 사용되었다. 스토브 한쪽에는 잠금장치가 있는 찬장이 있었는데, 이는 카흐베지바슈(Kahvecibaşı) 이외에는 아무도 열 수 없었고, 찬장에는 저택 주인의 개인 컵과 컵홀더, 손님들을 위한 아주 아름다운 커피 세트(트레이, 컵홀더, 금으로 수놓은 식탁보 포함)가 들어 있었다. 반대편의 찬장에는 다양한 모양과 색깔의 컵과 컵홀더가 놓여 있었는데, 이는 다른 손님들과 다양한 이유로 저택을 자주 찾는 사람들을 위해 사용되었다. 카흐베 오자으(Kahve Ocağı)는 또한 대기실 역할을 했으며, 손님들과 직원들이 앉을 수 있도록 카펫과 킬림(kilim, 튀르키예 융단의 일종)이 깔린 벤치는 벽을 따라 못으로 고정되었다.[86]

카흐베지바슈(Kahvecibaşı)는 오래된 저택의 베테랑 아아(ağa, aga) 중 한 명이었는데, 그는 직접 커피를 준비하여 저택 주인과 그의 중요한 손님들을 대접했고, 매 식사가 끝날 때마다 커피를 만들어 저택 거

---

84) Reşad Fuad Bey is the son of Keçecizade Fuad Paşa, one of the leading statesmen of the Tanzimat era.
85) A. Süheyl Ünver, *ibid.*, p. 79.
86) Abdülaziz Bey, *ibid.*, p. 180.

주자들의 방으로 보냈으며, 그의 커피 주방인 카흐베 오자으(Kahve Ocağı, 커피 테이블/스토브)를 자주 찾는 사람들에게 커피를 대접했다. 저택 주인의 커피는 그의 감독 아래 볶고 갈았다; 커피에 충분한 양의 카르다몸(서남 아시아산 생강과 식물 씨앗을 말린 향신료)을 넣은 후, 그것은 특별한 병에 보존되었다.

압뒬아지즈 베이(Abdülaziz Bey)에 따르면, 카흐베지바슈(Kahvecibaşı)는 저택 소유주와 중요한 손님들에게 커피를 배달하는 것을 특별 임무로 삼았다. 그는 커피 포트를 귀금속으로 만든 단아하고 장식된 트레이 중앙에 있는 삼발이에 놓고, 그 주위에 컵과 컵홀더를 늘어놓고, 오른쪽 어깨에 금으로 수놓은 천을 걸치고, 방으로 들어가 문 옆에서 공손히 기다리곤 했다. 신호를 받으면 오른손으로 커피가 가득 담긴 컵을 들고 왼손의 다섯 손가락은 가슴 아래로 유지하고 천천히 컵을 목적지로 가져간 뒤 제공받는 사람 앞에 잠시 서 있다가 저택 주인이나 손님이 커피를 받으려고 손을 내밀면 반 절을 하고 잔을 전달하곤 했다. 몇 걸음 뒤로 물러서 돌아서서 문 옆에서 기다리고, 마지막으로 같은 방식으로 빈 컵을 거둔다. 카흐베지바슈는 아무 손님에게나 커피를 배달하지 않았다; 그는 그 일을 할 커피 아아(ağa, aga) 두 명에게 이 일을 맡기곤 했다.[87]

사미하 아이베르디(Samiha Ayverdi)는 그녀의 저서 이브라힘 에펜디 코나으(Ibrahim Efendi Konağı)에서 하렘에서 선택된 젊은 여성들이 셀람르크(selamlık, 오스만 제국의 궁전이나 남성을 위한 집의 일부였다)의 아아들(agas)이 수행하는 이 임무를 맡았다고 언급한다. 시틸(sitil) 천은 손님의 수에 따라 한두 명의 후궁이 가져다주었다. 또 다른 후궁은 트레이를 날랐다. 셋째 후궁의 임무는 트레이 위에 놓인, 커피 포트로 커피를 가득 채운 컵을 손님들에게 제공하는 것이었다. 커피를 제공하는 후궁들은 커피 제공이 끝난 후에도 방을 떠나지 않고 구석에 서서 커피를 다

---

87) Abdülaziz Bey, *ibid.*, p. 189.

마신 빈 잔을 거두기 위해 기다렸다. 아이베르디(Ayverdi)에 따르면, 시
틸을 사용한 커피 서비스는 오스만 제국의 저택에서 다음과 같이 진행
되었다.

　　세 장이 한 조로 된 시틸 세트에는 천은 손이 아닌 어깨 위에 놓였
다. 둥근 시틸 천은 금실과 은과 금으로 된 스팽글(반짝거리도록 옷에 장식
으로 붙이는 작고 동그란 금속편)로 수놓은 벨벳(비로드)이나 새틴(광택이 곱
고 보드라운 견직물)으로 만들어 졌으며, 둘레는 금테로 장식하였다. 일부
는 보석이나 진주로 장식되어 있었다. 항상 두 대각선으로 접혀서 어깨
에서 허리까지 늘어뜨려져 있었다. 커피 서버의 의상도 시간이 지남에
따라 달라졌다. 셀림 3세(Selim III)의 통치 기간 동안, 젊은 후궁들은 긴
실크 드레스 안에 샬와르(이슬람교도가 입는 허리가 풍성하고 발목이 좁은 낙
낙한 바지)를 입었고, 그 뒷면은 수직 고어로 두 개의 앞패널에서 분리됐
다. 한편, 술탄 메지드(Sultan Mecid)의 통치 기간 동안, 그들은 허리까지
밑단을 올린 앞트임 드레스를 입고, 그들의 머리에 보석으로 장식된 브
로치를 착용했다. 탄지마트(Tanzimat) 시대 이후, 셀람르크의 아야는 스
탬불라인(stambouline; 오스만 제국, Stamboul, Stambul, Istambul에서와 같이
오스만 제국의 관리들이 입는 공식적인 행사를 위한 긴 코트)이라고 알려진 단
추가 달린 긴 프록 코트(frock coat, 무릎 바로 위의 밑단 둘레를 모두 자른
무릎 길이의 스커트가 특징인 공식적인 남성 코트)를 입었다.[88]

88) Samiha Ayverdi, *ibid*, p. 18.

압뒬아지즈 베이는 오스만 제국 저택의 오래된 전통에 대해 언급하면서, 커피에 카르다몸 가루를 첨가한다고 언급한다. 오늘날에도 일부 사람들은 여전히 이런 방식으로 커피를 만든다. 다른 사람들은 커피에 꽃물을 넣거나 호박 연기로 포트를 훈증하기도 했다. 우리는 사향이 첨가된 커피를 뮈메스세크 카흐베(mümessek kahve)로, 용연향으로 향을 낸 커피를 무안베르 카흐베(muanber kahve)라고 불렀다는 것에 주목해야 한다.

압뒬아지즈 베이는 그가 파샤 카흐베시(paşa kahvesi)라고 정의하는 또 다른 스타일을 언급한다: 물과 커피를 포트에 함께 넣는다. 끓은 후, 소량의 재를 혼합물에 넣고 커피 가루가 바닥으로 가라앉은 후에야 커피를 마신다.[89]

우리는 또한 압뒬아지즈 베이로부터 커피를 마실 때에 부적절한 행동들의 목록을 배운다. 입으로 커피를 거르거나, 적당한 시간이 지나기 전에 손님에게 두 번째 커피를 권하거나, 커피가 도착하면 손님에게 커

---

89) Abdülaziz Bey, *ibid*, p. 278.

피를 먼저 주라고 손으로 가리키거나…90) 튀르키예 즉흥극의 가장 위대한 이름 중 하나인 켈 하산(Kel Hasan)의 연극에는 이렇게 지나치게 환대하는 주인과 그의 손님들에 대한 코믹한 이야기가 아름답게 묘사되어 있다. 말리크 악셀에 따르면:

켈 하산(Kel Hasan)이 커피 트레이를 손에 들고 들어와 먼저 커피컵을 주인에게 내밀었다. 주인은 말없이 하산에게 그것을 손님에게 드리라고 신호를 보낸다. 그는 손님에게 시선을 돌렸지만, 이번에는 손님이 "호스트가 나이가 많으니 그에게 먼저 드려야지"라고 흉내를 내기 시작한다. 하산은 주인에게 돌아가고, 이번에는 주인이 얼굴을 살짝 찡그리며 "뭘 기다리는 거야?"라고 말하는 듯 손님에게 돌아선다. 손님은 팔로 손짓을 하며, "너 정말 눈치가 없구나! 내가 한 말을 이해하지 못했나? 그가 바로 거기 앉아 있는데 나에게 커피를 주는 것은 실례가 아닌가?" 켈 하산은 주인과 손님 사이를 몇 번이나 왔다갔다 한 뒤 자리를 닦고 바닥에 앉아 첫 번째, 두 번째 커피를 마신 뒤 손가락에 묻은 커피 가루를 핥는다. 그가 이 모든 일을 할 때, 그들의 얼굴, 흉내, 손, 눈에서 분노와 훈계의 표정을 읽을 수 있다; 켈 하산의 무관심은 진정한 의미의 판토마임인 지역 연극이다.91)

---

90) Abdülaziz Bey, *ibid*, p. 277.
91) Malik Aksel, İstanbul'un Ortası, Kapı Yayınları, İstanbul 2011, p. 29.

X. 가정 생활의 커피

예비신부에게 청혼하는 것에서부터 결혼식에 이르기까지, 커피는 한때 결혼 의식의 필수적인 부분이었다. 압뒬아지즈 베이는 오스만 제국의 모든 관습과 의식을 상세히 기록한 책에서, 아들을 위해 신부를 구하는 가족은 예비 후보자의 가정을 방문하는 동안 항상 객실로 안내되며 커피와 긴 줄기의 담배 파이프를 제공받게 될 것이라고 말한다. 손님들이 커피를 즐기는 동안 예비 신부는 예쁘게 차려 입고 별실에서 헤어스타일링을 한다. 이 단계에서는 녹색 드레스를 입어야 한다; '녹색'은 '소원'의 상징이기 때문에, 녹색 옷을 입은 젊은 소녀는 소원을 성취했다는 것을 의미한다. 소녀는 준비를 한 뒤에, 손님방문 앞에 서 있는다; 이제 커피를 제공할 시간이다. 손님에게 두 번째 커피가 제공되면 그녀는 방으로 들어가 손님들에게 인사를 하고 맞은 편 의자에 앉는다. 손님들은 커피를 마시면서 혼인하기에 알맞은 소녀를 살피는데, 그녀를 주의 깊게 관찰할 시간이 필요하기 때문에 커피를 오래 마시는 것은 무례하다고 여겨지지 않는다. 전통에 따라 커피를 가져오는 사람들은 여전히 서 있는다.[92] 커피를 다 마시고 컵을 거둔 후 소녀는 일어나서 방을 나간다. 아나톨리아에서, 그 소녀는 미래의 신랑의 커피에 설탕 대신 소금을 넣어서 그녀의 내키지 않는 마음을 표현할 수도 있다. 어떤 지역에서는 커피가 거품 없이 추출되면, "운에 맡겨야 한다!"라는 뜻이다.

휘세인 라흐미 귀르프나르(Hüseyin Rahmi Gürpínar)의 유명한 소설, 혜성 아래의 결혼(Kuyruklu Yldz Altínda Bir Idivzdivas)에서, 결혼하기 알맞은 어린 소녀를 방문하는 그런 손님들은 그러한 의식을 기대하지만 실망에 직면한다; 그 소녀는 현대적이고 교육받은 여성으로서 그러한 전통을 심각하게 받아들이지 않는다.

의자를 중앙에 두는 것이 관례이다. 소녀가 커피를 들고 들어와 앉는다. 컵이 되물려지면, 그녀는 떠난다. 이것이 우리에게 익숙했던 결혼 적령기 소녀 방문의 유형이었다. 그들은 한참 후에 우리에게 커피를 제공했다. 우리는 컵을 돌려주었다. 소녀는 결코 일어나서 떠나지 않았다. 그녀는 어머니보다 우리에게 더 편하게 말했다. 그녀는 혜성처럼 나타나는 방문자를 두려워하는 여성들을 조롱했다. 우리는 떠나려고 일어섰다. 그녀는 중간 문까지 우리와 동행했다. 그녀가 너무 편안해서 우리가 떠날 때, 나는 그녀가 "나와 결혼해 줄 신사분에게 인사드립니다."라고 말할 것이라고 생각했다.[93]

---

92) Abdülaziz Bey, *ibid.*, p. 107.
93) Hüseyin Rahmi Gürpınar, *Kuyruklu Yıldız Altında Bir İzdivaç*, Hilmi Kitabevi, İstanbul 1958, pp. 147-148.

İBB Şehir Müzesi koleksiyonunda yer alan bu fincanın üzerinde
Bir Fincan kahvenin kırk yıl hatırı vardır yazılıdır.
(IMM 시립박물관 소장품인 이 컵에는
'커피 한 잔은 40년의 기억을 품는다'라고 쓰여 있다.)

위에서 설명한 것과 유사한 의식이 아나톨리아 도시에 여전히 남아 있다; '누군가의 커피를 마셨다'는 표현은 어린 소녀가 그녀의 가족에 의해 약혼되었다는 것을 나타낸다. 그러나 아나톨리아에서는 결혼 적령 기의 소녀가 커피를 정성껏 준비하고 제공한다; 손님은 그녀가 커피를 만드는 방법과 전통을 지키는지 여부를 면밀히 관찰한다.

만약 그 소녀가 괜찮다고 여겨지면, 두 가족의 남자들은 일정 시간 후에 모여야 한다. 청혼을 하고 약혼을 성사시키기 위해 방문하는 연상 가족구성원들도 커피와 긴 줄기의 담배 파이프로 환영을 받는다.

소녀의 집에서 결혼식을 올리기 전에, 식료품 저장실을 다시 채우고, 특히 셔벳과 커피 세트를 준비하는 것이 중요하다. 결혼 기도에 이어 하객들에게 저녁 식사, 커피, 담배 파이프가 제공된다. 마찬가지로, 여성 구역에도 커피, 담배, 셔벳 서비스를 준비하는 것이 중요하다. 또한 결혼식을 자세히 설명할 때 커피와 담배가 제공되는 시기와 방법을 언급하면서, 압뒬아지즈 베이는 커피 세트를 부유한 가정의 결혼할 소녀의 지참금에 포함되어야 하는 물건들 중 별도의 품목으로 구분한다.

커피 세트. 10개 세트로 된 40개 금속 컵; 금 10개, 금 법랑 10개, 은 컵홀더 10개 등 총 30개; 5개 은 시틸과 포트. 10개의 커피 트레이 중 5개는 벨벳으로 덮혀 있고 은으로 수놓은 꽃으로 장식되어 있다.[94]

옛 이스탄불의 일상 생활에 관한 글을 쓰는 데 유능했던 휘세이인 라흐미 귀르프나르(Hüseyin Rahmi Gürpınar)의 소설을 주의 깊게 읽으면 커피와 커피하우스가 이 생활방식에서 뗄 수 없는 관계를 가지고 있었다는 것을 알 수 있다. 이는 오스만 제국의 모든 다른 지역에서도 동일하게 적용된다. 금욕적인 겸손의 표현으로 "우리의 쓴 커피 한 잔 드십시오." 또는 "우리의 쓴 커피 한 잔 드시겠습니까?"라는 말이 초대 수단

---

94) Abdülaziz Bey, *ibid.*, p. 117.

으로 종종 사용되었다. 짧은 방문 시간을 보내며 공감을 표하는 손님들은 "하지만 친애하는 신사숙녀 여러분, 컵이 아직 식지 않았습니다!"라는 말로 예의를 갖추었다. **"커피 한 잔은 40년의 우정을 약속한다"**는 유명한 속담은 과장된 감사의 표현이며, 손님을 맞이할 때 커피가 중요한 위치를 차지한다는 의미이기도 하다.

커피는 20세기 초 차에게 왕좌를 내준 것처럼 보이지만, 여전히 의전 음료로서 권위 있는 위치를 지키고 있다. 손님에게 드리는 첫 번째 질문은 "무엇을 드시겠습니까? 커피 혹은 차?"이다. 남편을 직장에, 아이들을 학교에 보낸 후 이웃집에 모여 커피를 마시며 운세를 점치던 주부들이 '다섯시 차(Five o'clock tea)'와 비슷한 '모닝 커피(Morning Coffee)' 문화를 만들어냈다는 점도 기억해야 한다.

튀르키예의 저명한 소설가이자 이야기 작가인 세빈츠 초쿰(Sevinç Çokum)은 '테크 칼란 핀잔(Tek Kalan Fincan; 유일하게 남은 잔)'이라는 제목의 그녀의 기사에서 "제즈베를 올려 놓아라, 내가 가는 중이다!"라고 언급하던 시절에 화로에서 타는 석탄 위에 주석 도금된 연동 커피 포트에서 커피를 양조하는 방법을 회상한다. 초쿰(Çokum)에 따르면, 튀르키예 커피는 "휴식, 어울림, 나눔"에 대한 모든 것이다; 커피 마시는 것이 끝나면, 긴장을 풀고 미래에 대한 즐거운 소식을 듣기 위해 컵을 뒤집는다. 커피 찌꺼기가 컵과 접시에 남긴 모양이나 무늬에서 '횡재, 짐을 실은 낙타, 돈다발, 축복, 빛나는 문, 넓은 길, 그리고 사자, 말, 독수리 같은 강력한 동물들'을 왜 다른 사람이 알아내려 할까요?

세빈츠 초쿰(Sevinç Çokum)의 다음 구절들은 튀르키예의 가정에서 커피의 의미를 훌륭하게 묘사하고 있다:

커피가 없어서 고생하고, 커피를 갈망하고, 심지어 볶은 병아리콩에 안주하는 날이 왔다. 사실, 그들은 심지어 남은 찌꺼기로 커피를 만들고, 부족할 때는 줄을 서기도 했다. 어느 순간, 판매용 커피콩이 가정에 들어왔다. 나는 나무 숟가락으로 주석 도금된 구리 냄비에 이 콩들을 넣고 저어 볶는 것을 매우 즐기곤 했다. 청록색은 점차 열은 갈색으로 변하고, 커피 냄새는 공기에 퍼져, 기름이 콩

Kahve İçen Kadınlar (커피를 마시는 여인들)

에 빛나기 시작한다. 당신은 그 중 몇 개를 입 안에서 바삭바삭 씹지 않을 수 없다. 그런 다음, 볶아서 색깔이 짙어진 콩을 황동 핸드밀에서 소량씩 갈아준다. 콩은 부서지고 갈릴 때 여러분을 긴장시킨다; 그러나 일단 분쇄된 커피가 접시 위로 쏟아지면, 오, 갓 갈아낸 콩이 얼마나 다른지!

아침 모임은 제쳐두고 커피 없는 여성들의 '방문의 날'은 상상도 할 수 없다. 튀르키예의 저명한 소설가 셀림 일레리(Selim İleri)는 자신의 에세이 『커피 한 잔(Bir Fincan Kahve)』에서 1950년대 후반의 커피 부족에 대해 언급하면서, 어떻게 그의 어머니가 매일 방문객들에게 커피를 제공하는 것을 필수 조건으로 삼았는지를 묘사한다. 부엌에 있는 가스 오븐에 제즈베나 커피 두 잔이 준비되어 있었다; 일부 여성들은 단 것을 선호했지만, 다른 여성들은 설탕을 거의 넣지 않거나, 아예 넣지 않은 것을 선호했다. 그의 어머니가 제시간에 모든 것을 만들고, 그리고 더 중요한 것은, 거품 '링'으로 충분한 거품이 생기도록 만들었는지 확인하고, 때때로 네스카페(Nescafé)가 아닌 튀르키예 커피인 카페오레(café-au-lait; milk coffee)를 아이들에게 주는 방식에 경탄하고, 그는 다음과 같이 계속한다:

갑자기 튀르키예 커피가 시야에서 사라졌다. 도대체 어떻게 그리고 왜 사라졌을까? 간혹 적은 양이 커피 가게에 들어오면 사람들은 몇 시간 동안 줄을 서서 기다리곤 했다. 당신 차례가 될 때쯤이면 재고가 바닥날 가능성이 꽤 높았다.

그런데, 커피가 암시장에 나왔던 때가 있다. 그것은 믿을 수 없을 정도로 계산대 아래에서 비싸게 팔렸다.

커피는 그 기간 동안 가장 귀중한 선물 중 하나였다. 우리의 이웃인 뮈에이예트 하늠(Müeyyet Hanım)은 우리에게 작은 종이봉지에 넣은 커피를 가져다주곤 했다. 기쁨의 분위기와 즐거움의 비명까지 복도를 가득 채웠다. 그런 밤이면 부모님은 저녁 식사 후에 커피를 후루룩 마시곤 했다.95)

커피를 좋아하는 사람들은, 단지 맛을 즐기는 것뿐만 아니라, 냄새에서 도구, 대화에서 문학에 이르기까지, 커피에 대한 다른 모든 것을 즐긴다. 그들은 심지어 좋은 커피 한 잔을 얻기 위해 고통을 감수한다. 그런 사람들에게 커피는 그저 단순한 음료가 아니라 존중받고 적절한 예절과 함께 소비될 필요가 있는 일종의 묘약이다. 튀르키예의 저명한 수필가 알리 촐라크(Ali Çolak)는 커피를 '달콤함, 고요함, 안락함, 사적인 즐거운 순간의 음료'로 간주한다. 『커피에 대한 경의(Kahveye Saygı)』라는 제목의 그의 에세이에서 다음과 같은 문장은 커피 애호가들의 선언과도 같다:

커피는 천천히, 충분히 음미하면서 마셔야 한다. 고상한 생각과 넘치는 감정을 거닐기 위해 순간과 삶을 되돌아보아야 한다. 그것은 사람들로 하여금 그 이전의 것을 잊게 한다; 일단 커피를 마시면, 커피는 배경, 즉 회사 안의 친구들을 하나로 묶는다. 무지하고, 성찰하지 않고,

---

95) Selim İleri, *Ay Hâlâ Güzel*, Kaf Yayıncılık, İstanbul 1999, pp. 64-65.

심지어 이 모든 것을 경멸하는 청소년들은 커피를 마실 권리가 있는가?

내가 '커피'라고 생각하는 것은 그 이름에서 알 수 있듯이 진정한 '튀르키예식 커피'라고 주저하지 말고 말해야 한다. 물론 우리는 네스카페, 에스프레소, 또는 카푸치노의 이름과 맛에 익숙하다. 우리는 뉴욕에 있는 스타벅스에 앉아서 유럽의 맛을 맛보았다. 하지만, 이것들 중 어느 것도 진정한 튀르키예식 커피를 대체할 수 없다. 냄새도 맛도... 여러분이 커피라고 부르는 것은 우리의 것과 같은 작은 컵에 마시는 것이다. 우리의 것은 도저히 얻을 수 없고, 타협할 수 없는 맛을 가리킨다. 한정적이고 희소한 맛을 소중히 여긴다는 것은 그 진가를 인정하고, 한정된 시간에 그것을 배가하여 영원하게 만든다는 뜻이다. 미국인과 같은 사람들이 과일주스처럼 종이컵에 1갤런씩 꿀꺽꿀꺽 마시는 것은 내가 커피라고 부르는 것이 아니다! 간단히 말해서, 커피는 평범한 음료가 아니다. 커피를 존중하는 사람은 커피의 의식을 지켜야 한다. 그렇지 않으면, 그/그녀는 전혀 마시지 말아야 한다.[96]

96) Ali Çolak, *Bilmem Hatırlar mısın?*, Kapı Yayınları, İstanbul 2009, pp. 43-45

XI. 커피 중독

말리크 악셀(Malik Aksel)은 그의 에세이 중 하나에서, 아야 소피아 (Hagia Sophia; 그리스어: Aγiα Σοφiα, 고대: 하기아 소피아, 현대: 아야 소피아, 라틴어: Sancta Sophia 상크타 소피아, 튀르키예어: Ayasofya 아야소프 야, '소피아 성녀'라는 뜻) 호롤로게 룸 (Horologe Room) 앞에 있는 야외 커피 하우스에 모인 커피 애호가들을 묘사 한다. 물담뱃대를 휘두르면서 티리 아키(tiryaki, 커피 애호가)는 커피를 거부하고, 커피를 가져오는 견습생

함께 커피를 마시는 그리스인과 터키인을 묘사한 접시 (Çetun Tukek Archives)

에게 "내가 너에게 거품이 깨지면 안 된다고 말하지 않았나? 어서, 이것을 도로 가져가서 새것을 가져와!"라고 꾸짖는다. 반대로, 다른 티리아키는 거품이 나지 않는, 오래 끓인 커피를 요구하는데, 이번에 견습생은

커피를 끓여 넘치게 한 것에 대해 훈계를 받는다. 또 다른 티리아키는 커피 주방으로 뛰어들어 포트를 씻어 달라고 한다. 왜냐하면 그는 자신의 제즈베에서 나는 설탕 냄새를 참을 수 없기 때문이다. 어떤 사람들은 뜨거운 재 위에서 끓인 커피를 주문하고, 또 어떤 사람들은 약간의 커피와 충분한 물을 요구한다. 커피를 "에흘-으이르판 셰르베티(ehl-i irfan şerbeti, 지혜의 사람들의 셔벗)"라고 부르면서, 대부분의 커피 애호가들은 담배, 물담뱃대 또는 코담배에 중독되어 있으며, 숙련된 대화 전문가들이다. 그들의 즐거움은 일단 '커피와 담배'가 합쳐지면 '필요한 모든 것이 갖춰진' 것이다.97)

일부 중독자들은 커피에 집착하게 되었다. 아흐메트 세브데트 파샤 (Ahmet Cevdet Paşa)의 유명한 타리흐(Tarih, 역사)에 따르면, 치료 불가능한 티리아키(Tiryaki)인 군사 재판장 몰라즈크자데 아타울라 에펜디 (Mollacıkzade Ataulah Efendi)가 중요한 회의 중에 졸다가 갑자기 깨어나 자신의 저택에 있는 줄 알고, "내 커피를 가져와!"라고 손뼉을 치며 소리친다. 총독인 샤키르 아흐메트 파샤(Şakir Ahmet Paşa)는 판사를 당혹스럽게 하지 않기 위해 "사실 우리도 피곤합니다. 커피 한 잔 합시다!"라고 대답한다. 라그프 아키아바쉬(Ragıp Akyavaş)는 아침에 일어나자마자 커피를 후루룩 마시지 않으면 깰 수 없는 애호가들을 알고 있다고 주장하면서, 그들의 마음은 커피 없이는 작동하지 않는다고 덧붙인다. 당신이 그들에게 무엇을 제공하든 그들은 커피에 집착하고, 항상 뭔가 빠진 것처럼 느낀다. 라그프 아키아바쉬(Ragıp Akyavaş)는 커피 애호가이기도 했다. 그가 루마니아에서 총격전을 벌이고 있을 때에도 그의 보좌관은 커피를 준비했고, 한 손에는 핀잔을, 다른 한 손에는 제즈베를 들고 구출하러 왔다.98)

---

97) (1 Malik Aksel, İstanbul'un Ortası, p. 191.)
98) A. Ragıp Akyavaş, ibid, p. 279.

에르쥐멘드 에크렘 탈루(Ercümend Ekrem Talû)는 오래된 저택에서 '파샤 에펜디'의 커피와 담배의 즐거움을 다음과 같이 묘사한다:

파샤 에펜디는 평소처럼 자신만의 방식을 가지고 있다. 오후에 사무실에서 저택으로 돌아오자마자, 그는 통통한 야채처럼 두꺼운 작업용 압연지에 그 훌륭한 그랑프리 담배를 말아서 끄트머리가 호박으로 된 긴 재스민 담배 파이프에 궐련 담배를 삽입하고 불을 붙인다.

- 아가씨! 내 커피가 준비됐나요?

고수(coriander)나 카르다몸(cardamom)으로 맛을 낸 크고 가장자리가 넓은 비엔나 컵에 담긴 커피를 탐욕스럽게 몇 모금 들이마신 후, 그는 안도의 한숨을 내쉰다. 아, 이 즐거움!

이제 그의 정신이 맑아졌을까? 그렇고 말고요. 대화를 시작하세요.[99]

휘세이인 라흐미 귀르프나르(Hüseyin Rahmi Gürpınar)의 소설에는 담배를 피우며 사발만큼 큰 컵으로 거품이 가득한 커피를 후루룩 마시기 전에는 머리가 맑아질 수 없는 노년의 커피 애호가들이 아름답게 묘사되어 있다. 제헨넴리크(Cehennemlik)의 헤킴 세나이 에펜디(Hekim Senai Efendi)도 그런 캐릭터 중 하나다. 소설의 한 장면에서, 건강염려증 환자 하산 페루흐 에펜디(Hasan Ferruh Efendi)의 하인들이 이 노인을 깨지기 쉬운 물건처럼 안고 조심스럽게 그를 들어 안락의자에 내려놓는다. 세나이 에펜디는 잠시 휴식을 취한 뒤 안경알의 반짝이는 렌즈 뒤로 사라지는 눈을 들어 명령을 기다리는 하인들에게 말을 건넨 뒤 약하고 단호한(staccato) 목소리로 말한다. "물 한 잔... 그리고 내 커피!" 그는 재빨리, "내 커피는 사향이 섞일 것이지만, 끓인(matbuh) 것이지 주입(menku)하는 것이 아니야!"라고 덧붙인다. 하인들은 서둘러 커피를 가져

---

99) Ercümend Ekrem Talû, Gecmiş Zaman Olur ki (ed. A. Karaca), Hece Yayınları, İstanbul 2005, p. 72.

온다. 자기 방에 혼자 있는 세나이 에펜디는 혼잣말로 이렇게 중얼거린다. "요리 기술이 의학만큼 퇴보했어. 그 오래된 저택들은 어디에 있는가? 전직 하인들은? 커피를 만드는 고대의 방법은? 요즘은 커피 대신 맛도 없고 풍미도 없는 검은 밤 주스(chestnut juice)를 가져온단 말이야."

이 말을 전한 휘세이인 라흐미는 "담배와 코담배 중독자인 헤킴 세나이 에펜디는 90세의 나이에도 불구하고 매우 지친 인내심을 가지고 있다. 그의 눈에는 안개가 가득하고 청각과 촉각이 작동하지 않지만, 이 세 가지 쾌감을 유발하는 물질의 자극적인 효과가 나타날 때까지 그의 졸음은 사라지지 않는다"고 덧붙였다.100) 세나이 에펜디가 만족스럽지 않은 옅은 색의 커피를 밤 주스에 비유하는 것은 흥미롭다. 이 은유는 휘세이인 라흐미의 다른 소설에서도 나타난다. 예를 들어, 우리는 잔 파자르(Can Pazarı)에서 다음과 같은 문장을 접하게 된다: '바바(Baba, 흔히 나이 많은 남자에게 존경을 표하는 호칭으로)', 달콤한 커피 두 잔 만들어 주세요. 우리는 피곤합니다; 밤 주스 같지 않게 해주세요."101)

진지한 커피 애호가인 레픽 할리드 카라이(Refik Halid Karay)의 소설, 『소눈주 카데흐(Sonuncu Kadeh)』에 나오는 여성 주인공, 마크불레 하늠(Makbule Hanım)의 커피의 즐거움을 상기해볼 가치가 있다.102) 그녀는 커피를 즐기기 위해 항상 구리 화로에 숯불을 피우고 레몬 껍질로 빛이 나도록 닦는다. 그녀는 커피를 원할 때마다 화로를 살짝 비비며 딱딱 소리를 내며 선반에서 트레이를 움켜쥔다. 위아래가 깨끗한 천 조각으로 덮인 트레이에는 커피, 설탕, 포트 및 컵이 항상 준비되어 있다. 그래도 컵을 다시 한 번 헹구고 이 용도로만 사용하는 행주로 말리면서

---

100) Huseyin Rahmi Gurpınar, *Cehennemlik*, Atlas Kitabevi, İstanbul 1966, pp. 52-53.
101) Huseyin Rahmi Gurpınar, *Can Pazarı*, Atlas Kitabevi, İstanbul 1968, p. 70.
102) 매일 아침 6시에 일어나 "반짝이는 터키식 딜라이트"을 한 개 먹고 커피를 내린다. Refik Halid Karay가 숙취가 아니거나 무엇을 쓸지 결정했다면 그는 책상에 앉아 일을 하고 오전 11시에 두 번째 커피를 마신 후; 그는 정오까지 계속 쓸 것이다. See Necmi Onur, "Refik Halid Pullu Lokum Yapıyor", *Hafta*, no. 35, 2 September 1955, p. 6.

마크불레 하늠(Makbule Hanım)은, 비록 중간불은 아니지만, 제즈베를 화로에 올려놓는다. 레픽 할리드 카라이(Refik Halid Karay)의 나머지 이야기를 들어보자:

그녀는 컵의 차가움을 없애기 위해 소량의 덥히는 물을 컵에 넣는 것을 결코 잊지 않는다. 그녀는 물을 따르지만, 컵에 뜨거운 물을 조금 더 추가한다. 커피가 거품을 내기 시작하면, 그 물을 포트에 다시 넣어 끓인다. 오늘날 누가 이 의식에 인내심을 가질 수 있을까? 그러나 세상에 좌절한 제미트(Cemit)는 옆자리에 앉아 대부분의 아침마다 그녀가 커피를 만드는 것을 매우 즐겁게 지켜본다.103)

압뒬하크 쉬나시 히사르(Abdulhak Şinasi Hisar)의 소설 『파힘 베이 베 비즈(Fahim Bey ve Biz)』에서 파힘 베이의 아내 사페트 하늠(Saffet Hanım)의 가장 큰 즐거움은 자신을 따뜻하게 해주는 화로 위에서 연속적으로 만드는 커피와 함께 담배를 피우는 것이다. 그녀는 남편이 선물로 새로운 종류의 커피, 다른 컵이나 포트를 가져다주는 날이 가장 행복하다.104)

커피가 떨어지면 세나이 에펜디, 마크불레 하늠, 사페트 하늠과 같이 오직 예멘 커피만 마시는 애호가를 멀리해야 한다. 유명한 튀르키예 언론인은 그의 회고록에서, 자기는 커피 애호가가 아니기 때문에 커피가 부족한 동안 고통을 겪지 않는다고 쓰고 있다. 커피가 병아리콩과 보리의 기이한 혼합물이 된 시기를 되돌아보며, 그는 커피 애호가인 친구 이제트를 언급한다. 모닝커피를 마시기 전에 약이 오른 칸르자르 이제트 베이(Kanlıcalı İzzet Bey)는 집에 커피가 없다는 말을 듣고는 격노하여, 커피를 찾으려고 이스탄불을 뒤집어 놓았다. 어느 날 사라초올루(Saraçoğlu)가 부탁했을 때, "선생님, 이스탄불에서 가짜 커피는 더 이상

---

103) Refik Halid Karay, *Sonuncu Kadeh*, İnkıl? ve Aka Kitabevi, İstanbul 1965, p. 60.
104) Abdulhak Şinasi Hisar, *Fahim Bey ve Biz*, Varlık Yayınları, İstanbul 1966, pp. 93, 95.

찾을 수 없습니다. 대신 코코아나 잘 우려낸 홍차 한 잔을 하지 않겠습니까?" 이제트 베이는 눈을 크게 뜨고 짜증스러운 목소리로 대답했다. "내 친구여, 세상에, 사향으로 잘 만든 거품이 이는 튀르키에 커피 한 잔을 대체할 수 있는 것은 없단 말일세! 진정한 애호가들은 이것을 잘 알고 있으니, 제발 말도 안되는 소리 좀 그만하게!"105)

Mustafa Kemal Pasha는 커피 애호가였다. 이 사진에서 그는 아내 Latife Hanım, Kazım Karabekir Pasha 및 기타 사령관과 함께 커피를 마시고 있다.

레피크 할리드(Refik Halid)와 같은 커피 애호가 겸 소설가인 페야미 사파(Peyami Safa)는 커피와 담배를 매우 좋아했고, 기분이 좋을 때마다 친구들에게 "자, 커피 한 잔 하자!"하고 말했다고 알려져 있다. 자히트 스트크 타란즈(Cahit Sıtkı Tarancı)의 오랜 친구 페야미 사파(Peyami Safa)는 다음과 같은 구절을 말했다:

Ya kahvesini içtiğimdost

---

105) Ahmed Cemaleddin Saraçoğlu, *Eski İstanbul'dan Hatıralar* (ed. İsmail Dervişoğlu), Kitabevi Yayınları, İstanbul 2005, pp. 233-235.

Hepsinin hakkı yok mu bende

*(오, 커피를 마시고 친해진 친구들
내가 그들 모두에게 빚진 것이 아닌가?)*

그는 1937년 유럽 여행 중 커피 부족으로 상당한 고통을 겪었다. 부유크 아브루파 안케티(Buyuk Avrupa Anketi)에서 그가 투숙한 파리 호텔에 새로 도착한 튀르키예 여성이 자신에게 제공한 튀르키예 커피에 관해 그가 쓴 노트는 커피에 대한 열정을 드러낼 뿐만 아니라 다른 애호가들을 대변한다. 텍스트는 커피 자체만큼 농축되어 있다:

Mustafa Kemal Ataturk는 İsmet Pasha를 만나 커피를 마시고 있다

내가 지금 2주 동안 동경해 온 튀르키예식 커피 향기 속에는 내 삶에서 빠진 모든 맛을 완성해주는 맛의 기적이 담겨 있다. 신문, 조사, 우파, 좌파, 혁명, 정치, 사회, 영성, 문학 등 스페인, 프랑스, 또는 아홉 번째 천국과 우주의 상태와 조건. 그리고 나의 모든 여행 피로와 세상에 대한 걱정을 쓸어버리는 기적. 아주 맛있는 커피 한 방울, 내 혀와 입천장 사이에 퍼지는 내 고향의 정수, 뜨겁고 씁쓸하고 떫으면서도 숭고한 맛은 신선한 공기를 가져다주고, 내 뇌의 수축된 모든 세포를 희석시켜 걱정이나 피로의 흔적을 남기지 않고 내 신경을 진정시킨다.106)

페야미 사파에 대해 이야기할 때, 그의 소설 『얄느즈즈(Yalnızız, 우리는 혼자다)』에서 거품이 없는 커피에 대한 대화를 상기하는 것이 중요하다. 소설에서 페르하트(Ferhat)는 자신의 여동생 메랄(Meral)과 심한 갈등을 겪고 있는데 어느 날 저녁 일찍 집에 돌아온다. 그녀가 아직 집에 오지 않았다는 것을 알고 그는 화가 나서 하녀 에미네(Emine)에게 커피한 잔을 달라고 한다:

페르하트는 커피를 마시기 위해 손을 내밀다 멈추었다:

- "이게 뭐야?" "이게 무슨 커피야? 거품이 일지 않고 새까맣잖아" 라고 그가 말했다.

- "제가 다시 만들게요."

- "필요 없어. 그냥 줘."

페르하트는 컵을 가져가면서 그의 손과 접시에 커피를 조금 쏟았다. 그는 욕설을 퍼부었다. 에미네는 그의 눈치를 보며 물었다:

- "어린 주인님, 그 편지 때문에 속상하신가요?"

피아노 위에 커피컵을 놓으며, 페르하트는 담배에 불을 붙이고 소리쳤다:

---

106) Peyami Safa, *Buyuk Avrupa Anketi*, Kanaat Kitabevi, İstanbul 1938, p. 89.

- 나는 편지, 셸민, 메랄, 너, 이것, 저것, 커피, 나, 운명, 우주, 모든 것에 화가 난다. 이 집은 문제가 있어. 세상이 문제야.[107]

튀르키예식 커피하면 가장 먼저 떠오르는 것은 맨 위에 쌓이는 거품이다. 영향력 있는 손님의 커피는 거품이 많이 나도록 세심하게 준비한다. 미드하트 제말 쿤타이(Midhat Cemal Kuntay)의 소설 『위츠 이스탄불(Üç İstanbul)』에서 하즈 카이야(Hacu Kahya)는 주인공 아드난(Adnan)의 조상에 대한 정보를 얻고자 하는 위대한 학자 알리 에미리 에펜디(Ali Emiri Efendi)를 위해 준비하는 커피에 여분의 거품을 더하기 위해 많은 노력을 기울인다. 그러나 아드난의 이름을 듣자마자 에미리 에펜디는 짜증을 내고 커피 찌꺼기를 마시지 않는다.[108]

커피를 만들 때는 아주 조심해야 한다. 왜냐하면 잠시 주의가 산만해지면 포트가 넘치고 거품이 사라질 수 있기 때문이다. 남편이나 손님을 위해 커피를 끓이는 태도에 세심한 주부들이 신경을 쓰는 것도 바로 이 때문이다. 할리데 에디프 아드바르(Halide Edip Adıvar)의 소설 『세비예 탈리브(Seviye Talib)』의 짧은 구절에는 튀르키예의 커피 탐닉과 문화에 대한 훌륭한 단서가 포함되어 있다:

좀 더 앞에 있는 화로 옆에 마지데(Macide)는 흰 잠옷 차림으로 앉아, 흠잡을 데 없는 식탁보가 깔린 커피 세트에서 무언가를 천천히 탐욕스럽게 꺼내 두껍게 땋은 머리 아래로 감긴 머리에서 흘러내리는 작은 곱슬머리를 뒤로 밀어 넣으면서 좀 더 앞으로 가져간다. 하지만, 그러는 내내, 그녀의 집중력은 포트에 있는 커피가 끓어 넘치지 않도록 하는 데 집중했다...[109]

같은 작가의 소설 『한단(Handan)』의 등장인물인 사비레 하늠(Sabire

---

107) Peyami Safa, *Yalnızız*, Otuken Neşriyat, İstanbul 1976, pp. 295-296.
108) 13 Midhat Cemal Kuntay, *ibid.*, p. 172.
109) Halide Edip Adıvar, *Seviye Talib*, İstanbul 1342, p. 10.

Hanım)도 마찬가지이다; 그녀는 남편을 위해 거품이 풍부한 커피를 준비하면서 가능한 한 많은 주의를 기울인다. 남편의 가장 큰 즐거움은 침대에서 그녀가 만든 커피 두 잔을 마시는 것이기 때문이다.[110]

커피 애호가들은 거품이 없는 커피에는 눈길도 주지 않고, 갈라진 거품을 비웃으며, 페르하트(Ferhat)처럼 기분이 나쁘면 거품과 그들의 불행을 연관시킨다. 프랑스인들이 카페 아 라 술탄(Café à la Sultane)이라고 부르는 거품이 풍부한 튀르키예식 커피를 만들기 위해서는 기술과 경험이 필요하다. 이를 위해서는 가능한 한 구리 제즈베를 선택해야 한다. 제즈베의 크기는 서빙하는 사람의 수에 따라 선택해야 한다. 큰 제즈베에서 커피 한 잔을 만들면 거품을 내기 어려울 수 있다. 컵으로 측정한 물은 차갑고, 석회질이 없고, 염소가 없어야 하며, 가능하면 미리 끓여서 식힌 것이어야 한다. 커피 한 컵당 두 티스푼 분량의 설탕이 추가된다; 원하는 단맛의 수준에 따라 충분한 설탕이 추가된다. 이 혼합물은 제즈베를 불 위에 놓기 전에 나무 숟가락으로 잘 저어준다; 처음에는 약한 불에서 천천히 끓인다. 커피를 센 불에서 급하게 끓이면 맛이 많이 떨어진다. 다음 단계는 첫 번째 끓일 때 생긴 거품을 분배하고, 다시 불 위에 올려놓고 두 번째로 끓인 다음 컵을 완전히 채우는 것이다. 그리하여 커피의 에센스와 주스가 물과 섞이고 커피 찌꺼기가 컵 바닥에 고착되어 흑맥주 색상의 맛있고 향기로운 블렌드(blend)가 된다.

---

110) Halide Edip Adıvar, *Handan*, İstanbul 1342, pp. 69-70.

물론 커피를 만드는 다양한 방법이 있을 수 있다; 그러나 앞에서 언급한 방법이 가장 일반적인 방법이다. 안타깝게도 오늘날에는 튀르키예식 커피는 튀르키예에서 4가지 다른 방법으로만 준비된다. 즉, 일반적인 맛, 약간의 설탕을 첨가한 맛, 중간 정도의 설탕을 첨가한 맛 또는 단맛이다. 그러나 예전에는 미식가인 커피 애호가들이 커피에 대한 특별한 관리를 요구했고 커피의 양, 열의 정도, 끓이는 시간에 대해 호들갑을 떨었다. 엘리아스 페트로풀로스(Elias Petropoulos)는 그리스에서 튀르키예식 커피를 마시는 46가지 방법을 확인했다. 여기에는 다음과 같은 것이 포함된다: *보통 강함(plain strong), 보통 끓임(plain boiled), 보통 연함(plain light), 보통 연한듯함(plain light-ish), 보통 반쯤 끓임(plain half boiled), 보통 반쯤 강함(plain semi-strong), 플레인 라이트 세미(plain light semi), 플레인 라이티시 세미(plain light-ish semi), 소량 설탕 첨가 강함(strong with little sugar), 소량 설탕 넣어 끓임(boiled with little sugar), 소량 설탕 넣은 연함(light with little sugar), 중간량 설탕 넣은 강함(strong with medium sugar), 중간량 설탕 넣어 끓임(boiled with medium sugar), 미디엄 라이트(medium light), 혹은 미디엄 하프 -보일드(medium half-boiled).*[111)

엘리아스 페트로풀로스(Elias Petropoulos)는 그의 목록을 과장했을 수도 있지만, 튀르키예의 커피 마시는 전통은 일반적인 것, 설탕이 적게 들어간 것, 설탕이 중간 정도 들어간 것, 설탕이 많이 들어간 것으로 한정한다 해도 그리 나쁘지는 않다고 알려져 있다. 위에서 우리가 말리크 악셀(Malik Aksel)과 후세이인 라흐미 구르프나르(Huseyin Rahmi Gurpınar)를 근거로 설명한 것은 커피를 마시는 다양한 방법이 오늘날 우리가 알고 있는 것보다 더 다양하다는 것을 보여준다. 커피를 제공하는 방식은 에티켓과 세련됨을 요구한다. 세심한 주부들과 커피하우

---

111) Elias Petropoulos, *Yunanistan'da Turk Kahvesi* (trans. Herkul Milas), İletişim Yayınları, İstanbul 1995, pp. 16-17.

스 주인들은 커피의 열기를 보존하기 위해 뜨거운 물로 컵을 헹군다. 입에서 다른 맛을 제거하기 위해 커피를 마시기 전에 몇 모금의 물을 마셔야 하는데, 이때문에 커피는 항상 반 컵의 물과 함께 제공된다. 나중에 물을 마시는 것은 커피를 즐기지 않는다는 신호이므로 무례하게 여겨진다.

이스탄불의 커피하우스를 설명하면서 피에르 쥘 테오필 고티에 (Pierre Jules Théophile Gautier; 1811년 8월 30일 – 1872년 10월 23일; 프랑스의 소설가, 저널리스트, 극작가, 극작가, 극작가, 그리고 예술과 문학 비평가)는 독자들에게 튀르키예인은 물을 먼저 마시고 프랑스인은 나중에 마신다는 사실을 상기시킨다. 동방 언어를 유창하게 구사하고 이슬람 복장 때문에 현지인으로 받아들여질 것이라고 생각한 유럽인이 느낀 놀라움을 묘사한다. 그 유럽인이 자신을 '유럽인'이라고 부르는 베두인에게 어떻게 알아차렸는지 물었을 때 그는 다음과 같은 대답을 얻었다. "당신이 물을 마신 후 커피를 마셨기 때문입니다!"112)

커피컵 옆에 튀르키예식 딜라이트(lokum, 로쿰) 한 조각을 놓는 것이 전통적이다. 비록 어떤 사람들은 커피를 후루룩 마셔야만 커피의 맛을 즐길 수 있다고 주장하지만, 이 소리는 다른 사람들에게 불쾌감을 줄 수 있다는 것을 기억해야 한다. 예를 들어, 유명한 비평가이자 작가인 누룰라흐 아타즈(Nurullah Atac)는 종종 그의 삼촌의 방문에 불편함을 느꼈다. 왜냐하면, 그 가난한 남자가 컵을 입술에 갖다 대지 않고 거의 한 시간 동안 큰 소리로 커피를 후루룩 후루룩하고 들이마셨고, 이것이 그의 조카를 얼마나 당황하게 하는지를 알지 못했기 때문이다.113)

튀르키예 식탁에서는 커피가 식사를 장식한다; 멋진 식사 후에 잘 만들어진 튀르키예 커피 한 잔을 거절하거나 커피가 늦을 때 초조해하

---

112) Theophile Gautier, *İstanbul* (trans. Celik Gulersoy), İstanbul 1971, p. 121.
113) 18 Meral Tolluoğlu, *Babam Nurullah Atac*, ?ğdaş Yayınları, İstanbul 1980, p. 58.

지 않는 튀르키예인은 거의 없다. 압뒬하크 쉬나시 히사르의 소설 『잠르자다키 에니슈테미즈(Camlıca'daki Eniştemiz)』의 주인공인 에니슈테 베이(삼촌)는 자신의 커피가 몇 분 지연되자 웨이터를 다음과 같이 꾸짖는다: "커피는 어디에 있느냐? 한 시간이나 기다렸는데 아직도 안 나왔어! 아니, 너무 지나쳤어! 당장 네 머리를 쪼개버릴 거야! 알고 있지!"114)

생생한 연회 장면은 할리드 지야 우샤클르길(Halid Ziya Uşaklıgil)의 소설 『마이 베 시야흐(Mai ve Siyah, 파란색과 검은색)』의 첫머리에 나온다: 테페바슈 가든에서 주인 후세이인 바하 베이(Huseyin Baha Bey)가 그의 신문 미라트-으 슈운(Mir'at-ı Şuun) 10주년을 기념하기 위해 준비한 연회의 끝이다. 만찬이 끝난 뒤 식탁의 처참한 모습을 자세히 묘사한 이 장면은 7명의 손님 중 한 명인 알리 셰킵(Ali Şekip)이 "커피! 우리 커피 안 마실래요? 커피!"라고 소리를 친다. 문득 손님들은 무언가가 빠졌다는 것을 깨닫고, 그 무엇인가를 기다리고 있기 때문에 여전히 그곳에 있다는 것을 깨닫는다. 그래서 그들은 알리 셰킵과 함께 노래를 부르기 시작한다: "커피!.. 커피!.."

그러자 휘세이인 바하 에펜디(Hüseyin Baha Efendi)가 멀리서 커피를 들고 오는 웨이터를 가리키지만, 젊은 작가들은 진정할 생각이 없다. 그들은 웨이터가 테이블에 도착할 때까지 발을 구르고 몸짓을 하며 같은 말을 반복한다.

"커피!... 커피!"115)

114) Abdulhak Şinasi Hisar, *Camlıca'daki Eniştemiz*, Varlık Yayınları, İstanbul 1967, p. 151.
115) Halid Ziya Uşaklıgil *Mai ve Siyah*, Ozgur Yayınları, İstanbul 2001, p. 17.

XII. 화로와 애쉬 커피

마크불레(Makbule)와 사페트 하늠(Saffet Hanım)의 커피스토브에 대한 즐거움은 사실 튀르키예인들 사이에 꽤 널리 퍼져 있었다. 손님이 오거나 마음이 커피를 원할 때마다, 제즈베가 화로의 뜨거운 재 위에 놓였다. 고대인들은 특히 겨울철에 화로의 즐거움을 충분히 얻을 수 있는 이유를 유쾌하게 설명한다. 이 즐거움은 익명의 시인의 다음 구절에 요약되어 있다:

Mangal kenarı kış gununun lalezarıdır
(겨울날의 화로 옆은 장미 정원)

이스탄불에서 뗄 수 없는 삶의 즐거움으로서의 스토브는 네집 파즐(Necip Fâzıl)의 시 『자늠 이스탄불(Canım İstanbul)』의 다음 구절에서 가장 아름답게 표현된다:

Boğaz gümüş bir mangal, kaynatır serinliği
(보스포러스는 차가운 공기를 끓이는 은색 스토브)

Seyayar Kahveci (모바일 커피숍)
No. 124 *Cafédji turc.*

나즘 히크메트(Nâzım Hikmet)는 그의 시 중 하나에서 이스탄불의 판금 화로가 어떻게 그들의 재에서 깨어나는지를 묘사한다:

Koparmış ipini eski kayıklar gibi yüzer
kışın, sabaha karşı rüzgârda tahta cumbalar
ve bir saç mangalın küllerinde
uyanır uykudan büyük İstanbul'um.

(밧줄이 끊어진 낡은 배처럼
겨울 새벽의 바람에 떠다니고
금속 화로의 재 위에서
나의 위대한 이스탄불은 잠에서 깨어난다)

튀르키예 시에 익숙한 독자는 아마도 나즘 히크메트(Nâzım Hikmet)의 구절을 듣고 메흐메트 아키프(Mehmet Âkif)의 시『세이피 바바(Seyfi Baba)』의 구절로 다음과 같이 대답할 것이다:

Üşüyorsan eşiver mangalı, eş, eş de ısın

(추우면 화로를 쿡 찌르세요; 따뜻하게 유지할 수 있도록 쿡 찌르세요)

집게로 화로의 재를 찌르는 것은 옛 이스탄불에서 겨울 동안 일상 생활의 일상적인 취미 중 하나였다. 마크불레 하늠(Makbule Hanım)이 겨울날 잠에서 깼다고 상상해 보세요; 그녀가 가장 먼저 할 일 중 하나는 화로를 쿡쿡 쑤셔 따뜻하게 유지하고, 재가 다 탔을 때 부채질을 하고, 아침 식사(kahve altı(카흐베 알트)는 튀르키예 문화에는 아침 식사 후에 커피를 마시는 풍습이 있기 때문에 커피를 마시기 전에 먹는다는 의미의 커피라는 단어에서 만들어진 단어)와 같은 것을 한 입 먹은 후, 뜨거운 재 위에 그녀

의 제즈베(cezve)를 올려 놓는 것이다. 그녀의 회고록에서, 외할아버지
가 술탄 메흐메드 레샤드 5세의 카흐베지바슈(kahvecibaşı)였던 할라이
드 에디프 아드바르(Halide Edip Adıvar)는 자신이 어린 시절을 보냈던
'등나무가 있는 집'에서 어떻게 화로 앞에 모였는지, 유명한 가족 구성
원인 하브바 하늠(Havva Hanım)이 담배를 입에 물고 어떻게 화로 위에
서 커피를 만들었는지, 자신이 커피를 접시에 붓고 할리데 에디프
(Halide Edip)에게 어떻게 고양이처럼 핥게 만들었는지에 대해 자세하게
이야기한다.116) 휘세이인 라흐미 귀르프나르(Hüseyin Rahmi Gürpínar)의
소설 『굴리아바니(Gulyabani)』는 화로 위에서의 커피의 즐거움을 다음
과 같이 묘사하고 있다: "하녀들의 우두머리가 노인들이 앉아 있는 매
트리스 옆에 있는 작은 황동 화로를 끌어당겼다. 그녀는 화로 위에 제
즈베(커피 포트)를 놓고 부채질을 하기 시작했다."117)

　화로에서 천천히 만든 '애쉬 커피(퀼 카흐베시; kül kahvesi)'는 더 훌
륭한 냄새와 맛을 가지고 더 많은 거품을 낸다는 믿음이 널리 퍼져 있
다. 우리는 최근까지 특정 커피하우스에서 여전히 화로를 사용했고 따
라서 진정한 애호가들에 의해 선호되었다는 것을 알고 있다. A. 쉬헤일
윈베르(A. Süheyl Ünver)가 커피하우스에 관한 유명한 기사를 썼을 때,
하렘 피어(Harem Pier)에 있는 파샤바바 커피하우스(Paşababa
Coffeehouse)에서 화로 전통이 여전히 살아있었다. 이 커피하우스 주인
은 가스레인지에 끓인 커피는 맛이 떨어진다고 주장한다. 일부는 스토
브(stove) 위의 모래가 채워진 팬 위에 제즈베를 올려 '애쉬 커피(ash
coffee)'의 풍미를 얻으려고 시도하지만, 아무런 결과도 얻지 못한다. 애
쉬 커피의 더 좋은 맛에 대한 대중의 믿음은 너무 널리 퍼져 있어서 심
지어 민속시의 주제가 되기도 했다:

---

116) Halide Edip Adıvar, *Mor Salkımlı Ev*, Atlas Kitabevi, İstanbul 1967, p. 36.
117) Hüseyin Rahmi Gürpınar, *Gulyabani*, Hilmi Kitabevi, İstanbul 1944, p. 25.

Eriği dalda devşir
Kahveyi külde pişir
Her kahveyi içende
Beni aklına düşür
(나무에서 자두를 따고
재 위에서 커피를 만들어라
커피를 마실 때마다
나를 생각해 줘)

압뒬아지즈 베이는 한때 가정에서 난방 장치로 사용되었던 다양한 종류의 화로에 관해 자세히 설명한다. 궁궐이나 저택에서 사용되는 은과 같은 귀금속으로 만들어진 매우 예술적인 화로가 있지만, 가장 일반적으로 사용되는 종류는 구리와 황동으로 제조된다. 구리보다 내구성이 뛰어난 황동 화로에는 여러 종류가 있다. 사르(sarı, 노란색)로 알려진 종류는 황동 화로이다. 예를 들어, 다리가 짧은 육각형 화로와 에르칸 민데리 만가르(erkân minderi mangalı)라고 알려진 황동 타원형 트레이는 여성들 사이에서 매우 인기가 있었다. 마크불레 하늠이 정성껏 커피 포트를 올려놓은 작은 화로는 이런 종류의 것이었으니 안심해도 된다. 압뒬아지즈 베이(Abdülaziz Bey)에 따르면, '노란 황동' 화로의 주요 유형은 다음과 같다: 평평한 면이 있는 큰 원형의 사르 만가르(sarı mangalı; mangalı 라는 단어는 '휴대용'을 의미 하는 아랍어 manqal (منقل)에서 파생되었으며, 원래 베두인족이 추운 사막 저녁 동안 텐트를 따뜻하게 하기 위해 사용하는 휴대용 히터를 가리켰다); 중앙에 배치하기 위해 로브 가장자리가 있는 크고 두툼한 주물 쉴레이마니예 만가르(Süleymaniye mangalı); 노란 황동 판이 가장자리에 용접된 원형의 키가 큰 에디르네 망가르(Edirne mangalı); 꽃병을 닮은 로브가 있는 테살로니카산 위크세크 오르타 만가르(yüksek orta mangalı, 홀 화로); 가장자리에 과일 바구니처럼 굵은 노란 황동 철사로 장식된 뷔위크 사르 만가르(büyük sarı mangalı, 큰 노란색 황동 화로)...118)

누레딘 뤼쉬튀 빙귈(Nureddin Rüştü Büngül)의 설명에 따르면, '노란색' 황동 화로의 대부분은 쉴레이마니예(Süleymaniye)에서 제조되었다. 에스키 에세으레르 안시클로페디시(Eski Eserler Ansiklopedisi, 골동품 백과사전)에는 수많은 오래된 화로가 골동품에 포함되어 있지만, 쉴레이마니예 화로가 그중에서 가장 유명하다. 누레딘 뤼쉬튀 빙귈(Nureddin Rüştü Büngül)은 '사랑의 불로 불타는 화로'라는 구절로 시작하는 찬사가 새겨져 있는 카스타모누(Kastamonu)에서 제작된 화로의 존재에 대해 증언하고 있는데, 문제의 화로가 제작 기술이 좋지 않다는 것을 인정한다.

압뒬아지즈 베이는 또한 다른 종류의 화로도 언급한다.119) 화분을 닮은, 둥근 바닥과 내부에 팬이 있는 구리 챔버 화로(copper oda mangalı); 아래쪽 몸체는 황동으로 만들어졌으며 내부에 화덕이 있는 짧은 구리 화로(kısa bakır mangalı); 여름철에 담배 파이프에 불을 붙일 수 있도록 설계된 작은 황동 화로(küçük sarı mangalı); 호두나무 가장자리, 짧은 발, 내부에 황동 또는 구리 프라이팬이 있는 에디르네 만가르(Edirne mangalı); 포트를 놓기 위해 맨 위에 철망이 있는 긴 금속판 식사용 화로(metal sheet yemek mangalı); 시트 플레이트로 덮힌 뒷부분과 삼각대 세트를 갖춘 구리 커피메이커의 화로(copper kahveci mangalı)··· 압뒬아지즈 베이(Abdülaziz Bey)에 따르면, 큰 저택의 넓고 높은 천장의 방에서 사용되는 황동 화로의 팬(pan)은 더 많은 불을 수용하기 위해 더 큰 크기로 생산되었다. 이 화로 팬은 가장자리에 4개의 고리가 있었는데, 숯을 화로 위에 놓은 후, 4개의 놋쇠 쇠사슬의 갈고리가 이 고리를 통해 미끄러지고, 막대가 위쪽 고리에 끼워진다. 숯으로 가득 찬 팬(pan)

---

118) Abdülaziz Bey, *ibid.*, p. 213.
119) Nureddin Rüştü Büngül, *ibid.*, pp. 160-162.

을 두 명의 수행원이 어깨에 메고 화로가 놓여 있는 방으로 가져간다.[120]

위스다퀴르(Üsküdar)의 옛 이스탄불 저택에서 어린 시절을 보낸 아흐메트 위크셀 외젬레 박사/교수(Prof. Dr. Ahmet Yüksel Özemre)는 그의 저서 『하스레티니 체크티임 위스퀴다르(Hasretini Çektiğim Üsküdar)』에서 화로를 다음과 같이 묘사한다:

또 다른 난방 장치는 화로였다. 그것은 황동이나 구리로 만들어졌다. 화로는 저택형 화로(konak mangalı, 코나크 만가르), 쉴레이마니예 화로(Süleymaniye brazier), 테살로니카(Selanik, 셀라니크) 또는 마나스트르 화로(Manastır brazier), 부르사 화로(Bursa brazier), 시이르트 화로(Siirt brazier) 등 7가지 유형으로 구성된다. 그것들은 각각 높이, 장식, 그리고 그것들을 나타내는 특징이 되는 부분의 수로 서로 구별되었다. 가장 화려한 화로는 쉴레이마니예 지역에서 생산되었기 때문에 쉴레이마니예 만가르(Süleymaniye mangalı)로 알려져 있다.[121]

주목해야 할 점은 궁궐과 저택에 커피 스토브가 있었기 때문에 가정과 커피하우스에서 커피를 만드는 데 주로 화로가 사용됐다는 점이다. 화로 위에서 숯을 태우는 것은 너무 힘들고, 주어진 장소에서 커피를 만들기 위해 화로를 찾는 것 또한 상당히 어렵다는 것을 기억해야 한다. 따라서, 카미네토(kamineto)로 알려진 스피릿 스토브(spirit stove, 알코올과 같은 휘발성 액체 연료를 태우는 스토브)는 전통적으로 커피 애호가들 사이에서 꽤 인기가 있었다. 그것을 통해 애쉬 커피의 독특한 맛은 낼 수 없을지 모르지만, 어디에서나 그리고 어떤 장소에서든 이 휴대용 스토브로 커피를 만드는 것이 가능하다. 아흐메트 함디 탄프나르(Ahmet Hamdi Tanpınar)는 『베쉬 셰히스(Beş Şehir)』라는 제목의 그의 작품에서

---

120) Abdülaziz Bey, *ibid.*, p. 213.
121) Ahmet Yüksel Özemre, *Hasretini Çektiğim Üsküdar*, Kubbealtı Neşriyatı, İstanbul 2007, p. 104.

오래된 이스탄불 화재에 대해 언급하면서, 화재를 구경하는 데 열심인 이스탄불 사람들이 화재 현장으로 가미네토를 가지고 가서 이 불행한 사건을 목격하면서 스스로 커피를 만들곤 했다고 말한다.122)

휴대용 커피 스토브에 관한 또 다른 짧은 이야기가 있다. 술탄 압뒬 아지즈(Sultan Abdülaziz)가 이집트를 여행하는 동안 동행한 외메르 파이즈 에펜디(Ömer Faiz Efendi)는 술탄이 커피 애호가였기 때문에 스토브를 비롯한 커피 세트를 가지고 다녔다. 어느 날 배를 타고 가다가 술탄은 스토브가 타는 것을 보았고 불을 두려워하여 즉시 불을 껐다. 재치 있고 순발력 있는 말솜씨로 이름난 외메르 파이즈 에펜디(Ömer Faiz Efendi)는 다음과 같이 말했다. "맙소사! 그의 아버지는 '예니체리 화로'를 없애버렸고, 이제 그는 우리의 커피 화로에도 똑같은 짓을 했습니다!"123)

---

122) Ahmet Hamdi Tanpınar, *Beş Şehir*, MEB 1000 Temel Eser, İstanbul 1969, p. 199.
123) A. Süheyl Ünver, *ibid.*, p. 75. 화로와 화로 문화에 대한 자세한 내용은 Münevver Alp 참조, "Eski İstanbul Evlerinde Isıtma", *Türk Folklor Araştırmaları Dergisi*, no. 175, February 1964; Gündağ Kayaoğlu, "Mangallar I", *Antika*, no. 7, October 1985, pp. 14-21; "Mangallar II", *Antika*, no. 8, November 1985, pp. 19-23.

XIII. 커피 부족

앞서 언급한 커피 애호가들이 커피가 없는 상황에서 겪는 큰 슬픔을 상상해 보라. 튀르키예 커피의 역사는 애호가들이 커피 금지뿐만 아니라 부족함도 겪었던 '쓴 역사'이다. 때때로 흔적도 없이 사라져 폭리와 사기에 길을 내주는 커피는 언제나 가치 있는 상품이었다. 앞에서 언급한 수수께끼에는 '신사를 위한 대접(beyler aşı)'이라는 문구가 포함되어 커피가 모든 사람을 위한 것이 아님을 나타낸다. 카라자올란(Karacaoğlan)은 자유 형식의 민요(koşma)에서 '아가스(agas, 아아들)'와 '베그스(begs, 가난한 사람들)'가 커피를 마신다고 말한다.[124]

품귀현상이 일어나 가격이 천정부지로 치솟자 당황한 커피 애호가들은 순수한 커피를 찾기 위해 닥치는 대로 문을 두드렸고, 커피를 찾지 못했을 때 병아리콩 블렌드를 마시기보다 마음을 굳게 먹고 커피를

---

124) *Ağalar, beyler içerler (아아, 신사, 술) Kahve de kara değil mi?* (아아들과 가난한 사람들이 그것을 마신다. /커피는 역시 블랙 아닌가요?)

끊었다. 그런 시기에 값싼 병아리콩 커피가 곧바로 시장에 나온 것으로 알려졌다. 18세기 초, 일부 애호가들이 커피 부족으로 절망에 빠져 병아리콩 커피를 마시기 시작했을 때, 오스만자데 타이브(Osmanzade Tâib)의 다음과 같은 커플렛(couplet, 2행 연구로 쓰인 시)이 입에서 입으로 퍼져나갔다:

Olalı kahve-i Rûmî nümâyân

Nohudî-meşreb oldu cümle yârân

(아나톨리아 커피가 나타나자마자

우리 친구들은 모두 병아리콩 커피를 마시기 시작했어)

이 커플렛은 그 당시 병아리콩 커피가 '카흐베-이 루미(Kahve-i Rûmî)' 또는 '아나톨리아 커피(Anatolian coffee)'로 언급되었다는 것을 보여준다. 당시의 또 다른 시인은 예멘 커피가 '시간처럼' 조금씩 팔리고 있으며, 세련된 아나톨리아 사람 중 일부가 커피 대신 병아리콩 물을 마시기 시작했다고 불평하며 바싼 가격에 항의했다.125) 커피하우스 주인들은 커피가 부족할 때 커피찌꺼기를 말려서 재사용했는데, 이는 자브자브(cavcav)라 하는 것으로 알려졌다.126) 기록에 따르면 어떤 허름한 커피하우스에서는 커피가 부족하지 않을 때에도 자브자브(cavcav)를 제공했고, 인색한 주부들은 손님들에게 자브자브(cavcav)를 제공했다고 한다.

---

125) A. Süheyl Ünver, *ibid.*, p. 49.
126) 이것이 Karagöz가 Hacivat를 "Hacı Cavcav"라고 부르는 방식과 관련이 있는지는 알 수 없다. Ahmet Vefik Paşa는 telve라는 단어를 다음과 같이 설명한다. 그렇지 않으면 펄프, 퇴적물 또는 잔류물로 알려져 있다. 따라서 cavcav는 커피 찌꺼기 또는 찌꺼기를 의미한다. See *Lehçe-i Osmanî I*, İstanbul 1306, p. 303.

Jean Baptiste Vanmour - Seyyar Kahveci

커피는 200년에 걸쳐 전 세계로 퍼져 나갔고 커피가 소개된 모든 국가에서 없어서는 안 될 음료가 되었다. 결과적으로 커피에 대한 수요가 급격히 증가했다; 예멘의 생산량이 이 수요를 충족시키지 못하여 커피 부족 사태가 빈번하게 발생하였고 다른 나라에서도 커피를 재배하기 위한 노력을 기울이게 되었다. 18세기 전반기에 도미니카 섬에서, 이후에 브라질에서 재배된 커피는 "카흐베-이 에프렌지(Kahve-i Efrencî, 유럽 커피)"라는 이름으로 오스만 제국의 세계에 들어오게 되었고 예멘 커피를 대체할 수는 없었지만 병아리콩 커피보다 필연적으로 선호하게 되었다. 오스만 커피 시장의 매력은 유럽 제조업체들도 대체 커피를 생산하도록 자극했다. 19세기 후반, 린스(Lins)에 있는 하인리히 프랑크 쇠네(Heinrich Franck Söhne Company, 커피 대용품 제조업체)의 커피가 세관을 통과하지 못하게 되자 이 사건은 국제적 이슈가 되었다. 결정을 취소하라는 외국 대사관의 압력에 저항할 수 없었던 탄지마트(Tanzimat) 행정부는 한 발 뒤로 물러났다. 그러나 '프랑크 카흐베시(Franck Kahvesi)' 및 '술탄 피잔(Sultan Fîcan)'으로 알려진 대체 커피 유형은 대중의 입맛을 사로잡지 못했기 때문에 수요가 없었다. 이러한 커피를 분석한 결과도 똑같이 흥미로운 결과를 얻었다. '술탄 피잔(Sultan Fîcan)' 커피는 주로 에게해 지역에서 생산된 무화과 씨앗이 포함되어 있었다.127)

제 1차 세계 대전 동안 최악의 커피 부족 현상이 발생했는데, 수입이 완전히 중단되면서 혼합(blended) 커피와 모조(imitation) 커피가 시장

---

127) For further information, see Mübahat S. Kütükoğlu, *ibid.*, pp. 45-49.

을 장악했다. 병아리콩은 모조 커피에 가장 흔하게 사용되는 물질이었다. 콩, 껍질을 벗긴 누에콩, 보리, 무화과, 심지어 견과류 껍질까지도 갈아서, 그것을 다 알고도 사들이는 사람들에게 커피로 팔았다고 한다. 커피가 부족한 몇 년 동안 차는 커피의 심각한 라이벌로 떠올랐고, 이름을 통해 '아침 식사(kahvaltı)' 메뉴에서 커피를 몰아냈다. 이전 전쟁만큼 심각하지는 않았지만, 제 2차 세계대전 기간에도 심각한 부족을 겪었고 커피는 빵처럼 배급되었다.

Coffeehouse in Kapalicarsi (Kapalicarsi의 커피하우스)

커피 부족으로 고통을 겪자, 시인이자 문헌 설명(şerh-i mütûn) 교수인 페리트 캄(Ferit Kam)은 어느 날 헤레케(Hereke)에서 이스탄불로 여행을 가서, 적은 량의 커피를 찾기 위해 집집마다 돌아다녔으나 소용이 없었다. 그가 희망을 잃고 고향으로 돌아가기로 막 결심했을 때, 그는 베야즈트(Beyazıt)에서 A. 쉬헤일 윈베르 박사(Dr. A. Süheyl Ünver)를 우연히 만나 그의 고난에 대해 설명했다. 그러자 쉬헤일 베이(Süheyl Bey) 는 나이든 교수에게 250그램의 커피 생두를 주었다. 그 생두를 선물로 받았으나 그의 집에서는 아무도 커피를 마시지 않았기 때문에 그는 사무실에 보관하고 있었다. 황홀한 마음에 페리트 캄은 젊은 의사를 위해 기도하고 커플렛을 낭송했는데, 그 중 2절은 당시 커피를 찾는 것이 거의 불가능하다는 것을 강조한다: "예멘을 정복하는 것보다 커피를 찾는 것이 더 어렵습니다."128)

커피 부족은 애호가들을 황폐화시켰을 뿐만 아니라 튀르키예 커피 문화의 쇠퇴를 촉발했다. 문제의 시기에 살았던 작가 할릴 에르도안 젠기즈(Halil Erdoğan Cengiz)에 따르면, 커피는 몇 년 동안 커피숍, 커피하우스, 그리고 커피 항아리에서 사라져 애호가들을 괴롭혔으며, 이 축복받은 물건은 귀금속과 같았다. 누군가가 커피 한 자루를 발견하는 것이 금을 발견하는 것과 같이 되는 것은 단지 시간 문제였다. 암시장에서 겨우 50그램의 커피를 조달할 수 있었던 사람들은 커피 향과 풍미가 풍기는 한, 분쇄한 보리, 병아리콩, 사탕수수 씨앗, 핵베리, 심지어 견과류 껍질까지 섞어 재고를 늘리곤 했다. 할릴 에르도안 젠기즈의 재미있는 글에서 이 '씁쓸한' 이야기를 읽는 것은 압권이다:

다 사용한 커피 찌꺼기를 말려 다음 손님들을 위해 다시 제공한다는 소문이 자자했던 특정 여성들의 집을 외면할 수 있었던 것은 여성들 간의 경쟁에서 대상을 받을 만한 성공으로 여겨졌다. 커피하우스 주인들은 그들의 단골이나 영향력 있는 손님들을 위해서는 특별한 상자에 보관해둔 거의 순수한 커피를 제공했지만, 외국인이나 다른 고객에게는 일반(또는 쓴맛), 설탕이 적게, 중간, 많이 들어간 커피라고 가장하여 커피라고 불리는 검은 물을 제공했다. 집 밖으로 한 발짝도 나가지 않는 것으로 유명한 많은 사람들이 집에서 찾을 수 없었던 커피 한 잔을 위

---

128) A. Süheyl Ünver, *ibid.*, p. 50.

해 커피하우스의 단골손님이 되었다. 수많은 커피하우스들이 커피 수요자들에게 "완판"을 했고 커피를 비축할 수 있었던 사람들은 유명해졌다. 수많은 애호가들은 커피가 없는 커피숍을 버리고 커피를 찾을 수 있는 곳으로 옮겨갈 수밖에 없었다. 일부는 친구나 지인들에게 커피 한 잔 부탁하는 것에 대한 거부감을 극복해야 했다. 점쟁이들의 사업은 침체에 빠졌다; 집을 방문했을 때 존경을 받고 "재능"이 있다고 알려진 점쟁이들은 더 이상 손님들에게 커피를 제공하지 못하게 되자 품위가 약간 떨어졌다. 반대로 읽을 근거(커피 찌꺼기)도 없고 조상들로부터 멸시받던 카페오레는 특정 지역에서 위세를 떨쳤다. 어른들과 마찬가지로 커피를 마셔야 한다고 주장하는 버릇없는 꼬맹이 녀석들의 얼굴이 검게 되지 않도록 예방차원에서 커피에 우유를 첨가하는 것이 일반적인 관례였다. 진정한 애호가에 따르면, 그러한 관례는 비애호가의 형편없는 취향이나 무르익은 노년까지 살기를 바라는 사람들의 속물 근성에서 생겨나서 한두 스푼의 커피를 넣지 않고는 우유를 마실 수 없었다고 한다. 왜냐하면 우유도 커피도 아니었다... 이것이 일부 사람들이 검쟁이와 여성형의 사람을 "카페-오레"라고 부른 이유이다. 이런 종류의 커피가 주목을 받게 된 것은 새로운 맛이나 패션이 아니라, 분명히 일반화된, 오래된 커피 부족 때문이었다. 튀르키예식 커피 한 잔으로 대여섯 잔의 카페오레를 만들었으며, 적은 양의 커피로 더 많은 사람들이 마실 수 있었고, 커피 항아리는 가득 채워져 있었다. 덧된 양말과 바지, 수선된 구두, 뒤집은 옷감과 재킷 등을 흔히 접하던 시절에 터무니없는 가격을 지불하고도 암시장에서조차 구할 수 없었으므로 커피를 제공할 수 없다는 것이 무례하거나 부적절하다고 여겨지지는 않았다. 그러나, 커피가 실제로 제공되었을 때, 그것은 큰 호응을 얻었고 매우 감사히 여겨졌다.[129]

---

129) Halil Erdoğan Cengiz, "Kahvenin Kirli Çamaşırları", *Tarih ve Toplum*, no. 101, May 1992, pp. 282-283.

1950년대에도 애호가들을 고통스럽게 했던 상당한 커피 부족현상을 목격할 수 있었다. 1956년 한 튀르키예 시민이 모조 커피를 생산한다는 뉴스와 이스라엘이 튀르키예에 모조 커피를 톤당 60파운드에 팔고 싶어 한다는 뉴스가 한동안 헤드라인을 장식했을 뿐만 아니라 대중들 사이에서 열띤 논쟁거리가 되기도 했다. 일간 예니 이스탄불(Yeni İstanbul)에 실린 『커피 문제(Kahve Problemi)』라는 제목의 기사는 제1차 세계 대전 이후 병아리콩, 견과류, 견과류 껍질, 누에콩, 도토리, 무화과 및 수박씨로 만든 유사 커피가 실패했다고 언급하며 커피 애호가들이 "진짜 커피의 품질에 이미 불만이 있었는데, 이제는 유사 커피가 나왔다!"라고 불평하기 시작했다. 그리고 튀르키예에서 커피는 커피 애호가들에게만 매력적이었던 것이 아니라 모든 사람이 손님을 맞이하는 수단으로 사용했던 것이다.[130]

이러한 비판에 힘입어 1942년 국가 독점(Tekel)에서 해제된 커피의 수입 및 판매는 1957년 튀르키예 국가보안법에 근거한 법령 번호 1088이 발표되면서 테켈(당시에는 독점 총국(İnhisarlar Umum Müdürlüğü)으로 알려짐)의 총국에 할당되었다. 이에 따라 적신월사(Kızılay, The Red Crescent Society)가 세관에서 통관한 커피를 배포하기로 결정했다.

당시 이스탄불 대학의 '문헌 해석' 부교수였던 알리 니하트 탈란(Ali Nihat Tarlan)은 1950년대의 커피 부족에 불만을 품고 있었다. 커피 없이는 살 수 없었던 탈란은 항상 그의 카미네토, 제즈베, 핀잔을 가지고 다녔다. 어느 날, 그의 노력에도 불구하고 커피를 구하지 못하자, 그는 『아타베-이 빌에트-펜히예예아르즈-할-이 만즈므(Atabe-i vil'yet-pen'hyeyearz-'hál-i manzmm)』[131]라는 제목의 청원서를 운문으로 써서 당시 이스탄불의 총독이었던 파헤틴 케림 괴카이(Fahrettin Kerim

130) Hasene Ilgaz, "Kahve Problemi", *Yeni İstanbul*, 18 October 1956.
131) Ali Nihat Tarlan, *Kuğular*, İstanbul 1970, pp. 90-91.

Gökay)에게 제출했다. 알리 니하트 베이 (Ali Nihat Bey)는 각 연 끝에 "카흐베 뤼트페트 바르사임칸네에레르 (Kahvelütfet varsaimkánneerer, 만약 당신에게 방법이 있다면 우리에게 커피를 주세요)"라는 구절이 반복되는 10개의 연으로 구성된 운문 탄원서에서 커피 부족으로 절망하고 무릎에 힘이 없으며, 한때 '아피예트(Afiyet)'와 '티리아키(Tiryaki)' 같은 커피 브랜드를 즐겼지만, 현재 시중에 나와 있는 커피 브랜드 '케이이프(Keyif)'에는 그 맛의 흔적이 전혀 없다고 불평했다. 청원은 다음과 같이 계속된다:

Kahve kuvvet kalbe, dermandır dize
Kahve ruha neşvedir, ferdir göze
Şairim ben isterim bir caize
Kahve lütfet varsa imkânın eğer
(커피는 심장에 힘을 주고, 무릎에 활력을 준다.
커피는 영혼에는 기쁨을 주고, 눈에는 빛을 준다.
나는 시인이다. 찬미의 시를 위한 선물을 원한다.
만약 당신에게 방법이 있다면 우리에게 커피를 주세요)

Kahvenin pek başka zevk u lezzeti
Meyden üstündür bunun keyfiyyeti
Anda buldum zevk u şevk u sıhhati
Kahve lütfet varsa imkânın eğer
(커피는 독특한 즐거움과 맛을 준다.
우리는 와인보다 커피를 훨씬 더 즐긴다.

커피에서 즐거움, 활력, 건강을 서둘러 찾는다.
만약 당신에게 방법이 있다면 우리에게 커피를 주세요)

　이어지는 연에서 알리 니하트 베이(Ali Nihat Bey)는 톤 단위로 커피를 제공받아야만 갈증을 해소할 수 있다고 빈정대며, 카페인 결핍으로 인해 정신이 기능을 멈췄고 우울해서 일을 할 수 없다고 덧붙였다. 자신에 대한 연민을 불러일으키려는 시도로, 그가 알고 있는 디반 시인의 직유를 언급한다: 커피의 색상 때문에 그는 커피를 생명의 물과 라일라(Layla)의 뺨에 있는 점을 숨기는 어둠의 세계에 비유한다. 그리하여 그는 영원한 생명을 찾는 알렉산더나, 라일라와 미친 듯이 사랑에 빠지는 카이스(Qays는 전설적인 아랍 시인인 동시에 연인의 이름이다. 그는 이름이 라일라인 여자에 대한 열렬한 사랑으로 유명하며, 이는 아랍 문학에서 많은 로맨틱한 시와 이야기의 주제가 되었다. Qays의 라일라에 대한 깊은 사랑은 다양한 장애와 사회적인 비난에도 불구하고, 그를 로맨틱한 헌신의 상징으로 만들었다)와 같다. 또 다른 연에서, 그는 예멘 사막에서 커피를 찾아 헤매

는 미친 연인으로서 자신을 베이셀 카라니(Veysel Karani)와 비교한다. 그의 관심은 커피 부족이 그를 절망하게 만들었다는 것을 전달하고 '발리 파샤(Vali Paşa, 총독 파샤)'의 자비를 불러일으키는 것이었다. 시 말미의 2연으로 된 추신은 훈련된 정신과 의사였던 파레틴 케림 괴카 이(Fahrettin Kerim Gökay)를 유머러스하게 위협한다.

Kahve lûtfetmez isen Vali Paşa

Eylerim darüşşifâna ilticâ.

(총독 파샤, 만약 당신이 우리에게 커피를 허락하지 않는다면 나는 정신병원에서 피난처를 찾을 것입니다)

XIV.
커피 컵에 담긴 운세

우 리는 커피컵으로 운세를 읽는 것에 관한 관심이 언제 생겨났는지 알지 못한다. 혹자는 흑인 여성 하인, 유모, 간호사들이 단조로운 가정생활에 색깔을 더하고 즐거운 시간을 보내며 커피 마시는 의식을 더욱 즐겁게 하기 위해 고안한 일종의 게임이라고 말한다.[132] 시간이 지남에 따라, 이 '오락'은 자체적인 상징을 만들었다. 커피컵 읽기는 그 취지가 좋은 소식을 전하고, 삶을 보다 살기 좋게 하며, 희망찬 미래를 제시하는 것이기 때문에 커피컵 읽기가 과연 진정한 의미에서 일종의 운세인지 여부는 실제로 논쟁의 여지가 있다. 커피 운세는 전통적으로 커피컵을 읽는 사람의 좋은 소망, 충고, 그리고 경고로 이루어져 있지만, 일부 점쟁이들은 불행한 소식을 전하기도 한다.

위에서 언급했듯이, 커피컵 운세 읽기는 고유한 상징성을 만들어냈다. 이 상징성은 컵을 뒤집어서 받침접시 위에 올려놓자마자 커피 찌꺼기가 만들어낸 형상을 해석하는 기교를 망라한다; 커피를 마신 사람의

132) Deniz Gürsoy, *Sohbetin Bahanesi Kahve*, Oğlak Yayıncılık, İstanbul 2005, p. 103.

기대에 부응하여 컵의 내부와 받침접시에 있는 커피 찌꺼기의 모양으로부터 의미를 도출하는 기교이다. 커피 찌꺼기(telve)는 튀르키예 커피 고유의 특성인 만큼, 커피 찌꺼기로 점을 치는 것은 튀르키예 문화의 흥미로운 주제 중 하나로 여겨질 수 있다. 아흐메트 베픽 파샤(Ahmet Vefik Paşa)의 오스만어 사전 『레체이 오스마네(Ottoman lexicon Lehçe-i Osmanî, 1306)』에서 텔베(telve)라는 단어는 페르시아어 단어 텔바시(telvasi)와 관련이 있지만, 이후 사전에는 텔베(telve)라는 단어가 나타나지 않았으므로 이러한 견해가 완전히 받아들여지지 않았음을 나타낸다. 레드하우스(Redhouse)의 튀르키예어-영어 사전에서 제임스 윌리엄 경(Sir James William)은 이 단어가 튀르키예어에서 유래했다고 언급한다. 세반 니샤니안(Sevan Nişanyan)의 어원 사전 『쇠즐레린 소야즈(Sözlerin Soyağacı, 2002)』에는 이 단어 옆에 물음표가 있는 반면, 쿠브베알트 루가트(Kubbealtı Lugatı)에는 '기원을 알 수 없음'이라는 주석이 있다.

『위츠 이스탄불(Üç İstanbul)』에서 제말 쿤타이(Cemal Kuntay)는 알리 에미르 에펜디(Ali Emirî Efendi)가 커피를 마시는 방식을 묘사했는데, 커피 읽기를 혐오했던 몇몇 심각한 커피 애호가들이 커피 찌꺼기까지 마셨다는 사실을 보여준다. 오늘날에도, 일부 커피 애호가들은 커피를 마실 때 어떤 찌꺼기도 남기지 않기 위해 그들의 컵을 휘젓고 흔든다. 몇몇 작가들은 아이들이 '커피를 마시면 검어진다'는 말에 겁을 먹고 부엌에 있는 커피 찌꺼기를 몰래 핥았다고 지적한다. 예를 들어, 아이페르 툰츠(Ayfer Tunç)의 비르 마니니즈 요크사 아네믈레르 시제 겔레제크(Bir Maniniz Yoksa Annemler Size Gelecek)의 다음 문장은 주목할 가치가 있다: "[...] 아이들은 커피를 마시기를 간절히 원했는데, 그들은 '커피를 마시지 말아라, 그렇지 않으면 검어질 것이다.'라는 거짓말을 들었다. 그래서 주인의 아이는 커피 찌꺼기를 핥거나 부엌에 있는 포트 바닥에 남은 커피를 핥거나 마셨다."[133]

---

133) Ayfer Tunç, *Bir Maniniz Yoksa Annemler Size Gelecek*, YKY, İstanbul 2001, p. 323.

ساير عالم كتبخانه‌سى كياتندن :

قهوه تلوه‌سیله کشف استقبال

محرری : فلورايه غارنيه

مترجمی : راغب رفقی

صاحب وناشری :

اقبال كتبخانه‌سى صاحبی حسين

درسعادت

شمس مطبعه‌سى — باب عالی جاده‌سنده نومرو ٤٣

١٣٣٨

Kahve Telvesiyle Keşf-i İstikbal

(커피 찌꺼기로 미래 보기)

자신의 운세를 점치기 원하는 사람들에게 텔베는 다른 의미를 갖는 다. 거꾸로 뒤집힌 컵이나 받침 접시 위의 특정한 모양들이 커피 찌꺼 기를 읽을 줄 아는 사람들에 의해 같은 방식으로 해석되기 때문에, 공 통 언어 또는 일종의 텔베 상징주의가 수년에 걸쳐 발전했다고 주장할 수 있다. 하지만, 생생한 상상력, 예리한 두뇌, 강한 직감을 가진 점쟁이 는 새로운 모양을 발견하고, 더 흥미로운 은유를 얻고, 알려진 모양에 새로운 의미를 부여할 수 있다. 커피를 만드는 사람이 점치는 재능이 있다면, 거품부터 시작할 수 있다: 예를 들어, 그는 큰 기포를 사악한 눈으로 해석하고 "오, 사랑하는 아이세 하님(Ayse Hanim), 당신을 보는 사악한 눈이 너무 많아, 그것들을 터뜨리는 데 지쳤어요!"라고 말한다.

커피 점술에 통달한 사람들에 따르면, 만약 그 사람이 "내 운세가 어떻게 되든, 알려 져야 한다"라는 말과 함께 시계 방향으로 컵을 젓는다면, 그/그녀는 자신의 운세를 점치기를 바라는 반면, 그/그녀의 커피를 시계 반대 방향으 로 젓는 사람은 다른 사람의 운세를 점치기를 바라는 것이다. 이때 뒤집힌 접시를 컵 위에 놓고 식혀야 한다. 어떤 사람은 소원을 빌기 위해 컵 바닥에 손가락을 두드리거나 교차합니다. 자신의 운세를 점친 사람이 마주하고 있는 컵의 반쪽은 자신의 '영역'인 한편, 다른 한쪽은 다른 사람의 '영역'이다. 먼저 커피 찌꺼기의 색깔과 두께 에 따라 해석을 한 후, 점쟁이는 컵 안에 형성된 모양을 주의 깊게 '읽 기' 시작한다. 예를 들어 컵을 뒤집어 놓았을 때 컵에 붙어 있는 텔베 조각은 재산으로 해석될 수 있는 반면, 끝에 세 개의 점이 있는 평평한 선은 '3 기간(일/월/년) 동안의 여행'의 표시일 수 있다. 컵 바닥에 부풀 어 오른 부분이 있으면 '근심스러운 마음'을 가리키고 둘레의 어두운 색 은 '걱정'을 나타낼 수 있다. 새와 같은 모양의 꼭대기에 있는 얼룩은

'좋은 소식'을 의미한다. 커피 얼룩은 '가십거리'를 예고한다. 말과 물고기의 형상은 '행운'으로 쌍봉 낙타는 '재물'로 받아들여지지만, 뱀은 '원수와 적대감'을 나타낸다... 받침 접시나 컵 바닥에 달 모양의 흰 반점이 있다면 '좋은 일'이 일어날 것이라는 것을 의미하며, "달이 당신의 집 위로 떠오를 것입니다!"라는 진부한 말로 이어진다.

긍정적인 전망이 보이고 판독이 완료되면 컵을 똑바로 세워야 한다. 그렇지 않으면 재산과 운이 몰락할 것이라고 믿는다.

어떤 사람들은 컵과 컵받침이 뒤집혀 있으면 나타나는 도형을 뒤집어 컵과 받침 접시에 나타나는 무늬를 그려서 커피 읽기의 상징 체계를 결정하려고 시도한다. 쿠루카흐베지 메흐메트 에펜디 앤 선즈 (Kurukahveci Mehmet Efendi and Sons, 1871년 Kurukahveci Mehmet Efendi는 대중에게 로스팅 및 분쇄 커피를 판매한 최초의 회사)는 24개 모양으로 구성된 미니 카탈로그를 가지고 있다. 『카흐베 텔베시일레 케쉬프-이 이스티크발(Kahve Telvesiyle Keşf-i İstikbal; 1338/1922; 커피의 찌꺼기로 미래 예측하기)』이라는 제목의 책은 라기프 르프크(Ragıp Rıfkı)가 F. 가르니에르(F. Garnier)라는 작가의 작품을 번역한 것인데, 가르니에르는 텔베의 모양을 해석하는 세 개의 다른 테이블을 포함하고 있다. 첫 번째 테이블에는 '웰빙(Well-being)'이라는 제목이 붙어 있고, 두 번째 테이블에는 '해로움(Harm)'이라는 제목이 붙어 있다. 우리는 첫 번째 테이블에서 짧은 평평한 선이 '차분하고, 여유있고, 단조롭고, 행복하고, 평범한 삶'을 나타내는 반면, 긴 평평한 선은 '불안정한 삶, 유익한 항해'를 가리킨다는 것을 알 수 있다. 두 번째 표에서는 중단된 짧은 선은 '위험한 질병, 죽음의 위험'으로 해석되고, 곡선은 '속이는 친구, 위선, 부정직함, 조작, 음모'로 해석된다.[134]

엘리아스 페트로풀로스(Elias Petropoulos)는 『그리스의 튀르키예식 커피(Yunanistan'da Türk Kahvesi)』라는 제목의 그의 책에서 커피 찌꺼기에서 식별할 수 있는 기호들에 대한 그림과 가능한 설명을 제시한다.[135] 『이스탄불 백과사전(İstanbul Ansiklopedisi)에서 레샤트 에크렘 코추(Reşat Ekrem Koçu, 튀르키예의 작가이자 역사가. 그의 가장 잘 알려진 작품은 미완성 이스탄불 백과사전(İstanbul Ansiklopedisi)으로, 오스만 시대부터 이스탄불에 대한 많은 이야기를 들려준다)』의 내레이션에 따르면, 실망으로 끝난 연애 끝에 다르쉬샤파카(Darüşşafaka)의 미술 선생님인 아가 베이(Agâh Bey)는 그가 읽은 수많은 커피 컵에서 본 모양을 그리고 모양 옆에 자신의 해석을 쓴다. 레샤트 에크렘(Reşat Ekrem)은 전대미문의 작품이 이렇게 살아났다고 지적하면서, 아가 베이(Agâh Bey)의 손자들이 보존한 이 '귀중한 작품'이 튀르키예 국립 도서관에 기증되기를 희망한다.[136] 불행히도 오늘날 이 작품의 행방과 소유자는 밝혀지지 않고 있다. 그의 소설 『블랙 북(The Black Book)』에서 오르한 파묵(Orhan Pamuk)은 아가 베이의 이야기를 약간 수정하여 사용한다:

왼손잡이 서예가를 생각해 보세요. 그는 커피잔에서 운세를 읽는 것을 너무나 좋아해서 자신이 평생동안 마신 수천 잔의 커피 찌꺼기에서 발견한 운세를 재현한 300페이지 분량의 원고를 작성하고 깊은 충동을 느꼈다. 여백에 그의 아름다운 손글씨로 그것들이 명확하게 보여준 운세를 적었다. 질서와 대칭에 대한 그의 집착을 어떻게 만들어야 할까?[137]

134) Kahve Telveyle Keşf-i İstikbal은 나중에 Özgürel이라는 성을 가진진 번역자 Ragıp Rıfkı에 의해 Fennî Aile Günenden Kahve Fortune(1946)으로 앙카라에서 라틴 문자로 출판되었다.
135) Elias Petropoulos, *ibid.*, y. 68-71.
136) Reşat Ekrem Koçu, "Fal, Falcılar", İstanbul Ansiklopedisi, v. X, p. 5508.
137) Orhan Pamuk, *The Black Book*, trans. Maureen Freely, Vintage, Rep Tra Edition, 2006, p. 393.

레샤트 에크렘 코추(Reşat Ekrem Koçu)는 이 이야기를 서술한 '운세, 점쟁이들'이란 항목에서 위스퀴다르(Üsküdar)의 아마추어 점쟁이 아슈크 라지(Âşık Râzi)가 일찌기 미망인이 된 빈나즈 하늠(Binnaz Hanım)이라는 친척과 커피 읽기로부터 고른 비랄(Bilal)이라는 청년과 결혼시켰고 커피 읽는 사람을 ;빈나즈 하늠, 열광(Binnaz Hanım, Telli)'이라는 항목으로 안내한다. 이 항목에는 라지(Râzi)가 컵에서 그녀의 미래를 읽고 빈나즈 하늠(Binnaz Hanım)에게 적합한 남편을 선택하는 방법을 설명하는 긴 서사시가 포함되어 있다.138)

어떤 사람들은 진정으로 커피 운세를 믿고 커피를 마실 때마다 좋은 소식을 듣기 위해 운세를 읽는 반면, 다른 사람들은 운세를 듣는 것에 상당히 당황해했다. 누룰라 아타츠(Nurullah Ataç)의 딸 메랄 톨루올루(Meral Tolluoğlu)는 그녀의 아버지가 엄청난 커피 애호가이긴 했지만, 자신의 운세에 관한 이야기를 듣는 것을 두려워 해서 "두려워하지 마세요. 맹세컨데 긍정적인 말씀만 드리겠습니다" 같은 말을 절대 믿지 않았다고 회상한다. 그녀의 아버지는 다른 사람이 자기도 모르는 사이에 컵을 뒤집어 볼까봐 성냥개비로 찌꺼기를 휘저어 놓고, 때로는 컵을 부엌으로 가지고 가서 헹구기도 했다.139) 나즘 히크메트(Nâzım Hikmet)는 그의 시 『Otobiyografi(자서전)』에서 1921년 이후 모스크, 교회, 유대교 회당에 발을 들이거나 점술가를 방문한 적이 없음을 인정하고 다음과 같이 덧붙인다:

하지만 나는 내 커피잔을 읽었다.140)

---

138) Reşat Ekrem Koçu, "Binnaz Hanım, Telli", İstanbul Ansiklopedisi, v. 5, p. 2803.
139) Meral Tolluoğlu, *ibid.*, p. 70.
140) Nâzım Hikmet, Şiirler 7: Son Şiirleri, YKY, İstanbul 2001, p. 105.

PIPE PLACE OF A COFFEE HOUSE
(커피 하우스의 담배 피는 곳)

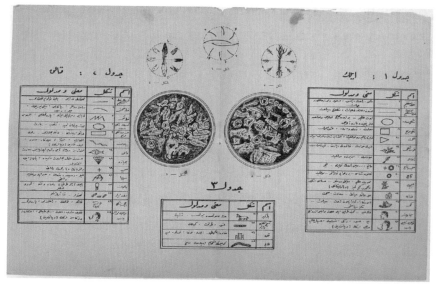

Kahve Telvesiyle Keşf-i İstikbal'de semboller listesi
(커피 찌꺼기로 미래를 보는 상징 목록)

커피 운세는 집에서, 특히 여성들 사이에 흔히 소일거리지만, 전문적인 점술가 또한 존재했고 돈을 받는 대가로 커피 잔에서 미래를 읽었다. 아흐메트 함디 탄프나르(Ahmet Hamdi Tanpınar)는 그의 단편 소설인 『Fal(점술)』[141]에서 매우 능숙한 그러한 점술가를 묘사하고 있다. 이 이야기는 자신들의 운세를 듣기 위해 점술가를 방문하는 두 사람의 이야기다. 작가는 그들을 소개할 필요가 없다고 느낀다. 먼저 마담이 '자신의 점술을 실행하는' 허름한 집을 한 인물의 시선을 통해 자세히 묘사한다. 다음으로, 마담의 조수가 커피 두 잔을 트레이에 담아 가져온다. 두 인물 모두 컵을 의심스럽게 여기지만, 일단 깨끗하다는 것을 깨닫고 긴장을 푼다. 게다가 커피도 잘 만든다. "분명히, 이것은 이 점술의 전제 조건이거나 더 나은 유일한 수단이었다. 이 집의 커피 도구는 수준 측량자가 그의 수준을 관리하는 방법, 의사가 그의 혈압계를

---

141) Ahmet Hamdi Tanpınar, "Fal", İstanbul, no. 70-71, 1 November 1946, pp. 21-23.

다루는 방법, 또는 화학자가 그의 저울을 조정하는 방법처럼 꼼꼼하게 처리되었다; 그들은 모든 것이 깨끗하고 잘 작동되도록 확실히 했다."

잠시 후 문이 열리고 먼저 마담의 고양이가, 나중에는 마담이 직접 문을 열고 들어간다. 오른쪽 어깨에 작은 거북등껍질이 매달려 있고 짧은 치마와 파란 커피 찌꺼기로 미래를 보는 상징 목록(Kahve Telvesiyle Keşf-i İstikbal'de semboller listesi) 재킷, 기묘한 몸가짐으로 미친 여인처럼 보이는 그 커피 점술 여인은 간단히 환영인사를 하고 파란 눈으로 고객을 훑어보며 이름을 묻고 땀으로 손바닥이 젖은 손으로 악수를 한다. 머리부터 발끝까지 그들을 주의 깊게 관찰한 후, 그녀는 비스밀라(bismillah, "알라의 이름으로"라는 무슬림이 모든 일을 시작할 때 하는 기도)를 암송하고 오른쪽에 있는 컵에 손을 뻗는다:

"이건 누구의 것입니까?"

10분에서 15분 동안 거꾸로 놓아두었더니 컵이 접시에 달라붙었다. 새파랗게 질린 시선이 우리를 돌아보며 젖은 더러운 헝겊으로 감쌌다:

"아들아, 너는 사악한 눈에 영향을 받았구나…"

그녀는 마치 영원을 들여다보는 것처럼 접시 가장자리에 있는 커피 찌꺼기를 자세히 살펴보았다. 아마도 그녀는 우리가 따라하기를 바라는 일종의 슬픈 표정으로 바라보고 있었을 것이다.

우리 둘 다 움직이지 않았다. 애매한 것, 불확실한 것에 관해 말하는 것의 수고로움을 경험하지 않은 사람이 있는가? 그러나 점술가는 맞았다. 운세를 믿는다면 왜 사악한 눈을 믿지 않는가? 그것들은 묵주와 같은 구슬이다.

"제말(Cemal)이라는 사람을 아십니까?"

수수께끼에 가려진 듯 점점 굳어가는 표정으로 질문을 받았지만, 그 질문은 우리를 무관심하게 만들었다. 수백 명의 제말이라는 사람이 있다. 그러나 그 여자는 좋은 지맥에 마주친 금을 캐는 사람처럼 계속 탐문을 했다. 제말(Cemal)이 아니라면 제밀레(Cemile), 제바트(Cevat), 제브데트(Cevdet), 자히트(Cahit)... 몇 번의 분류에서, C라는 글자는 우리 눈 앞에서 얼굴도 없고 형체도 없는 사람들의 더미를 비우는 자루로 변형되었다. 첫 번째 헛된 공격은 그 여자를 단념시키지 못했다. 그녀는 운명의 문에 있었다. 그녀는 과거와 미래의 비밀을 가지고 있었다. 그녀는 그 언어로 말했다. 그녀는 무슨 말이든 할 수 있었고, 어떤 예측도 할 수 있었다. 그녀는 우리의 상상과 기억에도 존재하지 않는 것들을 볼 수 있을 만큼 높은 곳에서 넓은 시야로 우리의 삶을 바라보고 있었다.

커피 점을 치는 마담은 컵과 받침 접시에 나타나는 형상을 보고 그녀가 한 모든 추측이 틀렸지만, 10분도 안 되어 그녀는 삶에 관한 수많은 이야기를 들려주었고, 많은 드라마 더미를 요약했다. 의미심장한 눈짓을 주고받은 두 친구는 그녀에게 돈을 주고 떠났다. 여자가 "당신의 소원이 이루어진다면 설탕 한 상자를 원한다"고 외치자 내레이터는 웃기 시작했지만, 그의 친구가 그를 막았다. "무엇을 더 원하십니까?" 그는 "10분 안에, 그녀는 세상의 소설을 상세히 이야기했습니다. 그거면 충분하지 않아요?"

사실 찌꺼기에 잔이 달라붙으면 운세를 점친 사람이 욕망을 이루게 된다는 뜻인데, 그래서 커피 점을 치는 마담은 "이 운세를 읽을 수 없다!"라고 말하는 대신, 고객을 오래 기다리게 하고, 고객의 인내심을 시험삼아 자신의 예측의 영향을 높이려 했던 것이다. 자신의 운세를 점치기를 원하는 사람들은 종종 참을성이 없다; 사실, 그들은 때때로 컵을 더 빨리 식히고 행운을 가져오기 위해 거꾸로 된 컵에 반지를 놓는다. 현대 튀르키예 문학에 대한 중요한 연구로 유명한 카야 빌게길(Kaya

Bilgegil) 교수는 산문시로 구성된 그의 유일한 시집 『지옥의 열매 (Cheennem Meyvas)』의 시 『점술(fal)』에 있는 '다른 사람들에게 그녀의 커피 컵으로부터 인내심을 한 모금 마시게 하는 여자'의 연을 빠르게 읽을 것을 요구한다:

Kahve fincanından yudum yudum sabır içiren kadın; falıma çabuk bak!

Ağzındaki düşünce posaları dudağımı yakmada; cezvende merak ne kadar da kaynamış kadınım, ne kadar da kaynamış!

Fincanından tabağa bir şehir kalabalığı boşanıyor.

Dibinden tortu tortu umutlar sökün etti.

Kenarında saç mı toplanmış? Muhakkak tuzaktır.

"Yol" deme; yolum yarıda kaldı.

"Sana açılmış el var" diyorsun; elim geride kaldı.

Deste deste kâğıtlar mı var? Muhakkak cezvene alın yazılarım dökülmüş olacak.

Kalabalık görüyorsun: Fincanıma zihnimi boşalttımdı, bu az mı?

İstemem, istemem, *fincanın senin olsun; zihnimi geri çevir!* 142)

---

142) Kaya Bilgegil, *Cehennem Meyvası*, İstanbul 1944, pp. 55-56.

(커피 한 잔에서 인내심을 홀짝이게 하는 여인; 어서 내 운세를 봐주세요!

당신의 입에서 나오는 생각의 고동이 내 입술을 태우는구나; 얼마나 인내를 끓였는가?

여인이여, 당신 포트에서, 얼마나 많은 인내심을 끓였는가!

한 도시의 군중이 커피잔에서 접시로 쏟아져 나온다.

희망의 찌꺼기와 찌꺼기들이 바닥으로 내려간다.

머리카락이 가장자리를 쓸었나요? 분명 함정일 거야.

"오솔길"이라고 말하지 마. 내 길이 막혔어.

"한 손이 당신을 간청한다"고 당신은 말한다; 하지만 내 손이 카드 뭉치 뒤에 있나요?

내 운명이 커피 포트에 떨어졌구나.

군중이 보일 것이다; 나는 내 마음을 컵에 비웠는데, 그것으로 충분하지 않나요?

아니, 아니, 커피잔을 돌려주세요; 내 마음을 돌려주세요!)

예, 자신의 운세를 점치려는 사람들은 참을성이 없다. 비록 타르크 부라(Tarık Buğra)의 단편 『점술(fal)』의 비관적인 주인공은 "내 운명이 어떻든 말해줘야 한다"[143]는 말로 커피 컵을 뒤집은 후 절대로 컵을 열지 않지만, 커피 찌꺼기로부터 좋은 소식을 들을 수 있기를 바라며 미래에 대해 궁금해하는 사람들은 가능한 한 빨리 그들의 컵이 식기를 원할 것이다. 시인 아리프 니하트 아시아(Arif Nihat Asya)는 다음과 같이 말한다:

---

143) Tarık Buğra, *Oğlumuz*, İstanbul 1949, pp. 56-63.

Bir izbe ki kalmıştır umut telvelere

Kül bağlar ocak, kahve biter, fal bitmez.[144]

(어두운 희망이 커피 찌꺼기에 달라붙는다.
스토브에는 재가 쌓이고, 커피는 다 마시고, 점괘는 끝나지 않는다.)

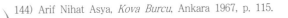

144) Arif Nihat Asya, *Kova Burcu*, Ankara 1967, p. 115.

XV. 옛 이스탄불의 커피하우스 광경

이 그나티우스 무라지아 도손(Ignatius Mouradgea D'Ohsson, 아르메니아의 동양학자이자 역사가이며 스웨덴에서 근무한 외교관)이 1787년에 출판한 그의 세 권짜리 저서인 『오스만 제국의 일반 개요 (Tableau Général de l'Empire Othoman)』에서 설명한 바에 따르면, 18세기에 커피와 커피하우스의 금지에 대한 언급은 없었다. 영원한 적수에도 불구하고 커피는 승리를 선언한 것처럼 보였다. 모든 길과 거리에서 커피하우스를 만날 수 있었는데, 사실 대부분의 커피하우스는 파빌리온 (pavilion, 공원이나 큰 정원에 높게 장식된 건물)으로 지어졌으며 경치가 좋은 지역에 위치해 있었다. 반면에 시골의 커피하우스는 거대한 나무와 포도 덩굴 아래에 세워졌다. 사람들은 하루 종일 이 장소에 모여 체커나 체스를 두거나 커피를 마시거나 담배를 피우고 수다를 떨곤 했다. 겨울 몇 달 동안에는 공공 이야기꾼(meddah, 메다)과 마술사들이 커피하우스에서 그들의 재능을 발휘했는데, 일부는 커피 한 잔과 휴식을 취하기 위해서만 자주 방문했다.

도손에 따르면, 커피에 대한 동양의 열정은 예측을 초월했다. 커피는 주의 모든 계층에서 마시는 의례(protocol) 음료였다; 남자, 여자, 심지어 아이들까지도 아침 식사 때뿐만 아니라 하루 종일 커피를 마셨다. 방문 장소마다 커피가 제공되었고, 방문이 오래 지속되면 두 번째 또는 세 번째 라운드가 이어졌다. 도손은 이러한 관찰을 회상하면서 컵이 유럽에서 사용되는 것보다 훨씬 작았고 손잡이가 없었기 때문에 손을 데지 않기 위해 구리 또는 은색 컵홀더에 넣었다고 언급한다. 도손은 또한 부자들의 컵홀더가 금으로 만들어졌고 종종 보석으로 장식되어 있었다고 언급한다.

오스만 세계에서는 예멘 커피가 준비하기 쉬운 만큼 선호된다는 점을 지적한 뒤 그는 로스팅부터 서비스까지 전 과정을 계속해서 상세히 설명한다. 따라서 커피콩은 볶고 식혀서 대리석, 황동, 나무 절구에 갈아서 가루로 만들고, 향을 보존하기 위해 단단히 밀봉한 가죽 주머니나 나무 상자에 보관한다. 갈은 커피를 주석 도금한 구리 포트에서 천천히 끓인다. 물이 끓기 시작하면 작은 티스푼 5~6개의 커피가 추가되고 끓어 거품이 나기 시작하면 포트를 불에서 내린다. 커피는 이 거품을 내는 과정을 거쳐 커피 에센스가 물에 방출되면 완성된다. 신선한 커피가 맛이 더 좋기 때문에, 많은 가정에서 매일 필요한 만큼 커피를 볶는다.

이스탄불과 제국의 여러 도시에 신선한 커피를 파는 수많은 가게들이 있다고 기록하면서, 도손은 커피의 로스팅과 분쇄에만 집중하는 타흐미스(tahmis)로 알려진 대형 상점의 개점을 언급한다. 그는 대중들이 종종 그들의 커피를 이 상점으로 가져가서 소량의 커피를 비용을 지불하고 볶고 갈아 사용하고, 타흐미스 경영자들은 그들의 고객들이 가져온 커피의 품질과 양을 바꾸지 않겠다고 단호히 주장한다고 덧붙인다.

도손은 또 다른 중요한 사실을 기록하고 있다: 유럽인과 달리 튀르키예인은 풍미를 떨어뜨리지 않기 위해 커피에 우유, 크림 또는 설탕을 첨가하지 않는다; 그러나 쓴 커피와 함께 액체(셔벗) 또는 고체 과자(튀르키예식 딜라이트)를 제공하는 것이 관습이다. 저녁 식사 후 마시는 커피는 절대 과자와 함께 제공되지 않는다. 건강을 생각하는 사람들은 아침 식사로 한두 숟가락의 잼을 먹고 물 한 컵을 마신 후 커피 한 잔을 마신다. 어떤 사람들은 더 푸짐한 아침 식사 후에 커피를 마시는 것을 선호한다. 사람들은 커피가 아직 뜨거울 때 커피를 천천히 마셔야 한다. 담배 중독자들은 커피와 함께 파이프 담배를 피워 이 즐거움을 두 배로 늘린다.145)

100년 후(1874) 이스탄불에 대한 인상을 적은 도손(D' Ohsson)은 "커피는 모든 고객을 위해 신선하게 만들어지며 물 한 잔과 함께 이미 설탕을 넣은 상태로 제공된다"라고 썼을 때 커피 전통을 잘못 관찰한 것이 틀림없다.146) 달콤한 커피는 여자에게 적합하다고 여기는 반면, 남자는 쓴 커피를 마셔야 한다는 지배적인 믿음을 기억해야 한다. 시간이 지남에 따라 저설탕, 세미 스위트 또는 스위트 커피를 만드는 다양한 방법의 출현은 자연스러운 발전으로 간주되어야 한다.

드 아미시스(De Amicis)의 커피하우스에 대한 인상을 살펴보기 전에 22년이나 앞서 이스탄불에 도착한 테오필 고티에(Théophile Gautier)의 기록을 검토하는 것이 중요하다. 여행자들의 과장된 묘사를 읽고 알함브라 궁전과 같은 화려한 동양의 커피하우스를 상상한 듯한 이 낭만주의 시인은 이스탄불에서 가장 아름다운 커피하우스 중 하나로 꼽히는 커피하우스에 크게 실망했다. 고티에(Gautier)는 백색회반으로 칠해진 벽이 있고, 오토만 가구가 비치되어 있고, 중앙에 작은 대리석 제트 수

---

145) D'Ohsson, *18. Yüzyıl Türkiye'sinde Örf ve Adetler*, Tercüman 1001 Temel Eser, İstanbul nd., pp. 59-61.
146) Edmondo de Amicis, *Constantinople 1878*, Cornell University Library 2009, pp. 61-62.

영장이 있는 커피하우스를 묘사한다; 커피 메이커는 스크린이 있는 스토브 위의 구리 포트로 커피를 끊임없이 준비한다. 다른 작가들과 마찬가지로, 고티에도 이 커피하우스가 이발소 역할도 한다고 언급하고 있다.147) 그보다 앞서 이스탄불의 커피하우스 풍광을 묘사한 작가들과는 달리, 고티에가 벽에 걸려 있는 그림(그가 보기에 세련되지 않은)을 알아차리고, 그 그림들에 대한 자세한 정보를 제공한다는 것에 주목해야 한다.

고티에가 그 그림들을 탐탁지 않게 여긴 것은 당연하다. 예니체리 군단이 해체될 때까지 상인 예니체리에 의해 운영된 커피하우스는 예니체리 군단이 소속된 벡타시(Bektashi) 종파의 기억에서 살아남았다. 민속 예술가들에 의해 그려진, 벡타시 신앙을 반영하는 나이프 그림(naïf painting, 소박파 그림)이 커피하우스를 장식했다. 『베흐비 수르나메시(Vehbi Surnamesi는 오스만 제국 시대에 살았던 역사학자이자 칼리그라피스트인 베흐비 에펜디(Vehbi Efendi)가 쓴 작품이다. 이 작품은 오스만 제국의 창건자인 오스만 베이(Osman Bey)의 후손인 황실의 가계도와 혈통 정보를 담고 있다. Vehbi Surnamesi에는 황실들의 출생, 사망, 왕위 계승, 결혼과 같은 중요한 사건들, 가족 관계들을 포함하며, 또한 황제들의 초상화도 풍부하게 담겨 있다. 이 작품은 황제들의 통치 기간에 대한 정보, 황제의 칭호들, 그리고 일부 역사적 사건들에 대한 세부 사항도 포함할 수 있다. Vehbi Surnamesi는 오스만 제국의 역사와 황실의 가계도를 연구하고자 하는 역사학자들과 연구원들에게 중요한 참고 자료로 사용되고 있다.)』에 있는 커피 애호가들의 기록에 벽의 묘사가 포함되어 있는 것을 고려하면,148) 이 전통은 꽤 오래되었고 예니체리 군단이 해체된 후에도 살아남았다. 고티에가 묘사한 몇몇 이미지들은 그 시절 거의 모든 커피하우스에서 볼 수 있었다. 예를 들어, 그러한 이미지 중 하나는 꾸란 경구가 새겨진 세 개의 다리가 달린 스툴(등받이와 팔걸

---

147) Théophile Gautier, *ibid.*, p. 119.
148) Mehmet Arslan, *Osmanlı Saray Düğünleri ve Şenlikleri 3, Vehbî Sûrnâmesi*, Sarayburnu Kitaplığı, İstanbul 2009, p. 224.

이가 없는 의자)에 놓인 데르비쉬(극도의 금욕 생활을 서약하는 이슬람교 집단의 일원. 예배 때 빠른 춤을 춤) 모자를 특징으로 한다. 또 다른 전시품에는 사슴가죽에 앉아 피 묻은 사자를 길들이려고 애쓰는 셰이크(하즈 벡타쉬 -으 벨리; Hacı Bektaş-ı Veli; 아나톨리아에서 살면서 가르쳤던 Khorasan 출신의 이슬람 신비가, 성자, Sayyid(무함마드, 특히 선지자의 어린 손자인 후세인을 통한 후손이라고 주장하는 이슬람교도) 및 철학자)와 꽃으로 장식된 알라와 알리의 캘리그라피 비문도 보여준다.149) 이후 다양한 민담, 쉐흐나메 (Şehname, 이란 전설을 바탕으로 한 시 서사시) 캐릭터, 예언자 설화의 이미지와 함께 예언자 알리, 함자, 세이이드 바탈의 전설이 여기에 추가되었다. 특히 '아흐 미넬아쉬크(Ah min'el-aşk, 오, 사랑)' 서예패널과 함께 다양한 비문-이미지, 지혜의 커플렛은 커피하우스의 필수 장식이다.

튀르키예 민화에 특별한 관심을 갖고 있는 화가 말리크 악셀(Malik Aksel)은 그의 중요한 두 권의 책에서 커피하우스 그림을 자세히 묘사하고 평가한다.150) 한편 유명한 시인 메흐메트 아키프(Mehmet Âkif)는 지역 커피하우스를 진흙탕으로 끌고 가는 그의 유명한 시 『마할레 카흐베시(Mahalle Kahvesi, 지역 커피하우스)』에서 같은 주제를 냉소적으로 다루고 있다:

Duvarda türlü resimler: Alındı Çamlıbeli,

Kaçırmış Ayvaz'ı ağlar Köroğlu rahmetli!

Arab Üzengi'ye çalmış Şah İsmail gürzü;

Ağaçta bağlı duran kızda işte şimdi gözü.

Firaklıdır Kerem'in "Of!" der demez yanışı,

---

149) Théophile Gautier, *ibid.*, p. 120.
150) Malik Aksel, *Anadolu Halk Resimleri*, Kapı Yayınları, İstanbul 2010; *Türklerde Dinî Resimler*, Kapı Yayınları, İstanbul 2010. Also see, Balıkhane Nazırı Ali Rıza Bey, *Eski Zamanlarda İstanbul Hayatı* (ed. Ali Şükrü Çoruk), Kitabevi Yayınları, İstanbul 2001, pp. 37, 271.

Fakat şu "Âh mine'l-aşk" a kim durur karşı?

Gelince Ezraka Bânû denen acûze kadın,

Külüngü düşmüş elinden zavallı Ferhâd'ın!

Görür de böyle Rüfâî'yi: Elde kamçı yılan,

Beyaz bir arslana binmiş, durur mu hiç dede can?

Bakındı bak Hacı Bektâş'a: Deh demiş duvara!

Resim bitince gelir şüphesiz ki beyte sıra.

Birer birer oku mümkünse, sonra ma'nâ ver...151)

(벽에 있는 다양한 그림들: 참르벨리가 화를 냈고, 아이바즈를 그리워한 죽은 쾨롤루는 울부짖는다!

샤 이스마일(Shah Ismail)의 철퇴는 아랍의 등자를 닮았다; 그의 시선은 이제 나무에 묶인 소녀에게로 쏠려 있다.

우울함은 케렘의 매혹적인 한숨이다.

하지만 누가 사랑을 거부할 수 있겠는가?

바누라고 불리는 여우(성질 더러운 여자)가 에즈락에 도착하면 불쌍한 페르하드(Ferhad)는 쇠지렛대를 떨어뜨린다!

그래서 뤼파이(Rüfâî)가 뱀처럼 생긴 채찍을 들고 나타나는데, 하얀 사자를 타고 셰이크도 멈출 수 있을까?

그는 하즈 벡타쉬(Haci Becktash)를 찾고, 그가 벽에 대고 말했다. 더 이상 그림은 안 돼, 지금은 시를 쓸 때야.

가능하면 하나씩 읽어보면 이해가 되겠지...)

---

151) Mehmed Âkif, *Safahat* (ed. Ertuğrul Düzdağ), İz Yayıncılık, İstanbul 2009, pp. 109-110.

고티에는 그가 방문한 커피숍 벽에 '라티스본 전투의 나폴레옹', '스페인 소녀', '아스테를리츠 전투' 등 외국을 주제로 한 그림도 언급했다. 그 후 몇 년 동안 서양 문화를 반영한 민화도 커피하우스에서 만났다. '술탄을 죽이러 오는 젊은 무어(오셀로)', '애인을 배에 태운 소녀 같은 소년(헬렌을 납치하는 파리스)', '애인을 품에 안고 강을 건너는 양치기(폴과 버지니아)', 그리고 '웅덩이에 비친 자신의 모습을 바라보는 아름다운 양치기(수선화)' 등 시간이 흐르면서 커피하우스 그림의 주제도 시사 문제를 포함하여 다양해졌다. 예를 들어, '자유의 상징'과 '자유의 어머니'의 이미지는 제 2헌법 선포 이후 엔베르 베이(Enver Bey)와 니야지 베이(Niyazi Bey)가 영웅으로 간주되어 폭정의 사슬에서 풀려난 것이며, 펠트(모직이나 털을 압축해서 만든 부드럽고 두꺼운 천) 캡과 탄약통을 어깨에 멘 '행동군(Action Army; 튀르키예어: Hareket Ordusu)은 1909년 반대 쿠데타로 알려진 3월 31일 사건 동안 연합과 진보 위원회(CUP)에 동조하는 오스만 군대의 일부로 구성된 부대)xix'의 병사들, 그리고 꾸밈없는 나므크 케말(Namık Kemal) 초상화가 커피하우스에서 그 자리를 차지했다. 다른 유명한 커피하우스 초상화 중에는 회색 말을 바다로 이끄는 술탄 메흐메드 2세(Fâtih)와 귀걸이와 핸들바 콧수염(handlebar moustache, 핸들바 콧수염 은 특히 길고 위쪽으로 구부러진 말단이 있는 콧수염이다. 이러한 콧수염 스타일은 자전거의 핸들바를 닮았다고 해서 그렇게 이름붙여졌다)을 한 술탄 셀림 1세(Yavuz)의 초상화가 있었다.152)

드 아미시스(De Amicis)처럼 관찰력이 뛰어난 작가가 커피하우스 그림을 알아채지 못했다는 것은 놀라운 일이다. 그는 카슴파샤(Kasımpaşa)를 거닐면서 4~5잔의 커피를 마시고 이스탄불의 장관을 감상하기 위해 들르는 커피하우스 내부를 자세히 묘사하고 있지만, 그는 그 그림들에 대해 전혀 언급하지 않았다. 누가 알겠는가? 아마도, 이 특별한 커피하우스에는 그림이 없었을 것이다! 드 아미시스는 그날의 경험을 서술하

---

152) Malik Aksel, *Anadolu Halk Resimleri*, p. 81.

면서 술탄 무라드 4세의 통치기간 동안 피비린내 나는 국면을 겪은 커피의 흥미로운 역사를 간략하게 요약하고, 엄격한 이슬람 학자가 '잠과 아이들의 적'으로서 싸웠던 '꿈의 요정과 환상의 근원'이 이제는 심지어 가장 가난한 무슬림들에게도 가장 달콤한 위로가 되고 있다고 언급한다. 오늘날, 커피는 커피하우스뿐만 아니라 어디에서나(갈라타와 세라스케르 타워의 꼭대기, 페리, 묘지, 튀르키예식 목욕탕, 심지어 시장에서도) 제공된다. 이스탄불 어디에 있든 "커피 메이커!"라고 소리만 지르면 몇 분 안에 김이 모락모락 나는 커피잔이 눈앞에 나타난다.

드 아미시스는 카슴파샤에 있는 이 작은 커피하우스를 열심히 묘사하고 있는데, 이는 그의 기억에 잊을 수 없는 흔적이 남아 있는 것으로 보인다:

우리 카페는 흰색으로 칠해진 커다란 방이었는데, 사람 키만한 나무로 장식된 웨인스코트(wainscot, 방의 벽 아래 부분 평평하고 직사각형의 나무 조각이나 다른 재료로 덮인 영역)가 있었고, 그 둘레에는 낮은 디반(divan, 등받이와 팔걸이가 없는 긴 의자)이 있었다. 한쪽 구석에는 스토브가 있었고 그곳에서 갈래 코를 가진 튀르키예인이 작은 구리 커피 포트로 커피를 만들고, 그것을 작은 컵으로 만들면서 설탕을 동시에 넣는다. 왜냐하면 콘스탄티노플에서는 커피가 모든 고객을 위해 신선하게 만들어지고, 커피 한 잔을 입술에 갖다 대기 전에 마시는 물 한 잔과 함께 설탕을 넣은 상태로 제공되기 때문이다; 벽에는 작은 거울이 걸려 있었고, 그 옆에는 손잡이가 고정된 면도기가 들어 있는 선반 같은 것이 있었다; 카페의 대부분은 이발소이며, 카페 주인은 치과의사이자 사혈하는 사람이기도 한 경우가 드물지 않고, 다른 손님들이 커피를 마시고 있는 같은 방에서 자신의 환자들을 수술한다. 반대쪽 벽에는 뱀처럼 꼬여 있는 긴 유연한 관이 있는 수정 나르귈레(nargülé, 물담배)가 가득 놓인 선반이 있었고, 체리나무 줄기로 만든 공예품 치부크(chibouk, 긴 튀르키예 담배 파이프)도 있었다. 다섯 명의 생각에 잠긴 튀르키예인들이 디반 위에 앉아 나르귈레(narguilé, 물담배)를 피우고 있었고, 다른 세 명은 문 앞에 등받이 없는 짚으로 된 의자 위에 나란히 앉아 파이프를 물고 있었고, 그들의 어깨는 벽에 닿아 있었다(⋯).153)

카슴파샤에 있는 드 아미시스가 방문한 커피하우스와 비슷하게, 옛 이스탄불의 가장 예상치 못한 곳에서 도시의 장관을 관찰할 수 있는 단순하고 아름다운 커피하우스를 찾을 수 있었다. 우리는 유럽 여행자들이 그러한 그림 같은 커피하우스에 특별한 관심을 가지고 있었다는 것을 알고 있다. 1890년대 이스탄불에 다녀온 프란시스 마리온 크로포드(Francis Marion Crawford)가 갈라타 다리를 넘어 이스탄불 방향으로 가는 왼쪽 첫 번째 커피하우스 모퉁이에서 그 자리에 대해 찬양의 노래를 한다. 대부분의 유럽인에게 알려지지 않은 이 크고 통풍이 잘 되고 깨끗한 커피하우스는 몇 시간 동안이나 앉아 방해받지 않고 커피와 담배를 즐기며 도시의 바쁜 삶을 구경하기에 완벽하다고 덧붙이며, 그는 앉아 있는 곳에서부터 그 장면을 "다양한 색상과 빠른 움직임으로 눈부신 만화경 같다"라고 묘사하기 시작한다.154)

프랑스 작가 피에르 로티(Pierre Loti)가 가장 좋아하는 커피하우스는 에위프술탄(Eyüpsultan)에 위치해 있는데, 그가 이스탄불을 방문할 때마다 언덕 위의 라비아 카든 카흐베시(Rabia Kadın Kahvesi)에 들러 커피와 나르귈레(nargülé, 물담배)와 함께 이스탄불과 골든 혼(Golden Horn, 튀르키예 Istanbul의 내항)의 경치를 감상하는 작가라면 틀림없이 그의 친구들에게 이 기쁨을 찬양했을 것이다. 이 커피하우스가 언제부터 '피에로티(Piyerloti)'라는 이름을 갖게 되었는지는 정확히 알 수 없지만, 압뒬하크 쉬나시 히사르(Abdülhak Şinasi Hisar)의 이스탄불과 피에르 로티로부터

153) Edmondo de Amicis, *ibid.*, pp. 61-62.
154) Francis Marion Crawford, *Constantinople*, Adamant Media Corporation, July 2002, pp. 12-15.

이스탄불을 방문한 프랑스인들은 항상 커피하우스를 보고 싶어 했고, 다른 작가들도 그들의 작품에서 특히 이 장소를 언급했다는 것을 알게 된다. 히사르에 따르면, 로티가 이곳에서 바라본 마법 같은 경치는 1950년대에 거의 변하지 않았다. 한쪽에는 이스탄불의 역사적인 실루엣이 있고, 다른 한쪽에는 나무가 없는 오크메이다느(Okmeydanı)와 유대인 공동묘지, 비잔틴 성벽의 잔해, 커다란 술탄 모스크, 그리고 그 너머에는 갈라타 타워, 갈라타 다리, 톱카프 궁전 등이 있다.[155]

르 꼬르뷔지에르(Le Corbusier)는 1911년 이스탄불 여행 중에 도시 구석구석을 돌아다녔고, 친구와 함께 마흐무트파샤 바자르(Mahmutpaşa Bazaar, 마흐무트파샤 시장 거리)에 있는 커피하우스에 들렀다. 그는 커피가 작은 그릇, 즉 손잡이가 없는 큰 칼라비(kallâvi, 대형 컵) 컵에 제공되고, 차(tea)는 배 모양의 유리잔에 제공되며, 맛있는 담배를 피우는 이 커피하우스를 흥미롭게 묘사했다.[156] 이 유명한 건축가가 에미르간(Emirgân)에 있는 '츠나랄트 카흐베시(Çınaraltı Kahvesi)'도 방문했다면 뭐라고 썼을까요? 그가 해외 대사로 임명된 몇 년 동안, 야히야 케말(Yahya Kemal)은 항상 이 커피하우스를 동경했다. 우리는 그가 바르샤바에 있는 어느 커피하우스에 자주 드나들었는지 여부에 관한 정보를 가지고 있지 않다. 그러나 우리는 그가 마드리드에 있는 동안 자유 시간에 도시의 거리를 누비고, 피곤할 때는 카페에서 휴식을 취했지만, 카페의 소란스러움과 스페인 사람들의 떠들썩함을 싫어했다는 것을 알고 있다.[157] 그런 날 에미르간에서 '츠나랄트 카흐베시(Çınaraltı Kahvesi)'를 꿈꾸며, 그는 그의 시 'Madrid'de Kahveane(마드리드의 커피하우스)'에서 자신이 가장 좋아하는 커피하우스를 묘사한다:

155) Abdülhak Şinasi Hisar, İstanbul ve Pierre Loti, İstanbul Fethi Derneği İstanbul Enstitüsü Yayınları, İstanbul 1958, pp. 176-177.
156) Le Corbusier, Şark Seyahati-İstanbul 1911 (trans. Alp Tümertekin), İş Bankası Kültür Yayınları, İstanbul 2009, pp. 96-99.
157) Adile Ayda, Yahya Kemal'in Fikir ve Şiir Dünyası, Hisar Yayınları, Ankara 1979, pp. 69-82, 85-91

Durdum, hazin hazin, acıdım kendi hâlime

Aksetti bir dakika uzaktan hayalime,

Sakin Emirgân'ın Çınaraltı Kahvesi,

Poyraz serinliğindeki yaprakların sesi.

(나는 멈춰서서 슬프고 비참했다.

한순간 멀리서 내 기억에 번쩍

에미르간의 고요한 츠나랄트 커피하우스

시원하게 부는 북서풍에 나뭇잎 소리)

　해외에 살았을 때 같은 환상을 한 번 더
경험하고, 그것을 그의 시 『휘쥔 베 하트라
(Hüzün ve Hatıra, 슬픔과 기억)』에서 묘사한
야히야 케말은 에미르간의 츠나랄트 카흐베시,
웅장한 시카모레(유럽산 단풍나무의 일종)의 바람과
나뭇잎 사이의 대화, 대리석 분수, 그것을 장식한
참으로 아름다운 예사리 서예(Yesâri calligraphy는 18세기에 살았던 오스만
제국의 유명한 캘리그라피 작가인 Yesâri Efendi가 수행한 캘리그라피 스타일을
의미한다) 등을 떠올리는 것으로 만족했다.

　야히야 케말과 비슷하게, 루쉔 에쉬레프(Ruşen Eşref)도 이스탄불을
누비고 이 도시에 대해 글을 썼다. 에미르간(Emirgân)을 방문한 후 쓴
에세이 『츠나랄트 카흐베시(Çınaraltı Kahvesi)』에서, 에쉬레프는 동일한
커피하우스, 분수, 예사리 타리크 비문(Yesâri's ta'lik script)에 관해 다음
과 같이 이야기한다:

그것의 아름다움은 세 가지 단순한 것, 즉 시카모레, 대리석, 그리고 바다의 조화로움에서 비롯된다. 네다섯 그루의 시카모레가 물을 따라 경사지 같은 광장을 차지하고 있다. 나무 줄기만큼 큰 얽힌 나뭇가지들은 대리석 기둥이 있는 모스크의 하얀 미나렛의 위층까지 뻗어 있다. 백오십 년 된 분수의 넓은 현관 위로 푸른 하늘의 거대한 녹색 다발이 펼쳐져 있었다. 고대 사원의 기둥보다 둥치가 더 큰 이 시카모레의 예닐곱 달 동안의 그림자에 쉬고 있는 튀르키예 로코코 분수는 물 미흐라브(mihrab, 이슬람교 사원에서 신자들의 예배 방향을 가리키는 벽면의 오목한 곳 또는 장식 패널)처럼 우아하다. 녹색 바탕에 새겨진, 예사리의 비문은 멀리서 태양 불꽃으로 '예사리'의 황금색 서체를 비추고 있다.[158]

츠나랄트 커피하우스는 이스탄불에서 야히야 케말이 가장 즐겨 찾는 장소 중 하나였다. 그의 절친한 친구인 할리스 에르기너는 1941년에서 1948년 사이에 적어도 일주일에 4번 케말과 만날 것이라고 말하면서, 그들의 첫 번째 방문지는 항상 에미르간이며, 그곳에서 마스터는 시와 오스만 역사에 관해 몇 시간 동안 그의 숭배자들과 이야기를 나눈다고 덧붙였다.[159]

158) Ruşen Eşref Unaydın, *Butun Eserleri 3, Hatıralar I* (eds. Necat Birinci-Nuri Sağlam), TDK Yayınları, Ankara 2002, p. 281.
159) Halis Erginer: "Yahya Kemal'den Hâtıralar", *Yahya Kemal Enstitüsü Mecmuası I*, İstanbul 1959, p. 85.

XVI. 지역 커피하우스

한 튀르키예 화가, 즉 위스키다르의 호자 알리 르자 베이(Hoca Ali Rıza Bey)는 드 아미시스(De Amicis), 피에르 로티(Pierre Loti), 르 꼬르뷔지에르(Le Corbusier)와 같은 외국인들이 외국인으로서 높이 평가한 옛 튀르키예 커피하우스의 아름다움을 볼 수 있었다. 호자 알리 르자 베이는 같은 아름다움을 내부에서 바라보며, 붓으로 이러한 장면을 영원하게 만들기 위해 노력했다. 셀리미예 (Selimiye)에 있는 치체크 카흐베시 (Çiçek Kahvesi)와 하이다르파샤의 사라 즐라르(Haydarpaşa's Saraçlar) 구역에 있

Süheyl Ünver kahvesini yudumlarken
(커피를 마시고 있는 쉬헤일 윈베르)

173

는 사라츨라르 카흐베시(Saraçlar Kahvesi)의 단골손님인 이 그랜드 마스터는 자신이 좋아하는 음료에 대한 모든 것에 관심이 있었고 커피하우스에 있을 때마다 즉시 노트북과 펜을 꺼내 그림을 그리기 시작했다. 예를 들어, 그가 커피를 마신 후 그의 컵… 그는 이런 묘사 아래에 "커피를 마시는 즉시 효과를 봐야 한다"고 노트를 한 것으로 알려졌다.

Bir mahalle kahvesi (동네 카페)

튀르키예 회화에서 '위스키다르 화파'의 창시자로 인정받고 평생 유화, 수채화, 연필화 같은 다양한 기법을 통해 이스탄불의 역사적, 자연적 경이로움을 그의 캔버스에 집요하게 그려온 호자 알리 르자 베이(Hoca Ali Rıza Bey)는 조국과 민족의 삶에 '헌신적이고 진정한 번역가'가 되려고 노력했다. 그의 예술은 조국의 아름다움을 경시하고 비하하는 사람들에 대한 신사적인 반항이었다고 주장할 수 있다. 이스탄불이 르꼬르뷔지에르가 동경하는 정원 도시 캐릭터를 여전히 보존하고 있는 동안, 그는 좁고 그늘진 거리, 유행한 방식의 목조 가옥, 마스지드(모스크를 뜻하는 아랍어), 분수, 편백나무가 있는 공동묘지, 보스포루스(보스포루스 해협은 흑해와 마르마라 해를 잇고, 아시아와 유럽을 나누는 튀르키예의 해협) 해협, 그리고 경사면에서 바라보는 장관, 달밤, 특징적인 나무(특히 그가 너무나 사랑했던 돌 소나무들), 일상생활, 시골과 동네 커피하우스에서 사용되는 다양한 물건들, 그리고 그들의 내부를 그가 항상 가지고 다니는 펜, 붓, 그리고 물감을 갖고 그림 언어로 충실히 전달하곤 했다. 그러나, 그의 사실주의는 어떤 서양 화가와도 구별되었다; 그는 훌륭한 시적 감수성과 신비한 스릴을 가지고 사물이나 장면을 파헤치곤 했다. 그의 팔레트의 색상은 투명했다; 그의 그림에 대한 세심하고 철저한 검토는 그가 겉으로 드러나지 않은 것을 보여줄 수 있었다는 느낌을 전달한다.

Üsküdarda: Âlimler, Şâirler, Sanatkârlar ve Ressamlar kulübü: İhsaniyede Çiçekci Kahvesi. 18 X 1959

Suheyl Unver'in fircasindan Cicekci Kahvesi (Suheyl Ünver의 수채화 Florist Coffee)

작은 책에서 호자 알리 르자의 제자이자 친구인 A. 쉬헤일 윈베르 (A. Süheyl Ünver)는 튀르키예 커피 문화를 반영한 알리 르자의 수채화와 연필 그림을 함께 보여준다.160) 호자 알리 르자(Hoca Ali Rıza)는 이스탄불 곳곳을 거닐며 마주친 바다와 시골의 커피하우스와 커피 찬장, 커피 쿨러, 커피 박스, 커피 밀(coffee mill), 포트, 컵, 나르귈레(물담배), 휴대용 커피 스토브 등 인테리어와 물건들을 꼼꼼하게 묘사했는데, 작고 단순한 커피하우스에 특별한 관심을 가지고 있었던 것으로 보인다. 예를 들어, 호자 알리 르자는 루멜리히사르(Rumelihisarı)에서 발견한 해변 커피하우스의 전체적인 전망을 서둘러 스케치했지만, 그것을 자세히 묘사하기 위해 더 많은 시간을 가지고 같은 장소로 돌아왔다. 그는 이 커피하우스들을 너무 좋아해서 때때로 그의 노트북에 그의 상상력으로 바다나 시골의 커피하우스를 재구성하곤 했다. 만약 그가 커피하우스를 열었다면, 그는 아마도 자신의 '상상'으로 스케치한 것과 비슷하게 디자인했을 것이다. 그의 그림을 통해, 우리는 이전 세기의 전환기에 운영되었던 몇몇 커피하우스들에 관한 중요한 정보를 얻을 수 있다. 그 중에는 위스퀴다르(Üsküdar) 해안을 따라 위치한 크비르즈크 아흐메트 아아(Kıvırcık Ahmet Ağa), 데이르멘데레(Değirmendere)에 있는 브로쉬 다이으(Broş Dayı), 알렘다으(Alemdağı)에 있는 타쉬델렌 수유 카흐베하네시(Taşdelen Suyu Kahvehanesi), 베이코즈(Beykoz)에 있는 이샤크 아아(İshak Ağa) 분수 바로 옆에 있는 커피하우스 등이 있다…

호자 알리 르자(Hoca Ali Rıza)는 자신이 높이 평가하고 정기적으로 자주 방문하는 커피하우스들의 내부를 세심하게 묘사하면서 메르디벤쾨위(Merdivenköyü)에 있는 제말 아아(Cemal Ağa)의 커피하우스와 도안잔즐라르(Doancanclar)에 있는 커피하우스에 있는 커피스토브의 세부 사항을 보여주는 연필 그림도 가지고 있다. 제말 아아가 디반 위에 올려

---

160) A. Süheyl Ünver, *Ressam Ali Rıza Bey'e Göre Yarım Asır Önce Kahvehanelerimiz ve Eşyası*, Ankara Sanat Yayınları, Ankara 1967.

두는 주사위와 선반 위의 컵과 잔을 이 그림에서 하나씩 셀 수 있다. 커피 용품들은 그가 수년간 살았던 하이다라샤(Haydargaşa)의 이브라히마아(İbrahimağa) 구역에 있는 사라츨라르 커피하우스(Saraçlar Coffeehouse)의 내부와 외부 묘사를 많이 그린 이 거장의 열정 중 하나였다. 그의 노트북에는 커피 애호가와 화가 뮈피데 카드리(Müfide Kadri)의 아버지 카드리 베이(Kadri Bey)가 소유했던 커피와 설탕 상자, 트레이 위의 커피 항아리, 포트와 컵, 커피 찬장 등과 같은 컵, 포트, 커피 박스, 커피 쿨러 등의 연필 그림이 가득 들어 있다.

예를 들어, 그런 어느 날, 호자 알리 르자(Hoca Ali Rıza)는 불구르루(Bulgurlu) 마을의 커피하우스에 앉아 커피 분쇄기를 그렸고, 그의 묘사에 물담배와 커피하우스 단골들을 포함시켰다.

Bir mahalle kahvesi (동네 카페)

178

호자 알리 르자(Hoca Ali Rıza)가 정기적으로 자주 드나드는 치체크치 카흐베시(Çiçekçi Kahvesi)는 전형적인 지역 커피 전문점이었다고 할 수 있다. 부르한 펠렉(Burhan Felek)에 따르면, 더 이상 온전하지 않은 위스퀴다르에 있는 이 붉은 황토색 커피하우스는 도안즐라르(Doğancılar)에서 투누스바으(Tunusbağı)를 통해 묘지를 따라 두바르디비(Duvardibi)까지 이어지는 거리 한가운데에 위치해 있었으며, 모퉁이의 성벽 바로 위에 있는 술탄 셀림 3세의 서명이 새겨진 분수 건너편에 있었다. 모퉁이의 성벽 바로 위; 서너 걸음이면 접근할 수 있다.161) A. 쉬헤일 윈베르(A. Süheyl Ünver)의 수채화는 말년에 커피 제조자이자 이발사였던 하지 아흐메트(Hacı Ahmet)가 운영하는 치체크치 카흐베시(Çiçek Kahvesi)를 생생하게 묘사한다. 치체크치 카흐베시(Çiçek Kahvesi)는 이흐사니예(İhsaniye)와 셀리미예(Selimiye) 구역의 사람들을 위한 일종의 클럽이었다; 여름에는 정원에서 산들바람을 즐길 수 있었고, 난방이 잘 되는 실내에 앉을 수 있었다. 우리는 호자 알리 르자(Hoca Ali Rıza)가 왜 이 커피하우스를 그리지 않았는지, 만약 그가 그림을 그렸다면, 그 그림이 오늘날 어디에 있는지는 모른다.

원래 이흐사니예(İhsaniye) 출신의 작가 부르한 펠레크(Burhan Felek)는 치체크치 카흐베시(Çiçek Kahvesi)의 내부를 다음과 같이 길게 묘사한다: 문을 들어서자 왼쪽에는 거울과 이발소가 있었고, 면도할 때 쓰는 황동 세면대가 천장에 바짝 걸려 있었다. 하즈 아흐메트(Hacı Ahmet)는 커피 스토브 바로 옆에 있는 자기 의자에 앉았다. 커피하우스는 두 구역으로 구성되어 있었다; 80~90cm 높이의 위 구역(명예의 자리)은 이웃의 유명 인사들을 위해 따로 남겨두었다. 뿐만 아니라 위스퀴다르 탈라트 베이(Üsküdarlı Talat Bey) 같은 시인들, 일미 베이(İlmî Bey)나 네즈메딘 오키아이(Necmeddin Okyay) 같은 서예가들, 호자 알리 르자 베

---

161) Burhan Felek, *Yaşadığımız Günler*, Milliyet Yayınları, İstanbul 1974, p. 81; also see A. Süheyl Ünver, *ibid.*, p. 65.

이(Hoca Ali Rıza Bey) 같은 화가들이 커피하우스에 자주 드나들 때 이 구역 디반에 둘러앉아 깊은 대화를 나누었다. 아랫 구역은 동네 상인들의 것이었는데, 그들은 윗 구역에서 나누는 대화를 주의 깊게 들었다.162) 이 커피하우스에서는 모두가 자신의 위치를 알고 있었다.

커피하우스가 당국의 통제 밖에서 형성된 자연스러운 사회 구조를 반영했다는 것에는 의심의 여지가 없다. 동네 커피하우스, 젊은이들이 자주 찾는 커피하우스, 부두의 뱃사공과 짐꾼들이 가는 커피하우스, 각지의 요리사와 마부들이 가는 커피하우스, 커피 애호가들이 가는 커피하우스, 대중 이야기꾼이나 세마이(Semai music은 6/8 박자로 구성된 오토만 터키 음악의 한 유형이다. 이것은 또한 Sama'i 또는 usul semai로 알려져 있다. 이 형태와 박자는 완전히 다른 Saz Semaisi와 혼동되기 쉽다. 이것은 10/8 박자로 구성된 세 개에서 네 개의 섹션으로 이루어진 악기 형태이며, usul aksak semai(터키어로는 broken semai)이다) 가수들이 가는 커피하우스, 그리고 동네 마을 사람들과 은퇴한 사람들을 위한 커피하우스 등이 다양한 사회 집단과 직업군이 서로 교류하고 지원할 수 있는 기회를 제공했다.

분명히, 모든 커피숍이 흠이 없는 것은 아니었다; 실직 상태의 떠돌이들은 때때로 커피하우스에 모여서 불안을 일으키고 지역 주민들을 괴롭히기도 했다. 아흐메트 라심(Ahmet Rasim)은 한때 여성들뿐만 아니라 젊은 남성들도 아크사라이(Aksaray), 체쉬메메이다느(Çeşmemeydanı), 제르라흐파샤(Cerrahpaşa), 심지어 디레클레라라스(Direklerarası)와 같은 동네의 커피하우스를 감히 지나가지 못했다고 지적한다.163) 이런 이유로 커피하우스 반대자인 메흐메트 아키프(Mehmed Âkif)와 어시장 감독 알리 르자 베이(Ali Rıza Bey) 등은 이러한 장소들을 강력하게 비난했다. 어시장 감독관의 입장에서 보면 동네 커피하우스는 난장판이다. 담배, 코담배, 해시시 중독자들이 자주 출입하며, 기침과 재채기를 하며, 비관

162) Burhan Felek, ibid., pp. 82-83
163) Ahmet Rasim, "Kahve Kahvehanelerimiz", Akşam, 26 March 1926.

과 가십거리를 입에 달고 다니며, 무식하고 그들이 '세계의 뉴스를 꽉 잡고 있다'고 생각하는 심술궂은 노인들이 자주 찾는, 조잡한 그림들이 있는 끔찍하고, 믿을 수 없을 정도로 지저분한 곳이었다.[164]

레샤트 누리 귄테킨(Reşat Nuri Güntekin)의 소설 『야프라크 되퀴뮈 (Yaprak Dökümü)』의 주인공인 알리 르자 베이(Ali Rıza Bey)는 처음에 는 메흐메트 아키프(Mehmet Âkif)와 그의 이름을 딴 어시장 감독처럼 타협하지 않는 커피하우스 반대자였다. 그는 공직에 있을 때 '힘만 있으 면 다 폐쇄시켜버리겠다!'고 불편해 했다. 그러나 일단 은퇴해서 식구들 이 잔소리를 하기 시작하자 그는 커피하우스가 비참한 은퇴자들에게는 '대체할 수 없는 위로의 구석'이라는 사실을 깨달았다. 그는 참르자 (Çamlıca)나 위스키다르(Üsküdar) 시장을 걷는 동안 시골의 몇몇 커피하 우스에 먼저 들렀고, 점차 지역 커피하우스에 익숙해졌다. 나머지는 레 샤트 누리의 말을 들어보자:

처음에 그는 한 쪽 구석에 혼자 앉아 신문을 읽곤 했다. 그는 여전 히 이 커피하우스들의 단골손님들에 대한 혐오감을 극복하지 못하고 있었다. 그는 결코 그들과 어울리지 않기로 결심했다. 그는 여기서 구경 꾼에 지나지 않았다. 그는 무엇을 보고 들었을까? 어떤 노인들은 자신 이 무엇을 먹었는지, 때론 밥이 부족해서 굶어죽을 지경이라고 인정하 는 등, 부끄러움 없이 자신의 삶의 은밀한 부분을 털어놓곤 하였다.

다른 사람들은 끊임없이 주사위 놀이나 카드 놀이를 하고, 가끔 멈 춰서 추잡한 소리로 서로 다투다가 마치 아무 일도 일어나지 않은 것처 럼 게임을 계속했다. 실제로, 어느 날, 그는 성공적인 경력을 가졌다고 알려진 은퇴자가 구타당하는 장면을 목격했다. 알리 르자 베이(Ali Rıza Bey)의 머릿속에는, 이 남자는 이런 스캔들 이후 은둔 생활을 해야 하고

---

164) Balıkhane Nazırı Ali Rıza Bey, *ibid.*, pp. 37-40.

심지어 죽어마땅하다고 생각했다. 그러나, 그는 바로 다음날에도 아무 일도 없었다는 듯이 같은 커피숍에서 주사위 놀이를 하고 있는 그를 발견했다.

Bir mahalle kahvesi (동네 카페)

그는 처음에는 대화할 상대를 찾아 헤매던 몇몇 무력한 영혼들에게 귀를 기울였다. 시간이 지남에 따라 지인들의 숫자가 서서히 늘어났다. 그러나, 그의 자존심은 여전히 강했다.

그는 항상 남의 말에는 귀를 기울이면서도 자신의 고민은 한마디도 하지 않았다.

그는 마침내 커피하우스가 실업과 성가신 가정의 고통을 막는 유일한 보루라는 것을 깨달았다. 커피하우스 없이는 은퇴자들은 죽는 것 외

에는 할 일이 거의 없었다.165)

압뒬아지즈 베이(Abdülaziz Bey)는 호자 알리 르자(Hoca Ali Rıza)가 붓으로 이룬 것을 펜으로 수행했다; 그는 그 시대의 커피하우스가 게으른 사람들의 거처가 아니라 오히려 '실업과 성가신 가족으로부터의 고통에 대한 유일한 보루'라는 것을 알아차린 작가 중 한 명이었다. 따라서 그는 커피하우스의 긍정적이고 유용한 측면을 전면에 내세우기 위해 노력했다. 지역 커피하우스에서 그가 쓴 네 페이지 이상의 찬사의 '요약' 버전은 다음과 같다:

지역 커피하우스로 불리는 장소는 과학 아카데미(Encümen-i Dâniş) 형태였으며, 그들은 과학 및 교육 기관 또는 사회 복지 단체로 활동했다. 그들은 대중 간의 유대뿐만 아니라 사회 구조를 강화하는 중요한 임무를 맡았다. 그들은 내가 기억하는 한 계속 이 목적을 위해 봉사했지만, 불행히도 그들은 먼저 그들의 사회적 지위를 잃었고, 그 후 잊혀진 미지의 존재들 사이에서 사라졌다.166)

부르한 펠렉(Burhan Felek)이 묘사한 치체크치 카흐베시(Çiçekçi Kahvesi)는 본질적으로 압뒬아지즈 베이(Abdülaziz Bey)와 같은 과학 아카데미(Encümen-i Dâniş) 커피하우스이다. 그의 유명한 시 『마할레 카흐베시(Mahalle Kahvesi, 동네 커피하우스)』에서 지역 커피하우스에 대한 강한 반대에도 불구하고, 시인 메흐메트 아키프(Mehmed Âkif)는 위스퀴다르(Üsküdar)에 살았던 몇 년 동안 이 커피하우스에서 멀리 떨어지지 못했다.

---

165) Reşat Nuri Güntekin, *Yaprak Dökümü*, Semih Lütfi Kitabevi, İstanbul 1944.
166) Abdülaziz Bey, *ibid.*, pp. 301-306.

XVII. 크라아트하네

(고객이 읽을 수 있는 신문과 잡지가 있는 넓고 깨끗하게 잘 꾸며진 커피하우스)

유감스럽게도 우리는 메흐메트 아키프(Mehmed Âkif)와 커피의 관계에 대한 정보가 없다. 그러나 그는 앞서 언급한 그의 시 『마할레 카흐베시(Mahalle Kahvesi)』에서 지역 커피하우스를 낮 동안 사람들을 강탈하는 노상강도나 거지로 위장한 교활한 살인자에 비유한다; 그는 지역 커피하우스를 시간을 훔치고 일을 하지 못하게 하는 게으름과 아주 추잡하고 더러운 쓰레기의 소굴로 간주하고, 지역 커피하우스를 자세히 묘사함으로써 그것들이 얼마나 역겨운지 묘사하려고 애쓴다. 메흐메트 아키프와 그의 시의 개념에 대한 무자비한 반대자이며, 문학 평론가이자 수필가인 누룰라흐 아타츠(Nurullah Ataç)는 아마도 커피하우스에 대한 그들의 공통의 증오에 대해서만 그와 동의할 것이다. 그의 미발표 에세이 『카베(Kave, 커피)』에서 다음과 같은 문장은 『마할레 카흐베시(Mahalle Kahvesi)』의 해석과 유사하다:

커피하우스는 생활이나 집을 정리하는 방법, 친구를 사귀는 방법을 모르는 사람들의 안식처이다. 요컨대 현실을 도피하는 이들의 공간이다. 그곳에서 그들은 일상의 고민과 지울 수 없는 외로움을 달래주는 분위기, 기회가 주는 지인을 발견한다. 그들의 상상력은 거칠다. 그들이 유령으로 보는 얼굴은 실제로 그들 자신을 위해 완전히 다른 삶을 상상한다. 그들은 묵주 구슬처럼 망상이나 기억에 지나지 않는 슬픔과 기쁨을 세고 있다. 아편과 해시시를 허용하든 허용하지 않든 각 커피하우스는 마약상이다. 그들은 넓은 유리 건물 전면으로부터 거리의 군중을 바라보는 사람들에게 삶을 꿈과 같은 모습으로 보여주기까지 한다.167)

이러한 견해에도 불구하고 누룰라흐 아타츠(Nurullah Ataç)는 야히야 케말(Yahya Kemal)의 측근으로 보낸 몇 년 동안 이크발 크라아트하네시(İkbal Kıraathanesi)에 자주 들렀고, 1940년대에는 퀼리크 카흐베시(Küllük Kahvesi)를 자주 찾았다. 우리는 메흐메트 아키프가 사람들이 식사하고, 이야기하며, 즐거운 시간을 보낼 수 있는 깨끗하고 조명이 밝은 커피하우스를 반대하지 않았다는 것을 그가 베를린의 카페에 쓴 찬사를 통해 알고 있다. 또한 그는 디레크레라라스(Direklerarası)에 있는 하즈 무스타파(Hacı Mustafa)의 찻집, 디반요루(Divanyolu)에 있는 아리프(Ârif)의 커피하우스, 위스퀴다르(Üsküdar)에 있는 치체크치 카흐베시(Çiçekçi Kahvesi)에 들러 친구들과 대화를 나누곤 했다.

처음부터 일부 커피하우스는 학자, 예술가, 지식인들이 선호했다; '메즈마-으 주레파(mecma'-ı zurefa, 재치있는 사람들의 장소)' 및 '메크테브-이 이르판(Mekteb-i irfan, 배우는 학교)'으로 간주되는 이러한 커피하우스에서 제공되는 커피는 '에흘-이 이르판(ehl-i irfan, 지혜의 대가의 셔벗)'으로 알려졌다. 그러나 모든 커피하우스가 같은 성격을 가진 것은 아니었다는 것은 분명하다. 아흐메드 미드하트 에펜디(Ahmed Midhat Efendi)와 휘세이인 라흐미 귀르프나라(Hüseyin Rahmi Gürpınar)의 단편 소설과 장편 소설에서 우리는 메흐메드 아키프(Mehmet Âkif)가 풍자한 것과 유사한 커피하우스를 만난다.

---

167) Nurullah Ataç, "Kahve", *Haber Akşam Postası*, 10 August 1937.

Melling- İstanbul'da Kahvoehane (멜링-이스탄불의 커피하우스)

반 무어(Van Moor, 플랑드르 - 프랑스 화가로, 튤립시대와 술탄 아메드 3세의 통치 기간 동안 오스만 제국의 삶을 자세히 묘사), 앙투안 이그나스 멜링(Antoine Ignace Melling, 레반트의 예술가에 속하는 화가이자 건축가이자 항해자), 토마스 알롬(Thomas Allom, 영국의 건축가, 예술가, 지형 삽화가), 아마데오 프레지오시(Amedeo Preziosi, 발칸 반도, 오스만 제국, 루마니아의 수채화와 판화로 유명한 몰타의 화가이자 여행가)와 같은 예술가들이 세심하게 묘사한 것처럼 도시의 가장 경치가 좋은 위치에 세워진 넓고 통풍이 잘 되고 쾌적한 커피하우스는 메흐메트 아키프(Mehmed Âkif)가 비판한 것과는 전혀 다르다. 대부분 화재로 소실되고 개발자의 분노로 부분적으로 파괴된 이 커피하우스는 유럽 여행자에게도 매력적이었다. 1843년 이스탄불을 방문하는 동안 페라 지역에서 질식사한 프랑스 시인 제라르 드 네르발(Gérard de Nerval)은 라마단 밤에 이란인으로 변장하고 옛 이스탄불로 건너가 베야즈트(Beyazıt)의 커피하우스에서 카라괴즈(Karagöz)의 공연을 관람하고 또 다른 커피하우스에서는 대중 이야기꾼의 이야기를 들었다.[168]

168) Gérard de Nerval, *Doğuya Seyahat* (trans. Muharrem Taşçıoğlu), Kültür ve Turizm

네르발(Nerval)이 방문한 당시 디반요루(Divanyolu)는 여전히 옛 시
대의 그림 같은 거리였다; 고리버들 의자가 앞에 흩어져 있는 상태의
'에흘-이 케이프(ehl-i keyf, 쾌락의 대가)'의 커피하우스는 1865년에 발생
한 호자파샤(Hocapaşa) 대화재와 그에 따른 강제수용으로 파괴되었다.
남은 커피하우스는 단 네 곳뿐이었다; 실크 카펫으로 장식된 네 개의
멋진 커피하우스 중 하나는 제트 수영장이 있고 다른 세 개는 거울이
있었다. 이스탄불 백과사전(İstanbul Ansiklopedisi)에서 레샤트 에크렘 코
추(Reşat Ekrem Koçu)는 벡타쉬(Bektashi) 시인이 이 네 개의 커피하우스
를 묘사하는 긴 시를 전한다. 네빌 바바(Nebil Baba)라는 시인에 따르면,
젊고 잘생기고 단정한 옷차림을 한 젊은 웨이터들이 엘리트 고객들을
모시는 이 호화로운 커피하우스에서 일했다. 스토브는 장식되었고, 체
리와 재스민 나무 파이프는 손으로 조각되었다. 도자기 컵과 필리그리
(filigree, 일반적으로 가는 금 또는 은 철사로 섬세한 트레이서리를 만든 장식용
작품) 컵홀더로 이 특별한 장소들은 심지어 술탄도 맞을 수 있었다.169)
아마도 1850년대에 프레지오시(Preziosi)가 그린 그림은 네빌 바바(Nebil
Baba)가 칭찬한 이 커피하우스를 묘사한 것 같다.

이스탄불 커피하우스는 독특한 건축 양식을 보여줬다. 리파트 오스
만 베이(Rifat Osman Bey) 박사가 철저하게 조사한 건축물에 대한 기
사170)에서 제공하는 정보는 위에 언급된 이름의 커피하우스 묘사와 일
치한다. 옛 저택들의 알현실과 비슷하게, 바닥부터 천장까지 그 시대의
미적 감각으로 장식된 벽, 츠타카리(çıtakâri, 나무 선반으로 만든 천장 장식)
기법으로 세심하게 제작된 나무 천장, 대리석 제트 풀, 우아한 스크린
오븐, 컵, 포트, 물담배 및 선반 위의 파이프들이 줄지어 놓여 있고, 환

Bakanlığı Yayınları, Ankara 1984, pp. 57-68, 95-97.
169) Reşat Ekrem Koçu, "Divanyolu Kahveleri", İstanbul Ansiklopedisi, v. IX, pp. 4626-4627.
170) Rifat Osman, "Memleketimiz Tarihinde Mükeyyifata Bir Bakış: Kahvehaneler", İstanbul
     Belediyesi Mecmuası, no. 87, İstanbul 1931. Also, see İbrahim Numan, "Eski İstanbul
     Kahvehanelerinin İctimai Hayattaki Yeri ve Mimarisi Hakkında Bazı Mülahazalar",
     Kubbealtı Akademi Mecmuası, no. 2, April 1981, pp. 64-74.

상적인 전망을 자랑하는 커피하우스는 현지인과 외국인 방문객 모두를 매료시켰다. 커피하우스는 오르타 메칸(orta mekan, 중앙 공간)과 바쉬세디르(başsedir, 상석, 명예의 자리)의 두 섹션으로 구성되었다. 두 계단의 좁은 계단을 통해 접근할 수 있는 바쉬세디르는 모스크에 있는 술탄 개인을 위한 전용 울타리와 비슷했다. 그곳은 카펫으로 덮여 있었고 디반(divan, 등받이와 팔걸이가 없는 긴 의자)으로 둘러싸여 있었다. 20명에서 25명을 수용하는 이 섹션은 쾨셰(köşe) 또는 세디르리크(sedirlik)라고도 하며, 시인 네빌 바바(Nebil Baba)가 '에슈라프(eşraf), 아얀(âyan), 파샤라르(paşalar)'라고 지칭하는 특권 고객을 위해 예약되었다:

Dört aded kahve-i safâ-bahşâlar

Müşterisi eşraf, âyan paşalar

Biri havuzludur üçü aynalı

Cümle döşenmişdir kadife halı

(네 곳의 즐거운 커피하우스

고객은 귀족, 유명인사, 파샤

한 곳은 수영장이 있고 다른 세 곳은 거울로 장식되어 있네

모두 벨벳 카펫으로 장식되어 있네)

19세기에는 이런 호화로운 커피하우스가 사라진 것 같다; 디반(divan, 등받이와 팔걸이가 없는 긴 의자) 대신 의자와 테이블을 사용하는 단순한 버전으로 대체되었다. 그러나 호자 알리 르자(Hoca Ali Rıza)의 그림에 묘사된 커피하우스들 중 일부는 한동안 그들의 전통적인 건축 양식을 유지한다. 앞서 언급한 치체크치 카흐베시(Çiçekçi Kahvesi)에는 셀리미예(Selimiye) 및 이사니예(İhsaniye) 구역의 명망 있는 거주자들을 수용하는 바쉬세디르(başsedir, 상석, 명예의 자리)도 있었다.

제미예트-이 일미예-이 오스마니예(Cemiyet-i Ilmiye-i Osmaniye, 오스만 과학 협회)의 크라아트하네(kıraathane, 문자 그대로 '열람실') 설립은 탄지마트(Tanzimat, 1839년부터 1876년까지 실시된 오스만 제국의 개혁 정책이었다. 대영 제국과 러시아 제국의 간섭, 그리고 술탄 압뒬하미트 2세의 등장으로 인해 실패로 끝났다. 탄지마트는 튀르키예어로 "개편"이라는 뜻) 시대 이후 지식인들이 책과 신문이 있는 조용하고 클럽 같은 커피하우스의 필요성을 느꼈다는 것을 보여준다. 예니자미 뒤에 있는 타쉬 메크텝(Taş Mektep)의 커피하우스에서 운영되는 협회의 크라아트하네(kıraathane)는 다양한 언어로 된 30개 이상의 신문을 비치하고 있었다. 게다가, 협회의 도서관에 있는 책들을 이용하는 것도 가능했다. 메즈무아-이 퓌눈(Mecmua-i Fünun)의 한 뉴스 기사에 따르면, 크라아트하네(kıraathane)는 화요일을 제외하고 매일 3시부터 11시까지 열렸으며, 회원들에 대한 인종이나 종교에 대한 차별은 없었다. 회원이 되고자 하는 사람들은 협회 회원이나 크라아트하네(kıraathane)의 추천을 받아야 했고, 또한 6개월의 회비를 선불로 지불해야 했다.171)

A. 아드난 아드바르(A. Adnan Advar)는 오스만 과학 협회가 개설한 크라아트하네(kıraathane)가 커피하우스와 무관하다고 정당하게 주장하며 '커피와 지식인의 관계에 대한 가장 분명한 예'라고 덧붙인다. 즉, 최초의 크라아트하네(Salle de Lecture, 열람실)는 가장 현대적인 의미에서 오크추라르바슈(Okçularbaşı) 거리의 사라핌인 크라아트하네시(Sarafim'in Kıraathanesi)였다. 사라핌 에펜디(Sarafim Efendi)는 화요일과 목요일에 각각 발행된 신문 제리데-이 하바디스(Cerîde-i Havâdis)와 타크빔-이 베카이이(Takvîm-i Vekayi)를 고객에게 제공함으로써, 차르슈카프(Çarşıkapı)의 코자 레쉬트 파샤(Koca Reşit Paşa) 무덤 건너편에 있는 자신의 크라아트하네를 운영하기 시작했고, 곧 모든 잡지와 신문을 구입하기 시작

---

171) For further information, see Ali Budak, *Batılılaşma Sürecinde Çok Yönlü Bir Osmanlı Aydını: Münif Paşa*, Kitabevi Yayınları, İstanbul 2004, pp. 197-208.

했으며 그의 커피하우스를 독서실로, 더 나아가 그 시대 지식인들이 자주 찾는 문화 센터로 탈바꿈시켰다. 이런 신문과 잡지를 읽은 후 버리지 않았기 때문에 시간이 지남에 따라 오스만 누리 에르긴(Osman Nuri Ergin), 아드난 아드바르(Adnan Adıvar) 등의 연구자들이 활용하는 중요한 아카이브 컬렉션을 구성하게 되었다. 새로 출판된 모든 책의 판매 및 유통 지점으로서 특별한 지위를 획득하고, 지식인 클럽으로 유명한 사라핌인 크라아트하네시(Sarafim'in Kıraathanesi) 또한 라마단 저녁에 특히 나므크 케말(Namık Kemal)과 같은 유명한 인물들이 가끔 참여하는 시와 문학 토론회를 조직했다.172) 아흐메트 라심(Ahmet Rasim)에 따르면 '양쪽의 길고 좁은 디반 사이에 놓인 작고 깨끗한 대리석 테이블, 뒤쪽의 책꽂이에 신문 컬렉션과 책으로 배열된 도서관, 그리고 커피 스토브로 구성되어 있는' 사라피민 크라아트하네시(Sarafim'in Kıraathanesi)는 특정한 행동 규칙과 신문과 책을 읽는 태도를 요구했다. 예를 들어, 창가에 모자를 놓거나, 다리를 아래로 당기고, 디반 위에 눕거나, 테이블을 쾅쾅 두드리며 "커피 한 잔 가져와!"라고 소리치거나, 큰 소리로 말하는 등의 예절에 어긋나는 행동은 볼 수 없었다.173)

데살로니카(Thessalonica)의 쿨레디비(Kuledibi) 커피하우스에서 압뒬하미드 2세(Abdülhamid II)에 대항하여 조직된 연합 및 진보위원회 위원들은 두 번째 헌법이 공포된 후 그들은 '카흐베하네(kahvehane, 커피하우스)'라는 이름을 금지하고 '크라아트하네(Kıraathane)'로 바꾸려고 했기 때문에 커피하우스를 해로운 기관으로 간주했을 것이다. 필연적으로 여러 신문을 보유하고 크라아트하네(Kıraathane)라는 이름을 사용하기 시작한 커피하우스들 중 가장 유명한 곳은 위원회 위원들이 자주 찾는 테페바슈(Tepebaşı)의 카누누에사시 크라아트하네시(Kânunuesasi Kıraathanesi),

---

172) For further information, see A. Süheyl Ünver, "Sarafim Kıraathanesi", *Belleten,* v. XLIII, no. 170, April 1979.
173) Ahmet Rasim, *Muharrir, Şair, Edip* (ed. Kâzım Yetiş), Tercüman 1001 Temel Eser, İstanbul 1980, p. 170 et. al.

때때로 회의장으로도 사용되는 셰흐자데바슈(Şehzadebaşı)의 페브지예 크라아트하네시(Fevziye Kıraathanesi), 그리고 어느 정도 오래되고 화려한 커피하우스의 전통을 유지한 디바뇰루(Divanyolu)의 아리핀 크라아트하네시(Ârif'in Kıraathanesi)가 있다.

Thomas Allom - İstanbul'da Kahvehane (토마스 알롬-이스탄불의 커피하우스)

사무실과 가깝기 때문에 종종 공무원들이 자주 방문하는 아리핀 크라아트하네시(Ârif'in Kıraathanesi)는 중요한 크라아트하네였고, 여기에는 쉬나시(Şinasi), 나므크 케말(Namık Kemal), 아흐메드 미드하트 에펜디(Ahmed Midhat Efendi), 에뷔즈지야 테브피크(Ebüzziya Tevfik), 무일림 나지(Muallim Nâci) 및 메흐메드 아키프(Mehmed Âkif)와 같은 유명한 시인과 작가가 단골 손님이었다. 이 크라아트하네는 메드다흐 아쉬키(Meddah Aşkî), 메드다흐 이스메트(Meddah İsmet) 및 하이알리 캬티프 살리흐(Hayalî Kâtip Salih)와 같은 위대한 인물들이 한때 그들의 예술을 공연했던 곳이었기 때문에 집단 기억에서 중요한 위치를 차지했다. 예를 들어, 튀르키예의 대표적인 배우이자 감독인 무흐신 에르투룰

(Muhsin Ertuğrul)은 연극에 대한 그의 열정을 그의 아버지가 메드다흐 이스메트 에펜디(Meddah İsmet Efendi)의 공연을 보기 위해 가끔 그를 데려간 아리핀 크라아트하네시(Ârif'in Kıraathanesi)와 연관시킨다.[174]

Thomas Allom - İstanbul'da Kahvehane (Thomas Allom - 이스탄불의 커피하우스)

크라아트하네(kıraathane)라는 이름은 여전히 일부 커피하우스에서 사용되지만 완전히 받아들여지지는 않았다. 이스탄불에서 대학에 다니는 동안 베야즈트(Beyazıt)의 퀼뤼크 카흐베시(Küllük Kahvesi)에서 거의 모든 시간을 보낸 작가 타르크 부라(Tarık Buğra)는 1988년에 커피하우스를 크라아트하네(kıraathane)로 바꾸려는 캠페인에 반대하여 쓴 기사에서, 이 계획을 '자신의 권리와 시간을 보내는 자유를 파괴하려는 시도'로 평가한다. 셰흐자데바슈(Şehzadebaşı), 베즈네질레르(Vezneciler), 베야즈트(Beyazıt), 디바뇰루(Divanyolu) 및 술탄아흐메트(Sultanahmet, 술탄아

---

174) Ertuğrul Muhsin, *Benden Sonra Tufan Olmasın*, İstanbul 1989, p. 64.

흐메트는 유명 첨탑이 있는 인상적인 오스만 시대 술탄 아흐메트 모스크와 모자이크로 장식된 드높은 명성의 아야 소피야 모스크가 있는 것으로 잘 알려진 지역) 커피하우스의 황금기를 경험한 사람으로서 타르크 부라(Tarık Buğra)는 커피하우스에서 강요하지 않는 한 책을 읽지 않을 것이라고 주장하며, 신문의 구설수까지 탐독하는 은퇴자들이나 숙소에 난방이 잘 되지 않아 공부할 수 있는 다른 장소를 찾을 수 없었던 학생들을 제외하고는 그런 곳에서 책을 읽는 사람을 본 적이 없다고 덧붙였다.[175]

---

175) Tarık Buğra, *Bu Çağın Adı*, Ötüken Neşriyat, İstanbul 1990, pp. 214-217.

XVIII.
커피하우스에서의 엔터테인먼트

우리는 앞서 제라르 드 네르발(Gérard de Nerval)이 1843년 라마단 첫날 밤에 이란인으로 변장하고 이스탄불 쪽으로 건너가 베야지트 광장에 있는 커피하우스에서 카라괴즈 그림자 연극을 관람하고, 다른 곳에서 메드다흐(meddah, 대중 이야기꾼) 이야기를 들었다고 언급한 바 있다. 네르발(Nerval)의 메드다흐(Meddah) 이야기는 '이스탄불의 주요 커피하우스에서 생계를 위해 감탄할 정도로 아름다운 이야기를 전하는 공연자들에 대해 언급하지 않았다면 이스탄불에서 라마단 밤의 매력과 엔터테인먼트에 대해 전달한 정보가 불완전했을 것'[176]이라고 언급하면서 네르발의 메드다흐 이야기는 그의 상상력으로 나온 이야기와 비슷하게 들린다. 그러나 이스탄불의 라마단 밤의 활기와 특정 커피하우스에서 들려주는 아름다운 이야기에 대한 그의 관찰은 정확하다. 이는 커피하우스가 공연장으로 동시에 사용되었고, 그런 곳에서 연극 예술이 살아남았음을 의미한다.

---

176) Gerard de Nerval, *ibid.*, p. 95.

H. Saim Bey, Kahvede Karagoz(커피하우스의 카라괴즈)

　어떤 커피하우스에서는 특히 라마단 밤에 카라괴즈의 그림자 연극을 상연했고, 다른 곳에서는 메드다흐 공연을 열었다. 카라괴즈 공연자들은 타흐타칼레에 위치한 커피하우스에서 모임을 가졌다. 전통 튀르키예 연극에 대한 연구로 인정받는 메틴 안드(Metin And)에 따르면, 20세기 초 라마단 몇 달 동안 카라괴즈(Karagöz) 연극을 상연했던 커피하우스 중 일부는 다음과 같다: 셰흐자데바슈(Şehzadebaşı)에 있던 메흐메트 에펜디(Mehmet Efendi), 페브지예(Fevziye) 그리고 셈스 크라아트하네시(Şems Kıraathanesi), 디바뇰루(Divanyolu)에 있던 아리핀 크라아트하네시

(Ârif'in Kıraathanesi), 술탄아흐메트(Sultanahmet)에 있던 메세르레트 크
라아트하네시(Meserret Kıraathanesi), 베즈네질레르(Vezneciler)에 있던 크
라아트하네-이 오스마니(Kıraathane-i Osmanî), 예쉴투룸바(Yeşiltulumba)
에 있던 딜퀴샤 크라아트하네시(Dilküşa Kıraathanesi), 체쉬메메이다느
(Çeşmemeydanı)에 있던 마흐무트 아아 크라아트하네시(Mahmut Ağa
Kıraathanesi) 등.177)

다른 특별한 커피하우스에서는 메드다흐 공연을 선보였다.178) 네르
발보다 9년 앞서 이스탄불을 방문했고 그의 판화에 커피하우스를 포함
시킨 토마스 알롬은 토파네(Topane)에 있는 큰 커피하우스 중 한 곳의
높은 연단에 앉은 크즈 아흐메트(Kız Ahmet)라는 이름의 메드다흐를 묘
사한다. 이 특별한 판화는 앞서 언급한 화려한 커피하우스에서 메드다
흐를 위한 특별한 장소가 마련되었다는 것을 보여준다. 존 올드조(John
Auldjo)는 메드다흐를 공연할 때, 청중들은 반원형으로 앉았고, 앞줄은
고위층 고객들을 위해 예약되었고, '콜툭(koltuk)'이라고 부르는 메드다
흐 플랫폼은 더 높은 곳에 배치되었다고 덧붙였다.179)

프레지오시(Preziosi)의 판화에서 볼 수 있듯이, 음악가들은 커피하우
스에서 특별한 장소를 배정받았다. 이 판화에서는 한 무리의 음악가들
이 입구 건너편 커피 스토브 바로 옆에 있는 큰 벽감(壁龕)에서 바글라
마(baglama, 오스만 클래식 음악, 튀르키예 민속 음악, 튀르키예 아라베스크 음
악, 아제르바이잔 음악, 쿠르드 음악, 아르메니아 음악 및 일부 시리아, 이라크 및
발칸 국가에서 사용되는 현악기, 목이 긴 류트) 같은 악기와 주르나(zurna, 중
앙 유라시아, 서아시아 및 북아프리카 일부 지역에서 연주되는 이중 리드 관악기.
우리나라 태평소와 비슷)를 연주하는 것을 볼 수 있다. 악단이 차지한 벽감

---

177) Metin And, *Geleneksel Türk Tiyatrosu*, Bilgi Yayınevi, Ankara 1969, pp. 168-169.
178) Metin And, "Eski İstanbul'da Meddah Kahveleri", *Folklor*, 1/3, 1969.
179) John Auldjo, *Journal of a visit to Constantinople and some of the Greek Islands in the Spring and Summer of 1833*, London 1855 (Cited by Metin And, *ibid.*, p. 77.)

(壁龕) 앞 디반에서는 메블레비 데르비쉬(Mevlevi dervish)가 커피를 마시
는 반면, 거칠고 천박한 사람은 추북(çubuk)을 피운다.[180]

음악이 커피하우스에 들어온 시기를 추정하기는 어렵다. 그러나 예
니체리 커피하우스는 처음부터 음악 공연을 펼쳤고, 예니체리 군단이
해체된 후(1826), 이 커피하우스는 세마이 카흐베레리(semai kahveler
i)[xx]뿐만 아니라 소방관이 운영하는 '찰그르 카흐베레르(çalgılı kahveler,
뮤직 카페. 음악이 있는 커피하우스)'로도 알려진 아슈크 카흐베레리(âşık
kahveleri)로 변모했다고 주장할 수 있다. 아나톨리아(Anatolia)와 로우멜
리아(Roumelia)에서 이스탄불에 도착한 튀르키예 음악의 민속 시인 가
수(âşık, 아슈크)는 쳄베르리타쉬(Çemberlitaş) 근처의 타부크파자르
(Tavukpazarı) 커피하우스에서 현지 음악가들과 함께 모여 '시 대결
(atışma, 아트쉬마)'로 알려진 노래 경연 대회를 개최하여 테스트를 통과
했다. 연구원 에크렘 으슨(Ekrem Işın)이 정확히 관찰한 바와 같이, 오스
만 제국의 시골 문화는 이스탄불의 도시 생활에서 이 동네에 있는 세마
이(semai)[181] 커피하우스를 통해 어느 정도 표현되었다.[182]

19세기 이스탄불에서 사즈 시인(saz poet, âşık는 아나톨리아와 코카서
스의 민속 가수이다. 그들은 튀르키예, 아제르바이잔, 그루지야, 아르메니아, 이란
에서 일종의 신비로운 트루바두르로, 류트와 유사한 현악기 그룹인 saz를 연주하
여 자신의 시를 부른다)의 수가 증가하여 활동하게 되자, 민간 시인 협회
(Âşıklar Cemiyeti, 아슈클라르 제미예티)라고 알려진 길드가 설립되었고 유
명한 아슈크(âşık)가 협회장(kethüda, 케트휘다)으로 임명되었다. 세마이
커피하우스를 조직하고 하층민들이 커피하우스에 드나드는 것을 막는
일을 담당한 '아슈클라르 케트휘다스(Âşıklar Kethüdası, 튀르키예의 saz 시
인들이 속한 길드의 협회장을 의미)'는 국가로부터 급여를 받았다. 19세기에

---

180) *Amadeo Preziosi* (ed. Begüm Kovulmaz), YKY, İstanbul 2007, pp. 42-43.
181) A form special to vocal music with a rhythmic pattern of three beats (T.N.)
182) Ekrem Işın, İstanbul'da Gündelik Hayat, İletişim Yayınları, İstanbul 1995, p. 242.

베쉬크타쉬(Beşiktaş), 운카파느(Unkapanı), 악사라이(Aksaray) 등의 지역에 유명한 세마이 커피하우스가 있었지만, 길드의 본부가 된 커피하우스는 타부크파자르(Tavukpazarı)에 있었다. 이스탄불에서 시인들이 공연하기 위해서는 타부크파자르 민속 시인 협회로부터 자격 증명서를 받아야 했다. 이 길드에 소속된 시인들은 대중들에게 다양한 주제를 알리기 위해 매년 10월부로 주요 도시로 파견되었다. 마흐무드 2세의 통치기간 동안 시인들이 얻은 큰 명성은 그들이 대중에게 새로운 개혁을 소개하는 선전가로 사용되었음을 나타낸다.

Ressam Muazzez, Kahvede Karagöz (화가 Muazzez, 커피하우스의 카라괴즈)
(İBB Resim Koleksiyonu, yağlıboya, 101x80 cm) (IMM 그림 소장, 유화, 101x80 cm)

Preziosi'den kahvehane(Preziosi의 커피하우스)

사즈 시인(saz poetry)의 위대한 이름 중 하나인 데르틀리(Dertli, 사즈 시인의 위대한 이름 중 하나로, 17세기에 튀르키예에서 활동한 시인이었다. 그는 Dertli라는 가명을 사용했으며, 그의 본명은 알려져 있지 않다. 그는 Ottoman Turkish로 시를 썼으며, 그의 시는 고통과 슬픔을 주제로 한 것이 많았다)는 앞서 언급한 타부크파자르(Tavukpazarı)에 있는 커피하우스에서 엄격한 테스트를 받았다. 전설에 따르면 그가 명망있는 시인으로 이스탄불에 도착했을 때, 다른 사람들은 질투에 사로잡혀 이 시골 시인의 평판을 떨어뜨리기 위해 풀기 어려운 수수께끼를 냈다고 한다: 데르틀리(Dertli)에게 두 가지 선택지가 있었다. 그는 수수께끼를 풀기 위해 그의 모든 지능을 이용하거나 이스탄불에서 떠나 다시는 돌아오지 않는 것이다. 데르틀리(Dertli)는 벽에 걸려 있는 젤리 슐뤼스(celî sülüs) 체로 쓰인 수수께끼 액자를 힐끗 보며 긴장을 풀고, 협회장이 준 사즈(saz)를 받아 몇 개의 음을 시험삼아 연주한 뒤 노래로 그 수수께끼를 훌륭하게 풀었다. 케트휘다(kethüda)는 데르틀리에게 팔을 뻗어 커피하우스의 명예의 자리까지 동행했다. 데르틀리가 커피하우스의 시인들과 상금을 나누자 분위기가 풀렸다.

연중 매일 아슈크(âşık) 커피하우스에서는 사즈 시인의 노래를 들을 수 있었지만, 세마이 커피하우스는 라마단 기간에만 문을 열었다. 에크렘 코추(Ekrem Koçu)의 이스탄불 백과사전에 쓴 '찰그르 카흐베레르(Çalgılı Kahveler, 뮤지컬 카피하우스)'[183] 의 항목에서, 20년 동안 매 라마단마다 위스퀴다르(Üsküdar)에서 세마이 커피하우스를 연 바스프 히츠(Vasıf Hiç)는 세마이 커피하우스는 이스탄불에 특화되어 있으며, 소방관(tulumbacı, 툴룸바즈)이 자주 드나드는 커피하우스를 열었다고 언급한다.

---

183) İstanbul Ansiklopedisi VII, pp. 3683-3687. For further information on Semai Kahveleri, see Ahmet Rasim, "Semai Kahveleri", *Resimli Tarih Mecmuası*, Yeni Seri, no. 4 (76), April 1956, pp. 248-251; Osman Cemal Kaygılı, *İstanbul'da Semai Kahveleri ve Meydan Şairleri*, Eminönü Halkevi Dil Tarih ve Edebiyat Şubesi, İstanbul 1937; Tahir Alangu, *Çalgılı Kahvehanelerdeki Külhanbey Edebiyatı ve Numuneleri*, İstanbul 1943.

더 중요한 것은, 세마이 커피하우스를 열기 위해 커피하우스를 소유할 필요가 없다는 것이다. 소방관들과의 친분만으로도 충분했다. 세마이 커피하우스를 운영할 용기를 가진 사람은 커피하우스 주인과 일정한 몫을 대가로 합의하고 쉬르레 알라이으(Sürre Alayı)가 메카로 출발한 다음날부터 준비를 시작했다. 다음으로 천장은 쇠사슬과 알록달록한 종이로 만든 장미로 장식하고, 벽은 그림과 사진으로 도배했으며, 한쪽 구석에는 음악가들을 위한 높은 플랫폼이 설치되었다. 세마이 커피하우스에는 클라리넷(klarnet), 다르부카(darbuka), 치프테 나크카레(çifte nakkare), 주르나(zurna)를 연주하는 최소 4명의 음악가들이 필요했다.

일년 내내 이러한 커피숍을 기대하면서, 단골들은 라마단 첫날 밤에 타라위흐(tarawih, 쉼과 휴식을 뜻하는 아랍어에서 파생되었으며, 라마단 밤에 하는 특별한 기도) 기도를 한 후 바로 자리를 잡곤 했다. 바스프 히츠(Vasıf Hiç)에 따르면, 커피하우스의 아나운서는 처음에 세마이(semai, 고전 튀르키예 음악의 두 가지 간단한 방법 중 하나. 세속적인 음절로 쓰여진 일종의 민속 시) 또는 디완(diwan)을 암송했고, 이어서 몇 편의 마니(mani) 시를 낭송했으며, 나중에 커피하우스를 누가 준비했는지를 발표했다. 이는 커피하우스를 고객에게 선보이는 일종의 오픈 세리머니를 구성했다. 커피하우스 아나운서는 고상하고 잘생긴 소방관이 되어야 했다. 비록 뮤지컬 커피하우스는 모든 사회 계층의 고객들에게 개방되었지만, '얼굴에 털이 없는 젊은이(şab-ı emred, 문자 그대로 '수염 없는 젊은이'를 의미함)'는 입장할 수 없었다. 소란을 피울 준비가 된 무모하고 성급하고 무책임한 사람들과 악당들로부터 진지하고 저명한 사람들, 그리고 관료에서 짐꾼에 이르기까지 다양한 단골과 함께, 세마이 커피하우스는 상당한 명성을 얻은 시인, 가수, 이야기꾼들을 탄생시켰다. 그러나 이러한 공연 작품의 대부분은, 다른 말로 하면, 데르틀리(Dertli), 게브헤리(Gevherî), 엠라흐(Emrah), 아슈크 외메르(Âşık Ömer), 세이라니(Seyranî), 바이부르트루 지흐니(Bayburtlu Zihnî)와 같은 위대한 사즈 시인들이 쓴 작품들을 공연했다. 그럼에도 불구하고, 세마이 커피하우스에서 훈련받은 사람들은 아야클르 마니(ayaklı mani)를 암송하는 기술을 터득했다고 한다. 마니(mani) 낭독자들 사이에서, 마니의 운과 라데에프(radeef는 시의 마지막 구절을 의미한다. radeef는 시의 운율과 구조를 결정하는 역할을 한다. radeef는 아랍 시에서 유래했으며, 터키 시와 우르두 시에도 사용된다)[184]는 '아야크(ayak)'라고 불린다. 아야클르 마니(Ayaklı mani)는 아담 아만(Adam aman은 우르두 시의 한 형식이다. Adam aman은 시의 첫 구절에 사용되는 고정된 구절이며, 이것은 시의 운과 주제를 결정한다. Adam aman은 보통 ayaklı mani라고 부르는 시의 한 종류에서 사용된다. Adam aman은 보통 놀리거나 비판하는 의미를 가지며, 시인들이 서로 경쟁하거나 놀리는 수단으로 사용됩니다. ayaklı mani는 Adam aman으로 시작하고 radeef라고 부르는 반복되는 운으로 끝난다.) 형식으로 시작하여 아야크를 배치한다. 이 아야크는 마니가 낭송될 라데에프를 결정한다. 일단 아야크를 받으면, 마니 텔러는 종종 말재간(cinaslı, 지나슬르) 운율을 낭송한다. 예를 들면,

Adam aman "sürüne"

Madem çoban değilsin ardındaki sürü ne?

Beni yârdan ayıran sürüm sürüm sürüne

(아담 아만 "양떼"

당신이 목자가 아니라면 당신 뒤에 따라오는 양떼는 뭐야?

사랑하는 이로부터 나를 떼어낸 자 고통스러워라)

아야크(ayak)는 말장난을 필요로 하지 않을 수 있지만, 아래 예시에서 볼 수 있듯이 운율에서 정확히 반복되어야 한다:

Adam aman "-çe midir"

---

184) 시의 모든 쌍의 끝에 반복되는 단어 또는 구 (Word or phrase repeated at the end of every couplet of a poem) (T.N.)

Nefesin gül kokuyor, içerin bağçe midir
Beni baştan çıkaran, yârimin perçemidir
(아답 아만 "정원"
당신의 숨결에서는 장미향이 나요, 그 안은 정원인가요?
나를 유혹하는 것은 내 반쪽(사랑)의 앞머리)

독특한 리듬과 스타일로 낭송되는 마니는 시인들이 세마이 커피하우스에서 서로 경쟁하는 수단이기도 했다.[185] 바시프 히츠는 일부 마니 낭독자들이 앵무새처럼 마니를 단순 반복했기 때문에, 자신의 레퍼토리가 다 떨어지면 패배하고 낙담했다고 언급한다. 거장의 마니 시인들은 기민한 재치로 마니를 즉흥적으로 만들어서 결코 재료가 부족하지 않았다. 아흐메트 라심(Ahmet Rasim), 오스만 제말 카이그르(Osman Cemal Kaygılı) 및 바시프 히츠(Vasıf Hiç)는 수많은 마니 거장들의 이름을 기록했다. 옛 이스탄불에 대한 작품으로 유명한 세르메트 무흐타르 알루스 (Sermet Muhtar Alus는 터키의 작가, 저널리스트, 카리커쳐리스트이다. 1887년에 이스탄불에서 태어나 1952년에 이스탄불에서 사망했다. 그는 Akşam이라는 신문에서 과거의 이스탄불을 묘사한 글들로 유명하다. 그의 작품들은 대부분 신문과 잡지에 남아 있으며, 소설, 단편, 수다, 회고록, 희곡 등이 있다. 그는 오래된 이스탄불에 대한 작품으로 유명하며, 사회적이고 민속학적인 측면에서 이스탄불의 근대 역사와 삶을 다루고 있다.)는 『오니킬레르(Onikiler)』라는 소설을 에티에메즐리(Etyemezli)라는 가명으로 알려진 시인이 추쿠르체쉬메 (Çukurçeşme)에 있는 세마이 커피하우스에서 '야라 비르(yara bir)' 아야크로 마니를 읊는 장면으로 시작한다.[186]

---

185) For further information on *mani* and various *mani* examples, see Ahmet Rasim, *Muharrir Bu Ya* (ed. Hikmet Dizdaroğlu), MEB Yayınları Devlet Kitapları, Ankara 1969, pp. 135-143.
186) Sermet Muhtar Alus, *Onikiler* (eds. Eser Tutel-Faruk Ilıkan), İletişim Yayınları, İstanbul 1999, p. 13.

Thomas Allom - Meddah Kahvesi'nde Meddah kız Ahmet
(토머스 알롬- 메다흐 커피하우스의 메다흐 크즈 아흐메트)

1922년 라마단 기간에 에위프술탄(Eyüpsultan)을 방문하는 동안 야히 야 케말(Yahya Kemal)은 '비라데르(Bilâder)'라는 별명으로 알려진 수석 소 방관 사미(Sami)가 운영하는 데프테르다르(Defterdar) 부두의 세마이 커피하우스에 들러 아이란즈(Ayrancı)라는 가명을 사용하는 가수의 노래를 듣는다.187) 그날은 아나톨리아에서 좋은 소식이 전해진다. 거리에서 바다까지 이어지는 넓은 광장은 음악으로 가득 차고 나무에는 붉은 깃발이 걸려있어 아나톨리아의 승리가 임박했음을 예고하고 있다. 야히야 케말(Yahya Kemal)과 그의 친구들은 커피하우스 앞 나무 아래 테이블에 앉아 있다. 이스탄불 정신의 모든 미묘함을 소유하고 소방관의 민첩함으로 이리저리 뛰어다니는 커피하우스 종업원들은 선율이 좋은 곡조를 내며 스토브에서 차, 커피, 또는 나르길레를 주문받는다. 야히야 케말(Yahya Kemal)은 두 손가락에 8개 또는 10개의 찻잔이 든 트레이를 들고 다니는 멋진 젊은이들을 매우 즐겁게 바라본다. 그러다가 높고 감동적인 즉흥 연주가 클라리넷에서 흘러나온다. 갑자기, 400년 된 캬으트하네(Kâğıthane, 이스탄불의 유럽 쪽 골든 혼의 북쪽 끝에 있는 지역)에 관한 기억이 광장에 쏟아지기 시작한다.

그가 즉흥 연주를 듣고 있을 때, 야히야 케말은 과거로 여행을 떠나고 어린아이처럼 흥분으로 몸을 떨었다. 치프테나라(çiftenara, 쿠뒴 또는 더블 드럼)와 다르부카(darbuka, 성배 드럼)가 클라리넷에 합류하고 베이스 음성으로 디반 시를 암송하기 시작할 때, 여러 그룹의 사람들은 안으로 들어간다. 거친 남자, 허풍쟁이, 불량배, 소방관, 다시 말해 튀르키예 이스탄불의 모든 유쾌한 인물들이 그곳에 있다. 천장과 벽은 작은 깃발과 제등으로 장식되어 있다; 한쪽에는 무스타파 케말의 사진이 걸려 있고 다른 한쪽에는 레슬링 선수 카라 아흐메드의 사진이 걸려 있다. 비록 야히야 케말과 그의 친구들은 그 커피하우스가 낯설지만, 아무도 눈 하나 깜짝하지 않는다. 그러면서도 그들은 이따금씩 이런 불청객들을 곁눈질로 살피고, 그들의 얼굴에서 음악의 즐거움을 알아차리면 얼떨떨한 표정으로 미소짓는다. 디반 다음에 세마이가 나온다. 아이란즈(Ayrancı)로 알려진 노련한 가수가 감동적인 목소리로 그의 세마이를

187) Yahya Kemal, "Saatler ve Manzaralar", *Tevhîd-i Efkâr*, no. 3359-331, 10 May 1922.

시작하자, 야히야 케말은 감정의 홍수에 압도당한다. 부유한 가정에서 태어나 소방관이 되고 아이란이란 요구르트 음료를 팔면서 뮤지컬 커피하우스에서 세마이를 부르는 이 우아한 이스탄불 남자와 로스쿨 졸업생은 그의 목소리에 순수한 문명을 숨기고 있다.

라마단 한 달 동안 일부 커피하우스에서 그림자(Karagöz) 연극을 보고 메드다흐(meddah) 공연을 보고 인제사즈(incesaz, 음악 그룹 이름)를 들을 수 있었다. 예를 들어, 메드다흐 아쉬키(Meddah Aşkî)는 이야기를 하고 하이알리 캬티프 살리흐(Hayalî Kâtip Salih)는 아리핀 크라아트하네시(Ârif'in Kıraathanesi)에 스크린을 설치하고 밀랍 테이퍼 캔들에 불을 붙인다. 세르메트 무흐타르 알루스(Sermet Muhtar Alus)의 에세이는 아리핀 크라아트하네시(Ârif'in Kıraathanesi)에서 캬티프 살리흐(Kâtip Sâlih)의 공연에 관한 많은 정보를 담고 있다.[188] 작곡가 레미 아틀르(Lem'i Atlı)는 그의 회고록(Hatıralar, 하트랄라르)에서 멤두흐(Memduh)와 타티오스(Tatyos)가 지휘하는 사즈(saz) 그룹이 금요일과 일요일에 아리핀 크라아트하네시(Arif'in Kiratany)에서 밤낮으로 음악을 연주했다고 썼다. 주목할만한 작곡가 타티오스 에펜디는 이전에 페브지예 크라아트하네시(Fevziye Kıraathanesi)에서 연주했지만, 그는 음주와 무질서한 행동으로 인해 음악가 친구들과 사이가 틀어지자 해고되었다.[189]

아흐메트 라심(Ahmet Rasim)은 디레클라라스(Direklerarası)의 크라아트하네에서 처음 관람한 바이올리니스트 타티오스 에펜디가 페브지예 크라아트하네시에서 연주하는 동안 상당한 명성을 얻었다고 언급한다.[190] 타티오스 에펜디(Tatyos Efendi)와 그의 그룹이 수년 동안 금요일과 일요일에 음악을 연주했던 페브지예 크라아트하네시(Fevziye

---

188) Sermet Muhtar Alus, İstanbul Kazan Ben Kepçe (ed. N. Sakaoğlu), İletişim Yayınları, İstanbul 1995, p. 103 et. al.
189) Lem'i Atlı, "Hâtıralar", Canlı Tarihler IV, İstanbul 1947, p. 118.
190) Ahmet Rasim, Cidd ü Mizah, İkbal Kütüphanesi, İstanbul 1326, p. 146.

Kıraathanesi)는 압뒬하미드(Abdülhamid) 통치 시대에 이스탄불에서 가장 유명한 뮤지컬 커피하우스였다. 넓은 정원이 있는 이 커피하우스는 라마단 한 달 동안 매력적인 예술 중심지로 변모했고, 이곳에서는 탄부리 제밀 베이(Tanburi Cemil Bey) 등 당대의 모든 위대한 음악가들과 가수들의 음악을 들을 수 있었을 것이다. 150명을 수용할 수 있을 만큼 큰 이 커피하우스는 제 2차 헌법 공포 이후 컨벤션 홀로도 사용되었다. 안타깝게도, 이 커피하우스의 정확한 개점과 폐점 날짜는 알려지지 않은 채 남아 있다.

휴전 때까지 운영되었을 가능성이 있는 페브지예 크라아트하네시(Fevziye Kıraathanesi)는 제 1차 세계 대전 동안 레타페트(Letafet) 아파트 1층에 위치한 다뤼트탈림 크라아트하네시(Darüttalim Kıraathanesi)로 바뀌었다. 이 커피하우스는 파흐리 코푸즈(Fahri Kopuz)와 친구들이 1916년 설립한 음악 협회의 '음악 학교(Darüttalim-i Musiki)'가 사용했기 때문에 그렇게 이름이 붙여졌다. 스스로를 '에사필-이 샤르크(Esafil-i Şark)'라고 부르는 지식인 집단이 커피하우스를 선호했고, 아흐메트 함디 탄프나르(Ahmet Hamdi Tanpınar)의 소설 『사아틀레리 아야르라마 엔스티튀쉬(Saatleri Ayarlama Enstitüsü, The Time Regulation Institute)』로 문학사에 이름을 남겼다.

다뤼트탈림 크라아트하네시(Darüttalim Kıraathanesi)를 시작으로 다뤼트탈림-이 무시키(Darüttalim-i Musiki)는 셰흐자데바슈(Şehzadebaşı)의 여러 커피하우스에서 콘서트를 개최함으로써 더 높은 수준의 음악을 대중에게 소개하였다. 그러나 협회는 1931년에 해체되었고 커피하우스에만 그 이름을 남겼다. 그 무렵 축음기가 널리 보급되었고 라디오가 확실히 자리를 잡았고, 커피숍에서 라이브로 연주되는 음악은 구식이 되었다.

XIX.
문예 커피하우스

숲 탄아흐메트, 디바놀루, 누루오스마니예 베야즈트, 셰자데바슈의 커피하우스는 오스만 제국 말기와 튀르키예 공화국 초기에 상당히 활기가 넘쳤다. 이 지역에 바브알리(Babıâli), 대학(Darülfünun, 다뤼퓌눈) 및 언론 등이 있었기 때문에, 그 시대의 지식인들이 모여 예술, 문학, 정치에 대해 토론하는 장소가 되었다. 기회가 있을 때마다 그런 커피하우스에 몰려든 대학생들은 술탄아흐메트에 있는 테라스식 커피하우스 중 하나를 '아카데미(Akademi, The Academy)'라고 부를 정도로 전문가 단골손님들로부터 많은 것을 배웠다. 예를 들어, 아흐메트 함디 탄프나르(Ahmet Hamdi Tanpınar)는 이 커피하우스에서 제키 파이크 아이제스(Zeki Faik İzer)와 엘리프 나지(Elif Naci)와 같은 수많은 문인과 젊은 예술가들과 친분을 쌓았다. 사실, 라마단 밤에, 그는 르자 테프피크(Rıza Tevfik)가 대부분 자신의 학생들로 구성된 군중 앞에서 모방을 하고 제이벡(zeybek) 춤을 추는 것을 목격했다.[191] '아카데미

---

191) Ahmet Hamdi Tanpınar, *Beş Şehir*, p. 210.

(Akademi)'라는 이름을 '정중한 조롱'이라고 해석한 페야미 사파(Peyami Safa)에 따르면, 이 언급은 베야즈트, 디바뇰루, 누루오스마니예 커피하우스가 맡은 기능을 매우 잘 표현했다:

실제로 그 기간 동안 커피하우스는 작은 나무 테이블 주변에서 아카데미, 전문 길드, 클럽, 홀, 아이디어와 예술 위원회의 모든 의무를 최선을 다해 떠맡았다. 그제야 나는 우리가 커피를 마시는 국민이라는 것을 깨달았다. 마을에서든, 이웃에서든, 학교 앞이나 회교 성원 앞이든, 커피는 포트에서 국민적이고 종교적인 감각을 요리하고, 주전자 안에서 집단적인 양심을 우려내며, 카운터에서 대중과 지식인을 연결한다. 원시적일 만큼 단순하지만, 관습적일 만큼 심오하고 생생하며, 단일하고 가장 완전한 공동체의 중심이다.192)

튀르키예 문학에서 현대 시의 공동 창시자 중 한 명으로 알려진 야히아 케말은 휴전 기간 동안 다륄퓌눈(Darülfünun)에서 학생들과 함께 누루오스마니예에 있는 이크발 크라아트하네시(İkbal Kıraathanesi)에 정착했다. 커피하우스는 그의 지도 아래 발행된 데르가흐(Dergâh) 잡지의 본사로 사용되었다. 젊은 시절 파리에서 보낸 10년 동안, 그는 수플레(Soufflet)와 바셰트(Vachette) 같은 커피하우스에 자주 들렀고, 이들 커피하우스에서 즐겼던 문학 한담을 하던 마지막 날의 즐거움을 이스탄불로 가져갔다.

압뒬하크 슈나시(Abdülhak Şinasi)는 야히아 케말이 처음에는 까르띠에 라뗑(Quartier Latin, 제5구로도 알려진 예스러운 까르띠에 라뗑에는 소르본느 대학이 있으며 카페는 학생들로 가득)에 있는 카페를 방문했고 1908년 이후에는 주로 끌로세리 데 릴라스(1860년대 초, La Closerie des Lilas 의 카페는 파리 에꼴 데 보자 드 파리(École des beaux-arts de Paris, 일반적으로 Beaux-Arts de Paris라고 하는 École Nationale supérieure des beaux-arts de

---

192) Peyami Safa, "Gençlik ve Kahve", *Yeni Mecmua*, v. V, no. 87, 27 Birincikânun 1940.

Paris(ENSBA)는 1817년에 설립된 프랑스 예술 학교)에 있는 샤를 글레이어 (Charles Gleyre, 마크 가브리엘 샤를 글레이어(Marc Gabriel Charles Gleyre; 1806년 5월 2일 - 1874년 5월 5일)는 어린 시절부터 프랑스에 거주한 스위스 예술가)의 스튜디오에서 등장한 화가 그룹인 '타협주의자들'의 만남의 장소 였으며, 여기에는 브라질르, 르느와르, 모네가 포함된다)를 선호했다고 썼다. 네르발(Nerval)에서 베를렌(Verlaine), 말아르메(Mallarmé, 프랑스의 시인)에서 발레리(Valéry, 프랑스의 시인·철학자), 로댕에서 레닌에 이르기까지 수많은 시인, 작가, 지식인들이 자주 드나드는 이 카페는 야히야 케말에게 커피와 문학 한담의 즐거움을 주었다.[193] A. 아드난 아드바르(A. Adnan Adıvar)에 따르면 파리의 몇몇 카페들이 한때 시인, 작가, 예술가들이 모이는 장소 역할을 했기 때문에, 그들은 최후의 만찬이 열렸던 방인 세나클(cénacle, 프랑스 낭만주의 운동을 이끈 작가들을 중심으로 결성된 문학 동인. 또는 그 작가들이 자신의 작품을 낭독하고 토론하던 장소. 노디에를 중심으로 라마르틴, 비니, 뮈세, 위고 등이 모였고, 이후에 위고와 생트뵈브가 결성한 모임에는 메리메, 고티에, 네르발을 비롯한 젊은 작가들이 가담하였다)이라는 이름으로 알려져 있었다. 그러나 제 1차 세계 대전 이후, 이 전통은 거의 완전히 사라졌고, 몽파르나스(Montparnasse)의 외국인들이 자주 드나드는 한 두 개의 대형 카페에서만 신문을 쌓아두는 습관이 유지되었고, 소설을 통해 프랑스 라이프 스타일을 배운 외국인을 끌어들이기 위해 장발의 시인과 예술가 두어 명을 가까이에 두고 있었다.[194]

1912년 파리에서 돌아온 야히야 케말은 이스탄불의 여러 지역에 걸쳐 있는 커피하우스를 발견하고 그곳에서 시간을 보내고 시를 쓸 수 있었다.

---

193) 유명한 사람들이 위에서 언급한 커피하우스에 앉았던 테이블에는 명판이 부착되어 있다. Yahya Kemal의 이름을 테이블에 올리려는 첫 번째 시도는 1960년대 초 Taha Toros에 의해 이루어졌다. 그의 소원은 거의 20년 후인 1980년 2월 28일에 이루어졌다. 당시 파리에서 문화 고문으로 재직 중이던 Melih Cevdet Anday의 노력으로 하미트 바투 대사의 후원으로 기념식이 열렸다. Yahya Kemal의 이름은 Closerie des Lilas의 테이블에 부착되었다. 이 행사를 계기로 Yahya Kemal 1884-1958이라는 제목의 작은 책이 프랑스어로 출판되었다. See, Sermet Semi Uysal, *Şiire Adanmış Bir Yaşam: Yahya Kemal Beyatlı*, İstanbul 1998, pp. 118-119

194) A. Adnan Adıvar, *ibid.*, pp. 198-199.

이런 점에서 이크발 크라아트하네시는 케말의 삶에서 특별한 자리를 차지하고 있다. 아흐메트 함디 탄프나르(Ahmet Hamdi Tanpınar)의 베쉬 셰히스(Beş Şehir)에 상세히 묘사된 이 커피하우스[195]는 휴전 기간 동안 대학생들의 피난처 역할을 했다.

Beyazit1 (노년)

누루오스마니예 카드데시(Nuruosmaniye Caddesi) 끝의 왼쪽 모퉁이에 위치한 이크발(İkbal)은 1960년대까지 여러 세대의 지식인들을 수용했다. 사범대학 철학과의 하산 알리(데니즈 위젤; Deniz Yücel, 독일계 튀르키예인 저널리스트이자 발행인)와 그의 친구가 처음 발견하였으며, 한때 다륄퓌눈(Darülfünun, '대학'을 의미하는, 아랍어 da(집)와 fünun(등불)에서 파생된 단어이다. 그것은 또한 1900년에 유럽 대학 스타일로 설립된 Darülfünun-ı Şahane 또는 Istanbul Darülfünun을 가리킨다. 이 기관은 1933년 개혁으로 이스탄불 대학교로 바뀌었다) 학생들 사이에서 인기 있는 만남의 장소가 되자 술탄아흐메트(Sultanahmet)와 디바뇰루(Divanyolu)의 커피하우스가 경쟁하기 시작했다. 다륄퓌눈 학생들은 제복을 입은 백인 러시아 장교

---

195) Ahmet Hamdi Tanpınar, *Beş Şehir*, pp. 210-211.

가 만돌린으로 연주하는 노래를 듣고, 5 쿠루쉬(kuruş, 쿠루쉬는 터키의 화폐 하위 단위다. 1 터키 리라는 100 쿠루쉬와 같다)로 시미트(simit, 베이글과 비슷하게 고리 모양으로 구운 빵으로, 보통 깨가 뿌려져 있는 튀르키예 빵. 흔한 길거리 음식이며, 튀르키예의 국민 음식 가운데 하나로 여겨진다)로 차를 마시며 점심을 먹었고, 동료애로 점령의 아픔을 나누었으며, 영국군이 영구 주둔했음에도 불구하고 아나톨리아에서 최근에 발행된 신문을 몰래 읽는다. 밤늦게 커피하우스에 들르는 언론인 친구들로부터 독립을 위한 국가 투쟁에 대해 검열된 최신 뉴스를 받는다. 다뤼퓌눈의 교수 대다수와 공화국 초기에 자신의 작품을 발표했던 문인들은 모두 이크발 거주자였다.

야히야 케말(Yahya Kemal, 터키의 시인, 작가 및 외교관. 그는 20세기 초반 터키 문학에서 가장 중요한 인물 중 하나였다. 그는 또한 1943년부터 1950년까지 터키 국회의원이었다)과 그의 숭배자들이 앉았던 대리석 탁자는 입구 왼쪽에 있었다. 토론이 열을 띠게 되면 원은 확장되어 커피하우스의 한쪽을 차지하곤 했다. 당구 큐, 주사위 게임 확인하는 사람, 그리고 고함을 지르는 웨이터 소리 속에서, 군중들은 보들레르(Baudelaire)와 베를레인(Verlaine) 같은 프랑스 시인, 푸줄리(Fuzuli), 네딤(Nedim), 셰이흐 갈립(Şeyh Galib) 같은 디반(divan) 시인, 이스탄불 정복, 프랑스 혁명, 베르그송(Bergson)의 철학, 일상 정치, 아나톨리아에서의 사건들에 관해 토론했고, 그리고 당일 잊힐 대부분의 훌륭한 프로젝트를 생산했다.

저명한 현대 튀르키예의 시인 아흐메트 하심은 때때로 이크발이라는 문예 커피하우스를 방문했다. 그러나 그의 가장 가까운 친구들조차도 하심이 문예 커피하우스보다 동네 카페를 더 좋아한다는 것을 알지 못했다. 카드쾨이 이스켈레 카드데시(Kadıköy İskele Caddesi)의 아젬인 카흐베시(Acem'in Kahvesi)에서 물담배를 즐기면서, 하심은 자신이 싫어하는 사람들에 대해 험담(때로는 저속한 언어로)을 퍼부었다. 자신이 얼마나 위대한 작가이자 시인인지 몰랐던 그의 커피하우스 친구들의 눈에는 하심은 입버릇이 상스럽고, 우습스꽝스럽고, 시끄럽고 떠들썩하게 웃는 풍자꾼, 다른 말로 하면, 이상하고 재미있는 선정적인 말들로 그들을 즐겁게 했던 파격적인 현지인에 불과했다. 하심은 그의 절친한 친구 야쿱 카드리 카라오스마놀루(Yakup Kadri Karaosmanoğlu)에게 평범한 커피하우스에서 평범한 사람들과 어울려야 할 필요가 있다고 설명한 적이 있다:

나는 항상 찻집이나 커피하우스 구석에서 낯선 사람들과 수다를 떨고 차와 커피를 마시고 물담배를 피우며 시간을 보낸다. 서민처럼 사는 것이 얼마나 위안이 되는 일인가? 그렇다, 백성 중 한 명은 무식하고 속물적일 수도 있지만, 이것으로 인해 그의 삶이 복잡해지는 것을 면할 수 있다. 우리가 지식인이라고 부르는 피조물은 끝없는 걱정에 시달리는 비참한 영혼이다. 그의 자만심과 안일함은 그를 기괴한 꼭두각시에 지나지 않게 만든다.196)

야쿱 카드리(Yakup Kadri)는 또한 모든 연애(정사)가 끝난 후 하쉼(Haşim)이 카드쾨이 이스켈레 카드데시(Kadıköy İskele Caddesi)에 있는 아쩸인 카흐베시(Acem'in Kahvesi)에서 피난처를 찾았고, 차를 마시며 주사위 놀이를 하며 시간을 보냈으며, 때때로 옆 사람의 수다를 들었고, 때로는 자신을 위로하기 위해 가장 야한 호색적인 가십에 동참했다고 회고한다.197)

데르가흐(Dergâh) 잡지가 폐간되고 직원들이 사방으로 흩어지자, 이크발은 오랫동안 저널리스트들의 손에 맡겨졌다. 1950년대에, 그 커피

---

196) Yakup Kadri Karaosmanoğlu, *Gençlik ve Edebiyat Hâtıraları*, p. 117.
197) Yakup Kadri Karaosmanoğlu, *ibid.*, p. 130. Yakup Kadri ascribes Haşim's "consort with people who represent despair, misfortune, material and spiritual impoverishment and disclosure of his private life to such types" to his hatred of intelligent and powerful figures.

하우스는 소설가 오르한 케말(Orhan Kemal)과 그의 친구들에게 인기 있는 장소가 되었다. 커피하우스에서 소설을 쓰는 것으로 유명한 오르한 케말의 커피 여행은 아다나(Adana, 튀르키예 남부의 도시)의 커피하우스에서 시작되었고, 이스탄불에 도착한 후에도 카슴파샤(Kasımpaşa), 페네르(Fener), 에위프(Eyüp)의 커피하우스에서 계속되었다. 다음은 메세르레트... 메세르레트 크라아트하네시(Meserret Kıraathanesi)는 튀르키예의 정치사에서 중요한 위치를 차지했는데, 연합 위원회와 진보 지지자 야쿠프 제밀(Yakup Cemil)이 이 커피하우스에서 쿠데타를 계획했기 때문이다. 메세르레트 크라아트하네시는 또한 오르한 케말의 '바브알리(Babıâli)에서 생계를 유지하기 위한 노력'의 시작을 알리기도 했다.198) 주사위 조각의 달가닥거림, 바스락거리는 종이, 그리고 잉걸불 냄새 속에서 자신의 소설을 쓰려고 노력한 젊은 케말은 한때 튀르키예 문학의 주요 이름이 될 사이트 파이크(Sait Faik), 야샤르 케말(Yaşar Kemal), 할둔 타네르(Haldun Taner), 멜리흐 제브데트(Melih Cevdet)와 같은 수많은 신진 작가들이 이 커피하우스에 자주 드나들었다고 한다. 메세르레트 크라아트하네시가 문을 닫고 바클라바(baklava, 견과류, 꿀 등을 넣어 파이같이 만든 중동 음식) 페이스트리(pastry) 가게로 개조되자, 젊은 작가들은 동네의 다양한 커피하우스를 시도해보았으며 마침내 누루오스마니예(Nuruosmaniye)에 있는 이크발 크라아트하네시(İkbal Kıraathanesi)에 정착했다. 이크발은 바브알리(Babıâli)에서 생계를 이어온 작가, 인쇄업자, 시인, 소설가, 화가들 사이에서 인기가 있었다. 오르한 케말은 그의 아버지가 한때 자신과 친구들이 '카흐베튈-이크발(Kahvetü'l-İkbal)'이라고 부르는 이 역사적으로 매력적인 이 커피하우스를 자주 드나들었다고 회상한다. 케말은 "이 커피하우스는 꽤 오래됐고 나므크 케말(Namık Kemal) 같은 사람들이 한때 자주 들렀다; 우리는 이 의심스러운 정보 조각들을 바탕으로 그러한 꿈을 꾸었다. 일부는 심지어 아흐메트 라심과 마흐무트 예사리

---

198) Nurer Uğurlu, *Orhan Kemal'in İkbal Kahvesi*, Cem Yayınevi, İstanbul 1972, p. 9.

의 시절을 기억하는 사람도 있었다."고 덧붙였다.[199]

오르한 케말과 그의 친구들이 이크발 크라아트하네시를 자주 방문하는 동안, 퀼뤼크(Küllük) 카흐베시는 이스탄불 대학교의 튀르키예인과 외국인 교수들 사이에서 가장 인기 있는 여름 모임 장소이었으며, 이 시기의 유명한 시인과 작가들 또한 마찬가지였다. 맛있는 요리로 유명한, 전설적인 에민 에펜디 로칸타스(Emin Efendi Lokantası 레스토랑)가 같은 장소에 있는 것이 이 커피하우스에 추가적인 명성을 부여했다. 퀼뤼크(Küllük)는 밤나무, 메뚜기나무, 느티나무로 그늘진 곳에 있는 오르두 카드데시(이스탄불의 Fatih 지구에 위치한 도로)를 마주보는 베야즈트(Beyazıt) 모스크의 측면에 위치해 있었다. 손님들은 대부분 주사위 놀이와 도미노를 즐기지만 철학, 예술 및 문학에 대해 논의하는 것을 선호했다. 시인 스트크 아코잔(Sıtkı Akozan)은 작은 책 형식으로 출판된 『퀼뤼크나메(Küllükname, 1936)』라는 그의 긴 시에서 1930년대 이 커피하우스의 엘리트 거주자들을 가장 두드러진 특징과 함께 소개한다. 또한 튀르키예 문학사에서 '1940년 세대'로 알려진 인물들의 그룹 중에서 인기가 많은 퀼뤼크(Küllük)는 1940년대 이후에 쓰여진 문학 회고록과 소설에서 자주 언급된다.

위대한 이름들 외에도, 새로운 트렌드를 대표하는 젊은 작가들과 시인들 또한 퀼뤼크(Küllük) 커피하우스를 자주 방문하였다. 퀼뤼크 커피하우스는 문학에 관심 있는 학생들을 위한 제2의 대학 역할을 했지만 다른 사람들에게는 위험한 함정이기도 했다. 코냐 고등학교를 우등으로 졸업하고 의과대학에 진학한 타르크 부라(Tarık Buğra)는 이스탄불에 왔을 때, 아크셰히르 출신의 튀르키예어 교사이자 에사필-이 샤르크(Esafil-i Şark) 회원인 르프크 멜룰 메리츠(Rıfkı Melul Meriç)를 우연히 만났고, 그는 즉시 그를 퀼뤼크(Küllük)로 데려갔다. 이곳에서 젊은 문학

---

199) Nurer Uğurlu, *ibid.*, pp. 9-15.

애호가는 당대의 가장 유명한 시인과 작가들 중 몇 명을 만났고, 곧 퀼뤼크(Küllük)의 가장 헌신적인 정기 회원 중 한 명이 되었다. 수업을 빼먹고 기말고사를 치르지 않아 그는 첫해에 낙제하여 의과대학 기숙사에서 쫓겨난 후 한때 노숙자였던 타르크 부라는 의자를 끌어당겨 주사위 판을 쿠션으로 사용했고, 퀼뤼크(Küllük)를 한 달 반 동안 자신의 집으로 삼았다. 그의 『퀼뤼크』라는 단편소설에서 타르크 부라는 자신의 인생에서 중요한 위치를 차지하고 있는 이 커피하우스에 대해 자세히 설명한다. 그럼에도 불구하고 타르크 부라는 퀼뤼크에서 보낸 세월을 결코 후회하지 않았다. 사실, 다른 많은 사람들처럼, 그는 자신을 퀼뤼크(Küllük) 졸업생이라고 생각했다. 글에서 "퀼뤼크는 그 자체로 하나의 시대이다. 그것을 알고 있는 사람들은 퀼뤼크(Küllük)를 다뤼퓌눈(Darülfünun)과 대학교 자체를 보완하는 것으로 여기며 심지어 자체적으로 대학이라고 생각한다"고 쓴 부그라는 아마도 사이트 파이크(Sait Faik)의 크라아트하네스에 대한 에세이를 암시할 가능성이 높다. 문제의 에세이에서 사이트 파이크는 다음과 같이 언급한다:

만약 학생이 크라아트하네(kıraathane)에 발을 들여놓은 적이 없다면, 나는 그의 대학 교육은 불완전하다고 생각한다. 주사위 조각의 달가닥거림 속에서 학장, 교수, 예산, 교직원 없이 완전히 자율적인 이들 대학에서 이루어지는 모습을 보고 소리를 듣는 사람은 그 나라의 맥박을 계속 확인할 수 있다; 그 맥박이 빠르든 느리든, 또는 간헐적으로 뛰든 간에 그는 의학 학위 없이도 관찰을 할 수 있다.[200]

퀼뤼크(Küllük)는 야외 커피하우스였기 때문에 봄과 초겨울 사이에 벌집처럼 붐볐다. 그의 단편 소설 『퀼뤼크(Küllük)』에서 타르크 부라(Tarık Buğra)는 이 커피하우스의 단골들을 겨울에 아크사라이와 셰흐자데바슈(Aksaray and Şehzadebaşı) 커피하우스로 이동하는 제비에 비유하

---

200) Sait Faik Abasıyanık, "Kıraathaneler", *Yedigün*, no. 22, 14 August 1948, p. 20.

며, 그들이 없을 때 느껴지는 조용하고 우울한 분위기를 묘사한다.[201]

셰흐자데바슈(Şehzadebaşı)에 있는 커피하우스, 특히 다뤼트타림 (Darüttalim)을 선호하는 '제비'들은 대부분 에사필-이 샤르크(Esafil-i Şark)의 일원이었다. 앞 부분에서 간략하게 언급한 이 집단의 가장 큰 특징은 발칸 전쟁, 제 1차 세계대전, 휴전 기간 등의 고통을 겪은 수많은 지식인들을 아우르고 결국 긴장을 풀고 삶을 유머러스한 시각으로 바라보게 되었다는 점이다. 대학교수, 시인, 작가, 의사, 변호사, 교육자, 심지어 일자리를 잃은 지식인들까지 포함된 이 집단 앞에서는 어떤 진지한 주제도 결국 조롱을 당하는 운명을 피할 수 없었다.

---

201) Tarık Buğra, *Yarın Diye Birşey Yoktur*, İstanbul 1952, pp. 6-9.

XX. 커피에서 차로

그의 소설 『참르자다키 에니쉬테미즈(Çamlıca'daki Eniştemiz, 참르자에 있는 우리 삼촌)』에서 압뒬하크 쉬나시 히사르(Abdülhak Şinasi Hisar)는 음식에 관한 오래된 관습과 습관을 유지하는 데 미친 미식가 삼촌과 그의 가족들이 잠옷을 벗지 않고 침대에서 일어나자마자 아침 커피를 마신다고 썼다. 저택 주변을 돌아다닌 후, 거주자들은 아침식사를 하기로 결심하지만 차(tea, 茶)에는 신경을 쓰지 않고, 대신 커피, 우유, 그리고 겨울이면 사흐레프(sahlep, 난초 속(genus)의 Orchis 종 (Orchis mascula 및 Orchis militaris 포함)의 괴경(tuber)으로 만든 가루이다. 이 괴경에는 글루코만난이라고 하는 영양가 있고 녹말이 많은 다당류가 들어 있다. 사흐레프 가루는 음료와 디저트, 특히 구 오스만 제국의 요리, 특히 전통적인 겨울 음료인 레반트에서 소비된다)를 마시고 올리브, 치즈, 잼, 빵을 즐겨 먹으며, 차를 마시는 어린 가족을 놀린다.202)

---

202) Abdülhak Şinasi Hisar, Çamlıca'daki Eniştemiz, p. 82.

이스탄불에서 차를 마시는 관습에 대한 가장 오래된 기록은 에브리야 첼레비(Evliya Çelebi)의 여행기에서 발견된다. 커피와 차를 진지하게 반대하는 이 매력적인 여행자는 커피보다 더 유익하다고 생각하는 매운 샤베트, 차, 사흐레프를 마시기를 강력히 권장한다.[203] 17세기 여행가 오빙턴(Ovington)도 튀르키예에서 인기 있는 음료 중 하나로 차를 언급하기도 하는데, 이는 튀르키예인들이 유럽인들보다 훨씬 더 일찍 차를 접했음을 나타낸다. 그럼에도 불구하고, 탄지마트(Tanzimat) 시대 이후 차와 사모바르(samovar, 특히 러시아에서 찻물을 끓일 때 쓰는 큰 포트) 문화가 널리 퍼진 것은 확실하다. 특히 이란인과 아제르바이잔 시아파 튀르키예인들이 베이아즈트(Beyazıt)와 셰흐자데바슈(Şehzadebaşı)에 문을 연 찻집은 튀르키예 문학사에서 중요한 장소이다. 셰히르 멕투플라르(Şehir Mektupları)에서 아흐메드 라심(Ahmed Rasim)이 하프를 연주하는 차이즈 하즈 레슈드(Çaycı Hacı Reşid)의 찻집은 압뒬하미드의 통치 기간 동안 문인들의 유명한 모임 장소 중 하나였다.

아나톨리아에서 아침 식사 재료로서 차와 차를 마시는 문화가 확산된 것(보다 정확하게는 병아리콩 커피보다 차를 선호함)은 아마도 제1차 세계 대전 중 커피 부족 때문일 수 있다. 아슴(Âsım)의 유쾌한 대화에서 메흐메드 아키프(Mehmed Âkif)는 동일한 기간의 설탕 부족 때문에 어떻게 하여 포도와 함께 차를 마셨는지를 묘사한다.

신이시여, 마침내 차가 나왔습니다.
필요하다면 설탕을 찾아볼까요?

---

203) *Evliya Çelebi Seyahatnamesi I*, p. 274.

- *400?*
- *내가 그것을 살 방법이 없습니다, 이즈미르의 포도 만세; 둘 다 저렴하고 더 맛있습니다!*
- *그리고 씨가 없습니다.*
- *당신 먼저 드세요.*
- *어서 드세요. 격식은 필요없습니다!*
- *먼저 포도를 씹고 차를 드세요…*
  하나님의 사랑으로 마셔요!
- *네 네!(204)*

그의 여러 에세이에서 전하는 정보에 따르면 야히야 케말(Yahya Kema)은 알코올 음료 외에 차를 선호했다. 그의 시에서 '카흐베 (kahve, 커피)'라는 단어는 항상 '카흐베 하네(kahvehane, 커피하우스)'를 나타 낸다. 그는 이스탄불의 아름다운 한 구석 에서 아름다운 여인과 차를 마시는 『리자트 (Ric'at, Retreat, 후퇴)』라는 제목의 단 하나의 시에서만 차에 대해 이야기 한다.

운문으로 시작하는 시에서,

He was drinking Chinese tea from chinaware
(그는 도자기로 중국 차를 마시고 있었다)

야히야 케말(Yahya Kemal)은 먼저 맞은편에 앉은 여성의 매혹적인 아름다움을 묘사한 다음, 이스탄불에서 새로운 연애를 경험하고 싶다는

---

204) Mehmed Akif, *ibid.*, p. 340.

그의 불타는 열망을 표현한다. 비길 데 없는 이스탄불의 아름다움 속에서 이 사랑의 맛으로 인생을 완성하는 꿈을 꾸기 시작하는 순간, 그는 그런 불륜을 견디지 못하는 마음을 느끼고 '후퇴'한다.[205]

문헌에 반영된 것처럼 차는 점점 더 널리 퍼졌고 커피의 왕좌를 차지했으며 점차 시간이 지남에 따라 고유한 문화와 애호가를 만들어 냈다. 현대 튀르키예 시의 공동 창시자 중 한 명으로 여겨지는 아흐메트 하심(Ahmet Haşim)은 차를 마시는 즐거움을 세련된 즐거움으로 만든 차 애호가였다. 그리하여 그는 일본 학자 오카쿠라 가쿠조(Okakura Kakuzo)의 『차의 책(茶の本, 오카쿠라 가쿠조의 일본의 예술, 문화, 단순한 생활의 조화는 다도(차도)의 역할을 연결하는 긴 에세이)』을 가장 먼저 알아보았다. 하심은 처음에 에세이에서 이 책을 간략하게 소개했으며 나중에 'Flowers'와 'Tea Room'이라는 제목의 장을 번역하여 1926년 아크삼(Akşam) 신문에 게재했다.[206] 분명히 하심은 일본의 차 문화 및 의례와 자신의 차에 대한 즐거움 간의 유사성을 확인했다. 하심도 담배와 물담배를 피우고 커피를 마셨지만 차에만 중독되었다. 그의 친구들은 그가 매우 즐겁고 세심하게 차를 끓여서 그의 창가에서 중국식 컵(piyale)에 따르던 저녁 시간을 애틋하게 기억한다. 루쉔 에쉬레프(Ruşen Eşref)가 하심과의 유명한 인터뷰를 진행하는 동안, 러시아 사모바르(samovar)가 녹색 테이블에서 끓고 있었고 찻 주전저는 섬세한 주둥이에서 차의 맛있는 향기를 뿜어내고 있었다. 하심은 파란색 장식이 달린 중국 도자기 컵에서 피처럼 붉은 차를 홀짝이며 시를 쓴 이유를 설명했다. "나는 이 중국 컵으로 차를 마시는 것과 똑같은 이유로 시를 쓴다. 그것은 단순히 맛의 문제이다!"

205) Yahya Kemal, *Kendi* Gök Kubbemiz, Yahya Kemal Enstitüsü Yayınları, İstanbul 1961.
206) Ahmet Haşim, *Bütün Eserleri III, Gurabahane-i Laklakan-Diğer Yazıları* (eds. İnci Enginün-Zeynep Kerman), Dergâh Yayınları, İstanbul 2004, pp. 324-332.

아마도 그가 『피얄레』라는 시에서 "불이 가득 차 있으니, 잡지 마십시오. 그렇지 않으면 타버릴 것입니다"라고 묘사한 장미빛 컵(piyale)은 찻잔이었을 것이다.

티타임은 하심의 가난한 삶에 의미를 부여한 즐거움 중 하나였다. 어느 날 그는 차를 제대로 끓이지 못한 친구를 질책했고, 또 다른 날은 좋은 차를 찾기 위해 다른 친구를 이스탄불과 베욜루(Beyoğlu)의 거리를 몇 시간 동안이나 걷게 했다. 하심이 디레클라라스에 있는 페르시아 찻집을 자주 방문하는 동안 차에 대한 열정이 발전하기 시작했다고 언급한 후, 야쿱 카드리(Yakup Kadri)는 차를 제공하는 것이 어떻게 아흐메트 하심의 의식이 되었는지를 다음과 같이 설명한다:

끓는 물로 헹군 컵에 차를 준비하고 끓이고 따르는 세심한 방법을 보면 찻집 주인인 샤힌 에펜디를 떠올리지 않을 수 없었다. 이 회상을 완성하기 위해서는 밝게 빛나는 사모바르 앞에 홀로 있는 아흐메트 하심을 상상해야 했다. 불행하게도, 불쌍한 하심은 그가 박탈당한 다른 많은 것들과 마찬가지로 사모바르가 없었고, 자기가 죽는 날까지 사모바르를 갈망했다.207)

그의 친구 하심과 마찬가지로, 레픽 할리드 카라이(Refik Halid Karay)도 세심한 차 애호가였다. 수필에서 그는 "차를 직접 끓여 끓는 물소리를 들으며, 적절한 농도에 도달할 때까지 마셔야 한다는 조건으로…", 무색이며 미숙한 유럽 차보다 사모바르에서 우려낸 진홍색의 차를 선호한다고 표현한다. 끓고 있는 사모바르가 있는 따뜻한 방보다 더 평화스러운 장소를 상상할 수 없었던 레픽 할리드 카라이는, 한때 사모바르의 김에 빠져 맛있는 차를 마시기 시작했고, 특히 비가 오거나, 안개가 끼거나, 폭풍우가 몰아칠 때 삶을 완전히 즐겼던 그는 웅변적이고,

---

207) Yakup Kadri Karaosmanoğlu, *Gençlik ve Edebiyat Hâtıraları*, Bilgi Yayınevi, Ankara 1969, p. 105.

즐겁고, 친근하고, 우아하고, 낙천적인 사람이었음을 인정했다. 그렇다면, 레픽 할리드 카라이에 따르면, 좋은 차 한 잔은 어떻게 끓여서 마셔야 할까?

차는 많은 주의를 기울여 우려내어 천천히 편안하게 마시지 않는 한 가치가 없다. 헐렁한 옷을 입고 편안한 쿠션에 기대어 가장 편안하게 마시는 조건으로 차는 세상에서 가장 맛있는 음료다. 그러나 그 물은 순수해야 하고, 색깔은 불 같은 색이며, 컵은 수정같이 맑아야 하며, 설탕이 적고, 향이 가벼워야 한다. 가장 불행하게도, 수백만 명의 차 마시는 사람들 중 소수만이 이러한 기초에 주의를 기울인다. 차를 끓이는 것을 간단하다고 생각하는 사람들은 착각하여 좋은 차를 마시지 못한다. 일반적인 도자기 포트에 미지근한 물을 넣고 우려내는 것, 즉 우리가 일반적으로 마시는 차는 너무 맛이 없고 불쾌하다; 우리는 이것을 차처럼 삼키는 자를 불쌍히 여겨야 하고 그것을 차처럼 끓이는 사람들에 분개해야 한다.

레피크 할리드(Refik Halid)는 차를 극찬했지만 결코 커피를 배신하
지 않았다. 그는 매일 아침 6시에 일어나 튀르키예식 딜라이트 한 조각
을 먹고 튀르키예식 커피 한 잔을 마셨다. 만약 그가 숙취에 시달리지
않고 그날의 주제를 정했다면, 그는 책상에 앉아 일을 시작하고, 11시에
튀르키예식 커피를 한 잔 더 끓여 정오까지 일을 계속했을 것이다.[208]
노인과 젊은이들의 전통을 일상의 습관으로 결합한 카라이가 차에 대
해 그랬던 것처럼 커피에 대한 에세이를 단 한 편도 쓰지 않은 것은 튀
르키예 문학과 튀르키예 커피 문화에 적지 않은 손실이다. 그가 거실
한구석에 보관해 두었던 이을드즈(Yıldız) 도자기 공장에서 만든 커피잔
은 앞으로 튀르키예 커피 문화가 개인 소장품이나 박물관에 국한될 것
이라는 곤경을 상징적으로 표현한 것으로 해석할 수 있다.[209]

---

208) Necmi Onur, *ibid.*, p. 6.
209) Gavsi Ozansoy는 인터뷰 중에 Refik Halid Karay의 거실에서 본 커피 컵을 다음과 같이
설명한다. 최고의 서예가가 금색으로 새긴 다음과 같은 헌사를 읽을 수 있다. '대재무부 최고
재무관 Halid Bey의 저명한 아내에게' See, Gavsi Ozansoy, "Refik Halid'in Kaşık
Koleksiyonu", *Amatör*, no. 9, September 1945, pp. 10-11.

옮긴이 후기

"**커**피 한 잔은 40년의 우정을 약속한다"(A CUP OF COFFEE COMMITS ONE TO FORTY YEARS OF FRIENDSHIP)라는 튀르키예 속담이 있다. 역자는 페이스북에서 에르투룰 외날프(ERTUĞRUL ÖNALP) 박사를 만나 '커피 한 잔'으로 40년 지기의 친구가 되었다. 튀르키예 사람들은 목구멍을 마음이 통하는 문이라 여긴다. 이는 튀르키예 커피가 맛도 맛이거니와 사회적 기능을 함께 지녔다는 뜻이다. '지옥처럼 검고, 죽음처럼 강하며, 사랑처럼 달콤하다'는 커피에 대한 튀르키예 속담이다. "영혼이 찾는 것은 커피도 커피하우스도 아닌 돈독한 우정이다. 커피는 구실에 불과하다"라는 튀르키예 속담에서처럼 커피는 본래의 사회적 관계에서 한 걸음 더 나아가기 위한 도구임을 말해준다.

이렇게 하여 우리는 친구가 되었고 그는 매년 한국을 방문하여 몇 달을 보내고 작품 활동을 하고 다시 앙카라로 건너갔고, 그가 매년 어김없이 한국을 방문할 때마다 우리는 커피 한잔을 하면서 회포를 풀곤 했다. 나는 한국에서 세계 최고의 기술로 내린 콜드브루 커피를, 외날프 박사는 튀르키예 커피를 서로 선물로 주고받았다. 그는 아예 『튀르키예 커피 문화』라는 책자를 번역하라고 자료를 보내주기도 했다. 이렇게 만남이 계속되고 약 2년 반쯤 전, 그는 스페인 소설가 이스라엘 산토스 라라(ISRAEL SANTOS LARA)가 쓴 『상인 이야기(El mercader de historias)』라는 소설을 튀르키예어로 각색한 『술탄이 된 해적(Korsanlıktan Sultanlığa)』의 영어 버전을 한국어로 번역해 달라며 메신저로 연락해 왔다. 전문 서적은 20여 년간 번역을 해왔기 때문에 자신이 있었지만 소설 번역은 처음이었으므로 처음엔 솔직히 좀 망설였다. 스페인어 원본과 영어 번역본을 받아 들고 대략적인 내용을 파악한 후 번역을 한 번 해보겠다고 응답을 했다. 거의 2년만에

초벌 번역을 마치고 교정을 수차례 보았을 때, 그는 다시 영어 전문가가 수정한 영어 번역본을 보내왔다. 나는 1년이란 기간 동안 완전히 새롭게 번역하는 기분으로 밤낮으로 매달렸다. 내용도 무려 520여 페이지나 되는 분량이라 정말 만만치 않은 작업이었다. 커피 한 잔으로 맺어진 우정으로 꿈에도 생각하지 못했던 소설 번역이란 엄청난 대가(우정)를 치르고 다시 『튀르키예 커피 문화』란 책을 마주하게 되었다.

2016년 튀르키예공화국 문화관광부 출판국이 출판한 『튀르키예 커피 문화』를 번역해보라는 제안을 받았을 때는, 개인적으로 2010년부터 커피에 관심을 가지고 공부를 하고 있었다. 에르투룰 외날프 박사(Dr. ERTUĞRUL ÖNALP)는 튀르키예식 커피하우스를 한국에서 열어보라고까지 권유하였으나 그 때는 바야흐로 미국을 비롯하여 세계적으로 콜드브루 커피가 붐을 일으키기 시작한 시점이었다.

역자가 『튀르키예 커피 문화』를 번역하기로 마음먹게 된 동기는 한국에는 커피하우스가 십만 개 정도 있고, 커피 가격이 밥 한끼 가격과 비슷하지만 커피 없이는 생활이 안되는 사회·문화적 배경이 있다는 사실이었다.

2022년 11월 4일 오후 11시경 경북 봉화군 아연 채굴 광산에서 매몰 사고로 고립된 지 무려 열흘만에(221시간)에 극적으로 구조된 광부가 커피믹스를 밥처럼 먹으며 버텼다는 인터뷰 내용이 세간에 회자되었다. '100원 커피믹스의 기적', '아재 커피? 봉화 기적', '봉화광산의 기적 커피믹스', '기적을 마시는 느낌'… 등의 헤드라인이 며칠째 SNS를 달구었다. 이제 커피는 미군들이 야전과 시가전에서 사용하는 전투식량일 뿐만 아니라 '봉화의 기적' 이후 '비상식량'이 되었다. 한국인의 커피 사랑은 그 어떤 문화권에서도 찾아볼 수 없고 아예 기적까지 만들어냈다.

튀르키예에 관해 말하자면 역자는 개인적으로, 600년의 역사를 가지고 있는 오스만제국의 수도에도 가본 적이 없고 한국전쟁 시 파병을 하였다는 사실과 2002년 한일 월드컵 준결승에서 만난 형제국이라는 정도의 상식만을 가지고 있다.

우리에게 터키행진곡으로 잘 알려진 튀르키예(Türkiye)는 2002년 한일 월드컵 4강전에서 만나 형제의 나라로 더 잘 알려져 있다. 튀르키예는 한국전쟁에서 유엔군으로 참전하였으며, 한국의 형제의 나라임을 자처하고 있다. 튀르키예의 국명은 튀르크에서 왔으며 문헌에서 나타나는 돌궐을 민족국가로 여기고 있다. 대한민국과 튀르키예를 "형제의 국가"라고 칭하는 것은 이 돌궐의 오르혼 비석에 고구려를 형제라고 기록했기 때문이다. 튀르키예는 본디 튀르키예였다. '터키(Turkey)'는 국제

사회에서 쓰여온 영어식 표기다. 튀르키예는 이를 못마땅해 했다. 영어로 '칠면조'(turkey)와 표기와 발음이 같은데다, 부정적인 속어로도 쓰이기 때문이다. 오래전부터 나라이름을 튀르키예로 불러달라고 요구해왔으나, 이를 본격화한 건 지난해 12월 레제프 타이이프 에르도안 대통령의 지시 이후다.

역자는 미국에 이어 세계 제2의 드라마 수출국답게 이야기를 오스만 제국의 역사만큼이나 맛깔스럽게 전개하는 튀르키예라는 나라와 『튀르키에 커피 문화』에 더욱 가깝게 다가설 수 있었다. 아직도 세계 곳곳에서 종교와 인종, 지리 및 출신 성분으로 인한 갈등이 끝나지 않고 있지만, 역자는 『튀르키에 커피 문화』와 역자가 코로나 팬데믹 기간 동안 번역한 소설 『술탄이 된 해적(Korsanlıktan Sultanlığa): 지브롤터의 상인 이야기-바르바로사의 사가』를 통해 독자들이 인간의 존엄성과 인류의 미래에 대한 희망의 빛을 볼 수 있기를 희망한다. 더불어 역자 또한 편협한 지식과 가치관으로 인해 편견과 오해를 가졌던 서로 다른 신앙과 문화와 언어와 풍습을 가진 사람들과 국가와 집단들을 깊이 이해하고 관대해질 수 있게 됨에 스스로 감사하게 생각한다.

2022년이 한국-튀르키예 수교 65주년이었다. 이제까지 한국에서는 튀르키예를 비롯해서 이슬람 문화에 대한 이해와 교류가 부족하였다. 『튀르키에 커피 문화』를 번역하면서 특히 튀르키예와 이슬람 문화에 대한 이해의 폭이 넓어졌고, 이를 계기로 지역과 인종과 종교와 나라에 관계없이 공통으로 즐기는 커피를 통해서 양국이 한층 더 상호이해와 교류를 활발히 했으면 좋겠다고 생각했다. 이 책이 수교 65주년을 맞이하여 국가간 및 민간차원의 외교와 문화를 넘어 경제적인 교류의 폭을 넓혀 현 세대뿐만 아니라 다음 세대로 이어주는데 조금이라도 기여를 할 수 있다면 좋겠다는 바람이다.

한국과 튀르키예는 문화와 생활에서 공통점이 많다. 한국인과 튀르키예인은 문학과 예술을 사랑하고 시와 노래와 춤을 즐기는 민족이다. 한국에서 음식을 조리하고 데우는데 재 화로(ash brazier)를 사용한 것은 마치 재 화로(ash brazier)에 커피를 끓이는 튀르키예의 전통과 흡사하다.

또다른 흥미로운 예는, 불과 50여 년 전까지 한국에서의 혼인문화다. 청혼을 하는 예비신랑 측에 신부후보자가 식사를 대접하는데 신부후보자가 예비신랑이 마음에 들지 않으면 밥그릇에 밥을 엄청나게 많이 담아 밥을 다 먹지 못하게 하여 거부 의사를 표현했고, 반대로 신부후보자가 예비신랑이 마음에 들면 밥을 적게 담아 마음에 든다는 것을 표현하였던 적이 있다. 이것은 마치 튀르키예에서 청혼을 하는 예비신랑 측에 신부후보자가 커피를 대접할 때 신부후보자가 예비신랑이 마음에 들지 않으면 커피잔에 소금을 넣어 대접하여 커피를 다 마시지 못하게 하여 거부 의사를 표현하고, 반대로 신부후보자가 예비신랑이 마음에 들면 커피에 설탕을 넣어 제공하여 마음에 든다는 것을 표현하였던 것과 매우 흡사하다.

보통 튀르키예인들은 아침 식사를 뜻하는 튀르키예어 "Kahvaltı(카흐발트)"로 하루를 시작했는데, 즉 "커피를 마시기 전(Kahve-altı, before coffee)"이란 말에서 유래한 것이다. 즉, 튀르키예인들은 아침 식사를 한다기보다는 단지 커피를 마시기 위해 아침에 간단히 음식을 먹었다. 우리나라에서는 역자가 어릴 때뿐만 아니라 지금도 통상적인 인사로 "식사하셨습니까?" 혹은 "아침 드셨습니까?" 또는 "점심 드셨습니까?" 등 끼니를 해결하였는가를 묻곤 했다. 하지만 오늘날 젊은 세대뿐만 아니라 거의 모든 세대에 걸쳐 '커피'는 일상생활에 없어서는 안될 필수품이 되었으며, 피 대신 커피가 사람들의 혈관 속을 돌고 커피는 커피의 속성 중의 하나인 '사회적 피'의 역할을 톡톡히 해내고 있다. 이와 같이 한국과 튀르키예는 문화와 생활에서 공통점이 많다.

이 책이 독자들에게 사랑받고 흥미롭게 읽혔으면 좋겠다.

커피를 한 모금 마신 후, 역자는 번역을 하기 시작했다. 이 번역은 커피를 마시면서 시작하여 커피 잔에 남은 마지막 한 모금을 마시면서 마무리지었다. 역자는 그들 지식으로 내 번역 작업을 안내해준 많은 친구로부터 도움을 받았다. 먼저 이 책의 번역과 출판을 허락해 준 튀르키예 문화관광부와 이를 도와주신 주한 튀르키예 대사관 문화관광부 참사관님께 감사드린다. 또한 처음부터 공동번역을 수락하고 교정과 윤문을 맡아 수고해준 권인선 선생님, 탁월한 미적 감각으로 표지 디자인을 해 주신 (사)한국공공브랜드진흥원 이사장이자 ㈜디자인ON그룹 이현주 대표님 그리고 책이 출판되어 나올 수 있도록 멋진 편집을 해 준 네오다큐 관계자 여러분에게도 감사의 인사를 전하고 싶다.

서울에서, 2023년 7월 17일 조주섭

대학 선배인 조주섭(James Cho)님으로부터 제의를 받고 이 책을 공동으로 번역하게 되었다. 이전에 역자는 조주섭님과 함께 소설 『술탄이 된 해적 (원작: Merchants of Barbarosa)』을 공동으로 번역하는 일을 하였다. 책은 오스만 제국 번성기인 16세기에 지중해 일대에서 사략 활동을 하며, 박해받던 안달루시아 무슬림을 구제하는 일을 했던 튀르키예 영웅 전사 Barbarosa 형제의 모험과 사랑의 삶을 다룬 소설로서, 전체가 520여 페이지에 달하는 방대한 소설이었다. 이 소설 원고를 번역하면서 이슬람 문화와 튀르키예 역사에 관해 처음으로 관심을 갖게 되었다.

소설 『술탄이 된 해적(원작: Merchants of Barbarosa)』의 번역 작업이 마무리될 즈음 선배로부터 『튀르키예 커피 문화』에 대한 영문 원고를 받게 되었다. 예멘으로부터 튀르키예 이스탄불에 처음으로 커피가 들어올 때의 상황으로부터 시작하는 원고를 읽자마자 단숨에 흥미진진한 내용에 빠져 공동번역하자는 선배의 제의를 받아들이고 작업에 착수하게 되었다.

역자는 평소 한국의 전통문화와 외국 문화에 대해 관심이 많았다. 수 년간 인천 중고등학생 대상 청소년단체인 다(茶)사랑청소년봉사단의 지도교사 겸 운영을 총괄하기도 하였다. 다사랑청소년봉사단은 한국의 전통문화와 예절, 다례 교육을 기반으로하는 중고등학생 대상 청소년단체 봉사단이다. 주된 활동으로 박물관 탐방과 유적지와 고궁 탐방, 한국 전통 음식 만들기 체험, 다례 교육 등을 실시한 바 있다.

책에서 당시의 튀르키예의 커피 문화 중, 커피 끓이기와 대접할 때의 장면에서 우리의 전통 문화, 특히 다례 문화와 많은 점에서 닮은 모습을 보게 되었고, 요즘 우리가 즐기는 카페 문화가 당시의 커피하우스의 풍경과 많은 점에서 비슷한 모습을 발견하며 스스로 놀랍고 흥미로움을 느끼게 되었다.

책을 번역하는 과정에서 '인연'에 대해 생각해보았다. 공동번역자 조주섭님과의 조우, 수 년간 청소년단체 운영을 통한 전통문화와 다례교육을 실시한 것, 영어교사로서 외국 문화에 대해 꾸준히 관심이 있었던 것, 튀르키예 전사 형제에 대한 서사 『술탄이 된 해적』 번역 작업으로 튀르키예 역사에 대해 관심을 갖게 된 것, 이 모든 경험을 바탕으로 『튀르키예 커피 문화』란 책의 번역 작업에 동참하게 된 것 등, 이 모든 일이 저는 우연보다는 마치 자연스러운 끌림에 의한 것처럼 여겨져, 작업 내내 설렘을 갖고 일을 할 수 있어 행복하였다.

역자는 이 번역서를 통해 많은 사람들이 커피하우스의 원조 격인 튀르키예 커피와 커피 문화를 이해하고 커피를 더 사랑하게 되기를 바란다.

이 자리를 빌려 번역 작업 내내 커피를 건네며, 내가 하는 일에 격려와 지원을 아끼지 않은 남편께 고마운 마음을 전한다. 30여 년간 교직에만 있었던 제게 번역서 출간을 함께 하자고 제의하여 새로운 경험을 하게 해 준 조주섭 선배님께도 깊은 감사를 드린다.

서울에서 2023년 7월 17일
권인선

참고 문헌

Abasıyanık, Sait Faik, *Mahalle Kahvesi; Tüneldeki Çocuk*, Varlık Yayınları, İstanbul 1965.

Abasıyanık, Sait Faik, "Kıraathane", *Yedigün*, no. 22, 14 August 1948.

Abdülaziz Bey, *Osmanlı Adet, Merasim ve Tabirleri I* (eds. Kâzım Arısan-Duygu Arısan Güney), Tarih Vakfı Yayınları, İstanbul 1995.

Açıkgöz, Namık, *Kahvename*, Akçağ Yayınları, Ankara 1999.

Adıvar, A. Adnan, *Bilgi Cumhuriyeti Haberleri*, T Neşriyatı, İstanbul 1945.

Adıvar, Halide Edip, *Handan*, İstanbul 1342.

Adıvar, Halide Edip, *Mor Salkımlı Ev*, Atlas Kitabevi, İstanbul 1967.

Adıvar, Halide Edip, *Seviye Talib*, İstanbul 1342.

Ahmet Haşim, *Bütün Eserleri III, Gurabahane-i Laklakan-Diğer Yazıları* (eds. İnci Enginün-Zeynep Kerman), Dergâh Yayınları, İstanbul 2004.

Ahmet Rasim, "Kahve Kahvehanelerimiz", *Akşam*, 26 March 1926.

Ahmet Rasim, "Kahve ve Kahvehanelerimiz", *Akşam*, no. 2674, 22 March 1926; no. 2678, 26 March 1926; no. 2682, 30 March 1926.

Ahmet Rasim, "Semai Kahveleri", *Resimli Tarih Mecmuası*, Yeni Seri, no. 4 (76), April 1956.

Ahmet Rasim, *Muharrir Bu Ya* (ed. Hikmet Dizdaroğlu), MEB Yayınları Devlet Kitapları, Ankara 1969.

Ahmet Rasim, *Muharrir, Şair, Edib. Matbuat Hatıralarından* (ed. Kâzım Yetiş), Tercüman 1001 Temel Eser, İstanbul 1980.

Akozan, Sıtkı, *Küllüknâme*, İstanbul 1936.

Aksel, Malik, *Anadolu Halk Resimleri* (ed. Beşir Ayvazoğlu), Kapı Yayınları, İstanbul 2010.

Aksel, Malik, İstanbul'un Ortası (ed. Beşir Ayvazoğlu), Kapı Yayınları, İstanbul 2011.

Aksel, Malik, *Türklerde Dinî Resimler* (ed. Beşir Ayvazoğlu), Kapı Yayınları, İstanbul 2010.

Aktaş, Şerif, *Ahmed Rasim'in Eserlerinde İstanbul*, Kültür Bakanlığı Yayınları, İstanbul 1989.

Akyavaş, A. Ragıp, Üstad-ı Hayat II, Türkiye Diyanet Vakfı Yayınları, Ankara 2005.

Alangu, Tahir, *Çalgılı Kahvehanelerdeki Külhanbey Edebiyatı ve Numuneleri*, İstanbul 1943.

Alp, Münevver, "Eski İstanbul Evlerinde Isıtma", *Türk Folklor Araştırmaları Dergisi*, no. 175, February 1964.

Alus, Sermet Muhtar, *Onikiler* (eds. Eser Tutel-Faruk Ilıkan), İletişim Yayınları, İstanbul 1999.

Alus, Sermet Muhtar, İstanbul Kazan Ben Kepçe (ed. N. Sakaoğlu), İletişim Yayınları, İstanbul 1995.

[Altınay], Ahmed Refik, "Eski İstanbul Kahveleri", *Akşam*, 24 February 1936.

[Altınay], Ahmet Refik, *Onuncu Asr-ı Hicrîde İstanbul Hayatı* (ed. Abdullah Uysal), Ankara 1987.

Amicis, Edmondo de, *Constantinople 1878*, Cornell University Library, 2009.

And, Metin, *Geleneksel Türk Tiyatrosu*, Bilgi Yayınevi, Ankara 1969.

And, Metin, "Eski İstanbul'da Meddah Kahveleri", *Folklor*, 1/3, 1969.

Aredba, Rumeysa, *Sultan Vahdeddin'in San Remo Günleri* (ed. Edadil Açba), Timaş Yayınları, İstanbul 2009.

Arendonk, C.V, "Kahve", İslâm Ansiklopedisi, volume IV.

Arpad, Burhan, *Direklerarası, Türk Tiyatrosundan Hikâyeler*, İstanbul, TTOK Yayınları, İstanbul 1984.

Arslan, Mehmet, *Osmanlı Saray Düğünleri ve Şenlikleri I-III*, Sarayburnu Kitaplığı, İstanbul 2009.

Asya, Arif Nihat, *Kova Burcu*, Ankara 1967.

Ataç, Nurullah, "Kahve", *Haber Akşam Postası*, 10 August 1937.

Atlı, Lem'i, "Hâtıralar", *Canlı Tarihler IV*, İstanbul 1947.

Atasoy, Nurhan Atasoy-Julian Raby, İznik, TEB Yayınları, London 1989.

Ayvazoğlu, Beşir, *Dersaadet'in Kalbi Beyazıt*, İstanbul 2010.

Ayvazoğlu, Beşir, *Kayıp Şiir*, Everest Yayınları, İstanbul 2009.

Ayverdi, Samiha, İbrahim Efendi Konağı, İstanbul Fetih Cemiyeti İstanbul Enstitüsü Neşriyatı, İstanbul 1964.

Ayverdi, Sâmiha, İstanbul Geceleri, İstanbul Fetih Cemiyeti İstanbul Enstitüsü Neşriyatı, İstanbul 1977.

Bakî, *Dîvân* (ed. S. Küçük), Ankara 1994.

Başgöz, İlhan, *Türk Bilmeceleri*, Ankara 1993.

Beyatlı, Yahya Kemal, *Aziz İstanbul*, İstanbul Fetih Cemiyeti Yahya Kemal Enstitüsü Neşriyatı, İstanbul 1964.

Beyatlı, Yahya Kemal, *Kendi Gök Kubbemiz*, İstanbul Fetih Cemiyeti Yahya Kemal Enstitüsü Neşriyatı, İstanbul 1974.

Bilgegil, Kaya, *Cehennem Meyvası*, İstanbul 1944.

Bilgin, Arif, *Osmanlı Saray Mutfağı*, Kitabevi Yayınları, İstanbul 2004.

Birinci, Ali, "Kesriyeli M. Sıtkı ve Küllükname'si", *Müteferrika*, no. 19, Summer 2001.

Birsel, Salâh, *Kahveler Kitabı*, Türkiye İş Bankası Kültür Yayınları, İstanbul 1983.

Budak, Ali, *Batılılaşma Sürecinde Çok Yönlü Bir Osmanlı Aydını: Münif Paşa*, Kitabevi Yayınları, İstanbul 2004.

Buğra, Tarık, *Yarın Diye Birşey Yoktur*, İstanbul 1952.

Buğra, Tarık, *Oğlumuz*, İstanbul 1949.

Buğra, Tarık, *Politika Dışı*, Ötüken Neşriyat, İstanbul 1992.

Büngül, Nureddin Rüştü, *Eski Eserler Ansiklopedisi*, İstanbul 1939.

Felek, Burhan, *Yaşadığımız Günler*, Milliyet Yayınları, İstanbul 1974.

Cengiz, Halil Erdoğan, "Kahvenin Kirli Çamaşırları", *Tarih ve Toplum*, no. 101, May 1992.

Cevdet Kudret, *Ortaoyunu II*, Kültür Bakanlığı Yayınları, Ankara 1975.

Çınar, Ali Abbas, "Yiyecek ve İçeceklerle İlgili Halk Şiirleri", *Türk Halk Kültüründen Derlemeler*, Ankara 1991.

Çolak, Ali, *Bilmem Hatırlar mısın?*, Kapı Yayınları, İstanbul 2009.

D'Ohsson, Ignatius Mouradgea, *18. Yüzyıl Türkiye'sinde Örf ve Adetler*, Tercüman 1001 Temel Eser, İstanbul, nd.

Danişmend, İsmail Hami, İzahlı Osmanlı Tarihi Krnolojisi II, Türkiye Yayınevi, İstanbul 1971.

Deleon, Jak, "Eski İstanbul Kahvehaneleri", *Antik Dekor*, no. 20, 1993.

Desmet-Grégoire, Hélène-François Georgeon, *Doğu'da Kahve ve Kahvehaneler* (trans. Meltem Atik, Esra Özdoğan), YKY, İstanbul 1999.

Duhani, Said Naum, *Eski İnsanlar, Eski Evler. 19. Yüzyıl Sonunda Beyoğlu'nun Sosyal Topografyası*, TTOK Yayınları, İstanbul 1984.

Düzdağ, Ertuğrul, Şeyhülislâm Ebussuûd Efendi'nin Fetvaları *Işığında 16. Asır Türk Hayatı*, İstanbul 1983.

Ebüzziya Tevfik., "Kahvehaneler", *Mecmua-i Ebüzziya*, no. 129, pp. 15-21; no. 130, pp. 44-49; no. 131, pp. 65-70; 1914.

Ehlikeyfin Kitabı (ed. Fatih Tığlı), Kitabevi Yayınları, İstanbul 2004.

Elçin, Şükrü, *Türkiye Türkçesinde Mâniler*, Ankara 1990.

Elemterefiş Anadolu'da büyü ve inanışlar, YKY, İstanbul, 2003.

Emir Mustafa, *Ramazannâme* (ed. Âmil Çelebioğlu), İstanbul, 1974.

Ergene, Celâle, "Ahşap Gövdeli Kahve Değirmenleri", *Antika*, no. 12, March 1986.

Ersoy, Mehmed Âkif, *Safahat* (ed. Ertuğrul Düzdağ), İz Yayıncılık, İstanbul 2009.

Esendal, Memduh Şevket, *Temiz Sevgiler*, Ankara 1975.

에브리야 첼레비*(Evliya Çelebi) Seyahatnamesi I* (eds. Robert Dankoff, Seyit Ali Kahraman, Yücel Dağlı), YKY, İstanbul 2006.

Evren, Burçak, *Eski İstanbul'da Kahvehaneler*, Ad Yayıncılık, İstanbul 1996.

"Fantastik Edebiyatın Öncüsü Bir Leh Soylusu Potocki'nin Türk Mektupları 1784" (trans. Hande Gür), İstanbul İçin Şehr-Engiz (ed. Enis Batur), İstanbul 1991.

F. Celâlettin (Fahri Celâl), *Avur Zavur Kahvesi*, Ahmet Sait Kitabevi, İstanbul 1948.

Felek, Burhan *Yaşadığımız Günler*, İstanbul 1974.

Garnier, *Fennî Aile Eğlencelerinden Kahve Falı* (trans. Ragıp Rıfkı Özgürel), Ankara 1946.

Garnier, *Kahve Telvesiyle Keşf-i İstikbal* (trans. Ragıp Rıfkı), İstanbul 1338.

Gautier, Théophile, İstanbul (trans. Çelik Gülersoy), İstanbul 1971.

Gelibolulu Mustafa Âli, *Görgü ve Toplum Kuralları Üzerine Ziyafet Sofraları (Mevâidü'n-nefâis fî kavâidi'l-mecâlis)*, ed. Orhan Şaik Gökyay, Tercüman 1001 Temel Eser, İstanbul 1978.

Gölpınarlı, Abdülbaki, *Tasavvuftan Dilimize Geçen Deyimler ve Atasözleri*, İnkılap ve Aka Kitabevleri, İstanbul 1977.

Güntekin, Reşat Nuri, *Yaprak Dökümü*, Semih Lütfi Kitabevi, İstanbul 1944.

Gürpınar, Hüseyin Rahmi, *Can Pazarı*, Atlas Kitabevi, İstanbul 1968.

Gürpınar, Hüseyin Rahmi, *Cehennemlik*, Atlas Kitabevi, İstanbul 1966.

Gürpınar, Hüseyin Rahmi, *Gulyabani*, Hilmi Kitabevi, İstanbul 1944.

Gürpınar, Hüseyin Rahmi, *Kuyruklu Yıldız Altında Bir İzdivaç*, Hilmi Kitabevi, İstanbul 1958

Gürsoy, Deniz, *Sohbetin Bahanesi Kahve*, Oğlak Yayıncılık, İstanbul 2005.

Hafız Hüseyin Ayvansarayî, *Mecmuâ-i Tevârih* (eds. Fahri Ç. Derin-Vahid Çabuk), İ.Ü. Edebiyat Fakültesi Yayınları, İstanbul. 1985.

Hattox, Ralph S., *Kahve ve Kahvehaneler: Bir Toplumsal İçeceğin Yakındoğu'daki Kökenleri* (trans. Nurettin Elhüseyni), Tarih Vakfı Yurt Yayınları, İstanbul 1996.

Heise, Ulla, *Kahve ve Kahvehane* (trans. Mustafa Tüzel), Dost Kitabevi, Ankara 2001.

Hisar, Abdülhak Şinasi, *Ahmet Haşim-Yahya Kemal'e Veda*, Varlık Yayınları, İstanbul 1969.

Hisar, Abdülhak Şinasi, Çamlıca'daki Eniştemiz, Varlık Yayınları, İstanbul 1967.

Hisar, Abdülhak Şinasi, *Fahim Bey ve Biz*, Varlık Yayınları, İstanbul 1966.

Hisar, Abdülhak Şinasi, *İstanbul ve Pierre Loti*, İstanbul Fethi Derneği İstanbul Enstitüsü Yayınları, İstanbul *1958.*

Ilgaz, Hasene, "Kahve Problemi", *Yeni İstanbul*, 18 October 1956.

İleri, Selim, *Ay Hâlâ Güzel*, Kaf Yayıncılık, İstanbul 1999.

"Kahve", *Tarih ve Toplum*, december 1984, January, February, March, April 1985, no. 12, pp. 9-14; no. 13, pp. 57-64; no. 14, pp. 16-23; no. 15, pp. 25-30; no. 16, p. 5.

Karaosmanoğlu, Yakup Kadri, *Gençlik ve Edebiyat Hâtıraları*, Bilgi Yayınevi, Ankara 1969.

Karay, Refik Halid, *Ay Peşinde*, Semih Lütfi Kitabevi, İstanbul 1939.

Karay, Refik Halid, *Sonuncu Kadeh*, İnkılâp ve Ata Kitabevi, İstanbul 1965.

카팁 첼레비(Kâtip Çelebi), *Mîzânü'l-Hak fî-İhtiyâri'l-Ehakk* (ed. Orhan Saik Gökyay), MEB 100 Temel Eser, İstanbul 1980.

Kayaoğlu, Gündağ, "Mangallar I", *Antika*, no. 7, October 1985; "Mangallar II", *Antika*, no. 8, November 1985.

Kaygılı, Osman Cemal, İstanbul'da Semai *Kahveleri ve Meydan Şairleri*, Eminönü Halkevi Dil Tarih ve Edebiyat Şubesi, İstanbul 1937.

Kınalızâde Hasan Çelebi, *Tezkiretü'ş-Şu'arâ* (ed. İbrahim Kutluk), Ankara 1978, 2 volumes.

Koçu, Reşat Ekrem, İstanbul Ansiklopedisi, İstanbul 1958-1973.

Koçu, Reşat Ekrem, *Osmanlı Tarihinde Yasaklar*, İstanbul 1950.

Koçu, Reşat Ekrem, *Tarihimizde Garip Vak'alar*, İstanbul 1952.

Koçu, Reşat Ekrem, *Yeniçeriler*, İstanbul 1964.

Koman, Mahmut Mesut, *Eyüp Sultan Loti Kahvesi ve Çevresi*, Türkiye Turing ve Otomobil Kurumu, İstanbul 1986.

Koz, Sabri, "Kahvenin Tarihine Derkenar", *Tanede Saklı Keyif*, YKY, İstanbul 2001.

Köprülü, M. Fuad, *Türk Sazşâirleri*, Ankara 1962, 4 volumes.

Kuntay, Midhat Cemal, Üç İstanbul, Sander Yayınları, İstanbul 1976.

Kuşoğlu, M. Zeki, "Kaybolan Sanatlarımızdan: Fincan Zarfları", İlgi, no. 35, January 1983.

Küçükerman, Önder, *Dünya Saraylarının Prestij Teknolojisi Porselen Sanatı ve Yıldız Çini Fabrikası*, Sümerbank Yayınları, İstanbul 1987.

Kütükoğlu, Mübahat S., "Osmanlı Ülkesinde Avrupa Sun'i Kahvesi", *Kaynaklar*, no. 6, Winter 1988.

Lady Mary Wortley Montagu, *The Turkish Embassy Letters*, Little, Brown Book Group, 1994 edition.

Le Corbusier, Şark Seyahati-İstanbul 1911 (trans. Alp Tümertekin), Türkiye İş Bankası Kültür Yayınları, İstanbul 2009.

Marion-Crawford Francis, *Constantinople*, Adamant Media Corporation, July 2002.

Mevlânâ, *Divân-ı Kebîr I* (trans. Abdülbaki Gölpınarlı), Remzi Kitabevi, İstanbul 1957.

Nâzım Hikmet, Şiirler 7: Son Şiirleri, YKY, İstanbul 2001.

Numan, İbrahim, "Eski İstanbul Kahvehanelerinin İctimai Hayattaki Yeri ve Mimarisi Hakkında Bazı Mülahazalar", Kubbealtı Akademi Mecmuası, no. 2, April 1981.

Onay, Ahmet Talat, Eski Türk Edebiyatında Mazmunlar (ed. Cemal Kurnaz), Türkiye Diyanet Vakfı Yayınları, Ankara 1992.

Onur, Necmi, "Refik Halid Pullu Lokum Yapıyor", Hafta, no. 35, 2 September 1955.

Osmanlı Kahvehaneleri. Mekân, Sosyalleşme, İktidar (ed. Ahmet Yaşar), Kitap Yayınevi, İstanbul 2009.

Osmanoğlu, Ayşe, Babam Abdülhamid, Güven Yayınevi, İstanbul 1960.

Ozansoy, Gavsi, "Refik Halid'in Kaşık Koleksiyonu", Amatör, no. 9, September 1945.

Özemre, Ahmet Yüksel Özemre, Hasretini Çektiğim Üsküdar, Üsküdar Belediyesi Yayınları, İstanbul 2007.

Öztürk, Serdar, Cumhuriyet Türkiyesinde Kahvehane ve İktidar: 1930-1945, Kırmızı Yayınları, İstanbul 2006.

Pakalın, Mehmet Zeki, Tarih Deyimleri ve Terimleri Sözlüğü II, MEB Yayınları, İstanbul 1971.

Pamuk, Orhan, My Name is Red, translated by Erdağ Göknar, Vintage 2002.

Pamuk, Orhan, The Black Book, translated by Maureen Freely, Vintage, Rep Tra Edition, 2006.

Petropoulos, Elias, Yunanistan'da Türk Kahvesi (trans. Herkül Milas), İletişim Yayınları, İstanbul 1995.

Safa, Peyami, Büyük Avrupa Anketi, Kanaat Kitabevi, İstanbul 1938.

Safa, Peyami, Yalnızız, Ötüken Neşriyat, İstanbul 1976.

Saraçoğlu, A. Cemaleddin, Eski İstanbul'dan Hatıralar (ed. İ. Dervişoğlu), Kitabevi Yayınları, İstanbul 2005.

Sarıcaoğlu, Fikret, Kendi Kaleminden Bir Padişahın Portresi: Sultan I. Abdülhamid, Tarih ve Tabiat Vakfı Yayınları, İstanbul 2001.

Saz, Leyla, Anılar: 19. Yüzyılda Saray Haremi, Cumhuriyet Kitapları, İstanbul 2000.

Sertoğlu, Midhat, Tarih Sohbetleri, Bedir Yayınları, İstanbul 1992.

Sheridan, Clare, Sade Türk Kahvesi: Yeni Cumhuriyet'in Kuruluş Yıllarında Türkiye'de Yaşamış Bir İngiliz Kadının Gözlem ve Düşünceleri (trans. Zeynep Güden), Orion Yayınevi, İstanbul 2004.

Soyyer, A. Yılmaz, 19. Yüzyılda Bektaşîlik, Akademi Kitabevi, İzmir 2005.

Talu, Ercümend Ekrem, Gecmiş Zaman Olur ki (ed. A. Karaca), Hece Yayınları, İstanbul 2005.

Tanede Saklı Keyif, Kahve (ed. Selahattin Özpalabıyıklar), YKY, İstanbul 2001.

Tanpınar, Ahmet Hamdi, Beş Şehir, MEB 100 Temel Eser, İstanbul 1969.

Tanpınar, Ahmet Hamdi, "Fal", İstanbul, nos. 70-71, 1 November 1946.

Tansuğ, Sabiha, "Eski İstanbul'da Kahve İkram Töreni", İstanbul Armağanı 3, Gündelik Hayatır Renkleri, İBB Kültür İşleri Daire Başkanlığı Yayınları, İstanbul 1997.

Târîh-i Na'îmâ (ed. Mehmet İpşirli), Türk Tarih Kurumu Yayınları, Ankara 2007.

Tarih-i Peçevî, I, İstanbul 1281.

Tarlan, Ali Nihat, Kuğular, İstanbul 1970.

Tayyarzâde Atâ, Osmanlı Saray Tarihi Târîh-i Enderûn I (ed. Mehmet Arslan), Kitabevi Yayınları, İstanbul 2001.

Thévenot, Jean, Thévenot Seyahatnamesi (trans. Ali Berktay), Kitap Yayınevi, İstanbul 2009.

Tolluoğlu, Meral, Babam Nurullah Ataç, Çağdaş Yayınları, İstanbul 1980.

Toros, Taha, Kahvenin Öyküsü, İletişim Yayınları, İstanbul 1998.

Tunç, Ayfer, Bir Maniniz Yoksa Annemler Size Gelecek, YKY, İstanbul 2001.

Tüm Zamanların Hatırına Sarayda Bir Fincan Kahve (eds. Ayça Özer Demirli-Nurten Öztürk), TBMM Milli Saraylar Daire Başkanlığı Yayınları, İstanbul 2011.

Türkoğlu, Sabahattin, "Türk Kahvesi Araç ve Gereçleri", İlgi, no. 89, Summer 1997.

Uğurlu, Nurer, *Orhan Kemal'in İkbal Kahvesi*, Cem Yayınevi, İstanbul 1972.

Üçer, Müjgan, *Anamın Aşı Tandırın Başı*, Kitabevi Yayınları, İstanbul 2006.

Ünaydın, Ruşen Eşref, *Bütün Eserleri I, Röportajlar I* (eds. Necat Birinci-Nuri Sağlam), Türk Dil Kurumu Yayınları, Ankara 2002.

Ünüvar, Safiye, *Saray Hatıralarım*, Cağaloğlu Yayınevi, İstanbul 1964.

Ünver, A. Süheyl, "Sarafim Kıraathanesi", *Belleten*, Volume XLIII, no. 170, April 1979.

Ünver, A. Süheyl, "Türkiye'de Kahve ve Kahvehaneler", *Türk Etnografya Dergisi*, no. 5, 1962, Türk Tarih Kurumu Basımevi, Ankara 1963.

Ünver, A. Süheyl, *Ressam Ali Rıza Bey'e Göre Yarım Asır Önce Kahvehanelerimiz ve Eşyası*, Ankara Sanat Yayınları, Ankara 1967.

Wild, Antony, *Kahve: Bir Acı Tarih* (trans. Ezgi Ulusoy), MB Yayınevi, İstanbul 2007.

i) https://tr.wikipedia.org/wiki/Tahtakale,_Fatih

ii) https://islamansiklopedisi.org.tr/mecmua

iii) https://en.wikipedia.org/wiki/Divan-i_Shams-i_Tabrizi
   The complete Divan-i Kebir (Divan-i Shams) 22 Volume Set, English translation, translated by Dr. Nevit O. Ergin, is now available, here, through the Society for Understanding Mevlana, and Echo Publications. Captured in finely published books of the highest quality, this set contains the complete poems of Mevlana Celaleddin Rumi, God s lover, and the great thirteenth century mystic, poet originator of the dance of the Sufi whirling dervishes. Rumi spoke his poems while whirling about in an ecstatic state, and scribes recorded them through the years. The complete Divan consists of a very thorough translation by Dr. Ergin, consisting of twenty-two volumes. This work was performed in cooperation with the Turkish government, which holds the original manuscripts in Farsi, or the Old Persian language. This complete set will provide hours of enjoyment, and serve as a key reference into the spiritual journey Rumi took eight centuries ago toward the enlightenment of love.

iv) https://en.wikipedia.org/wiki/Ghazal

v) https://www.amazon.com/Ralph-S.-Hattox/e/B003HJ83ZK?ref=dbs_a_mng_rwt_scns_share

vi) https://en.wikipedia.org/wiki/Al-Azhar_Mosque

vii) http://www.gelibolu.bel.tr/bpi.asp?caid=245&cid=320

viii) https://dergipark.org.tr/tr/download/article-file/715972

ix) https://brill.com/view/book/9789047441076/Bej.9789004178724.i-580_003.xml

x) Lady Montagu's letter provides a glimpse into the political climate of the Ottoman Empire in the 17th century. She suggests that coffeehouses were seen as places where people could gather to discuss politics and criticize the government. This was seen as a threat to the authority of the sultan, and so coffeehouses were often closed down or even destroyed. Montagu's letter also suggests that the Ottoman government was using spies to monitor what people were saying in coffeehouses. This suggests that the government was afraid of what people might say if they were allowed to speak freely.
   The prohibition of coffee and tobacco in 1633 was a temporary measure, and both beverages were eventually allowed again. However, the episode shows how the Ottoman government was concerned about the potential for political unrest in coffeehouses. This concern would continue to shape the relationship between the government and coffeehouses in the years to come.

xi) https://en.wikipedia.org/wiki/Bektashi_Order, The Janissaries were a powerful and privileged military caste in the Ottoman Empire. They were often involved in politics and rebellions, and they were feared by the people. The Janissary coffeehouses were seen as places where the Janissaries could gather and plot against the government. The government was therefore concerned about the Janissary coffeehouses, and they tried to control them.
   One way that the government tried to control the Janissary coffeehouses was by requiring them to have a Bektashi "baba" in charge. The Bektashi were a Sufi order that was known for its tolerance and its willingness to work with the government. The government hoped that by having a Bektashi baba in charge of the Janissary coffeehouses, they could keep the Janissaries under control.
   Another way that the government tried to control the Janissary coffeehouses was by requiring them to be located in areas with the best views of İstanbul. This was done to

make it easier for the government to monitor the activities of the Janissaries.

Finally, the government tried to control the Janissary coffeehouses by requiring them to be decorated in a certain way. The government wanted the Janissary coffeehouses to be seen as places of luxury and refinement, and they hoped that this would discourage the Janissaries from using them as places to plot against the government.

The Janissary coffeehouses were a symbol of the power and privilege of the Janissaries. They were also a source of fear and resentment for the people. The government's attempts to control the Janissary coffeehouses were a reflection of the government's concern about the Janissaries and their potential for rebellion.

xii) https://tr.wikipedia.org/wiki/Kahve_Oca%C4%9F%C4%B1_(tablo)

xiii) https://en.wikipedia.org/wiki/Agha_(title); Ağa is a Turkish surname. Notable people with the surname include.

xiv) http://teis.yesevi.edu.tr/madde-detay/beligi

xv) The poet begins by lamenting the fact that he has been separated from his beloved. He compares his pain to that of a sword that has been cut from its sheath, or a bird that has been taken from its nest. He then goes on to describe the beauty of his beloved, comparing her to a rose, a cypress tree, and the moon. He says that she is the only one who can cure his pain. The poet then turns to the topic of love itself. He says that love is a fire that burns in the heart, and that it is a sickness that cannot be cured. He says that love is a prison, and that it is a torment that cannot be escaped. The poet concludes by saying that he is willing to suffer for the sake of love. He says that he would rather be a prisoner of love than be free from it. Here is a more literal translation of the ghazel:

My heart is a sword that has been cut from its sheath,
My soul is a bird that has been taken from its nest.
I am burning in the fire of love,
And I am dying from the pain of separation.
My beloved is like a rose,
Her hair is like a cypress tree,
Her face is like the moon.
She is the only one who can cure my pain.
Love is a fire that burns in the heart,
It is a sickness that cannot be cured.
Love is a prison,
It is a torment that cannot be escaped.
I am willing to suffer for the sake of love,
I would rather be a prisoner of love than be free from it.

xvi) https://en.wikipedia.org/wiki/Halal

xvii) 미식가의 어원 사전; 앨버트 잭 지음, 정은지 옮김 / 윌북 / 2022년 1월

xviii) https://tr.wikipedia.org/wiki/Melamilik

xix) https://en.wikipedia.org/wiki/Action_Army

xx) https://www.kahvve.com/semai-kahveler-126524/